海西求是文库

| 海西求是文库 |

世界贸易体制的变革

经济全球化背景下
国际法与国内法的联结

陈辉庭/著

REFORMATION of
THE WORLD TRADING SYSTEM:
Association of International Law and
Domestic Law Under the Background of
Economic Globalization

社会科学文献出版社
SOCIAL SCIENCES ACADEMIC PRESS (CHINA)

总　序

党校和行政学院是一个可以接地气、望星空的舞台。在这个舞台上的学人，坚守和弘扬理论联系实际的求是学风。他们既要敏锐地感知脚下这块土地发出的回响和社会跳动的脉搏，又要懂得用理论的望远镜高瞻远瞩、运筹帷幄。他们潜心钻研理论，但书斋里装的是丰富鲜活的社会现实；他们着眼于实际，但言说中彰显的是理论逻辑的魅力；他们既“力求让思想成为现实”，又“力求让现实趋向思想”。

求是，既是学风、文风，也包含着责任和使命。他们追求理论与现实的联系，不是用理论为现实作注，而是为了丰富观察现实的角度、加深理解现实的深度、提升把握现实的高度，最终让解释世界的理论转变为推动现实进步的物质力量，以理论的方式参与历史的创造。

中共福建省委党校、福建行政学院地处台湾海峡西岸。这里的学人的学术追求和理论探索除了延续着秉承多年的求是学风，还寄托着一份更深的海峡情怀。多年来，他们殚精竭虑所取得的学术业绩，既体现了马克思主义及其中国化成果实事求是、与时俱进的理论品格，又体现了海峡西岸这一地域特色和独特视角。为了鼓励中共福建省委党校、福建行政学院的广大学人继续传承和弘扬求是学风，扶持精品力作，经校委研究，决定编辑出版《海西求是文库》，以泽被科研先进，沾溉学术翘楚。

秉持“求是”精神，本文库坚持以学术为衡准，以创新为灵魂，要求入选著作能够发现新问题、运用新方法、使用新资料、提出新观点、进行新描述、形成新对策、构建新理论，并体现党校、行政学院学人坚持和发展中国特色社会主义的学术使命。

中国特色社会主义既无现成的书本作指导，也无现成的模式可遵循。

思想与实际结合，实践与理论互动，是继续开创中国特色社会主义新局面的必然选择。党校和行政学院是实践经验与理论规律的交换站、转换器。希望本文库的设立，能展示出中共福建省委党校和福建行政学院广大学人弘扬求是精神所取得的理论创新成果、决策咨询成果、课堂教学成果，以期成为党委政府的智库，又成为学术文化的武库。

马克思说："理论在一个国家实现的程度，总是取决于理论满足这个国家的需要的程度。"中共福建省委党校和福建行政学院的广大学人应树立"为天地立心、为生民立命、为往圣继绝学，为万世开太平"的人生境界和崇高使命，以学术为志业，以创新为己任，直面当代中国社会发展进步中所遇到的前所未有的现实问题、理论难题，直面福建实现科学发展跨越发展的种种现实课题，让现实因理论的指引而变得更美丽，让理论因观照现实而变得更美好，让生命因学术的魅力而变得更精彩。

中共福建省委党校 福建行政学院

《海西求是文库》编委会

内容摘要

20 世纪初以来，传统的法律制度与观念面临着经济全球化浪潮的不断冲击，并以渐进性变革的方式来迎接新的挑战。作为经济全球化的产物，世界贸易法律体制的演进反映了各国经济合作实践发展的客观需要和潜在规律。要全面深入地解释 GATT/WTO 实践的发展及其规律，我们需要建立一种宪政视角的分析语境，从而在长期割裂的国际法与国内法体系之间架起一座沟通的桥梁。本书的研究目的，是借助 WTO 宪政视角的分析，考察经济全球化背景下国际法与国内法之间出现的互动和联结关系，从中揭示半个多世纪以来世界贸易体制建立、发展与运行的法理基础和某些一般性规律，为探寻全球化背景下的法治模式及其实现途径提供一些有益的启示与借鉴。

除绪论部分外，本书共分为六章，主要内容如下。

第一章主要分析了经济全球化对传统人类社会“二元分立”法律控制模式所提出的宪政性挑战。传统人类社会的法律控制模式呈现“二元分立”的典型特征，即国际法体制与国内法体制各行其道、各司其职，二者具有相互独立的价值追求和制度结构。经济全球化与世界经济一体化的加速发展，深刻地改变了传统“二元分立”模式的社会基础。私人主体开始普遍地、频繁地和大规模地参与世界经济一体化分工与合作活动，这从根本上打破了传统国际关系中国家对国际事务的垄断地位。如何规范世界经济一体化活动中的私人间跨国利益关系，成为传统国际法体制与国内法体制面临的一个难题。经济全球化和滞后的“二元分立”法律控制模式之间的内在矛盾，在人类社会引发了一系列严重的宪政性问题。如何更好地回应经济全球化所引发的宪政性挑战，成为世界贸易体制发展与变革过程中所面临的一项重大课题。

第二章分析了从“单边管辖”模式到“多边协调管辖”模式的发展过程。经济全球化趋势与滞后的传统“二元分立”模式之间的矛盾，在世界各国引发了严重的经济危机和社会危机。在此背景下，各国通过缔结条约的方式建立一种成员主导型 GATT/WTO“多边协调管辖”模式，以便适应经济全球化的发展需要。通过 GATT/WTO 体制，各国承诺依平等和互惠原则逐步消除贸易壁垒和开放国内市场，对政府对外经济事务管辖权施加适当的法律约束。然后，各国将 GATT/WTO 规则充分吸纳到国内法体制中去，从而为私人主体正常参与世界经济一体化活动提供间接的法律保障。这在一定程度上缓和了“单边管辖”模式与经济全球化之间的内在冲突和矛盾。GATT/WTO“多边协调管辖”模式的产生与发展，表明各国开始尝试通过国际法体制与国内法体制之间的制度联结，共同应对经济全球化的宪政性挑战。

第三章分析了第二次世界大战后世界贸易体制从“权力导向”到“规则导向”的总体发展趋势。随着世界贸易体制的发展，法律手段在调整世界贸易事务中的地位与作用日益上升，并不断推动 GATT/WTO 体制的法律化进程。在这个过程中，GATT/WTO 体制从一种以政治手段为主导的松散型“多边协调管辖”模式，逐渐发展为以法律手段为主导的紧密型“多边协调管辖”模式。它表明了在经济全球化和世界经济一体化事务领域，国际法体制与国内法体制的制度联结得到日益巩固和深化，并更具长期性和稳定性。从“权力导向”到“规则导向”的发展，推动了世界贸易体制的形式法治化。然而，GATT/WTO 形式法治化的未来发展空间，受制于该体制实质法治化的实现程度。尽管 GATT/WTO 法的最终目标是调整私人主体参与世界经济一体化活动中的跨国利益关系，但它却以一个典型的国家间权利义务体系的形式表现出来。由于传统国际法体制与国内法体制之间存在价值功能的脱节，以平等和互惠原则为基础的世界贸易体制无法满足国内法体制的宪政化需要。这决定了世界贸易体制仅在程序领域取得法律化的突破性进展，但在多数的实体领域却不得不继续长期保留以国家间政治协调为主的基本特征。

第四章指出，世界贸易体制是按照典型的传统国际公法体制形式建立的，它在价值基础上表现出强烈的“政府本位”特征。以政府利益为本位的 GATT/WTO 体制，并没有真正解决经济全球化所提出的宪政性挑战。相反，它可能造成经济全球化背景下成员方国内利益分配关系的失衡，从而阻碍成员方国内法宪政功能的实现。同时，政府利益与私人利益之间存在的非契合性，导致私人间跨国利益关系在“政府本位型”GATT/WTO 体制下往往难以得到充分和有效的保护。这种状况可能严重扭曲或损害私人主体在世界经济分工与合作活动中的正常利益关系，从而阻碍其参与世界经济一体化活动的积极性。只有重塑世界贸易体制的“私人本位”价值目标，才能实现国际法体制与国内法体制的功能衔接，从而保障各国私人主体参与世界经济一体化活动的正当利益。以 TRIPS 协定为代表的“积极一体化”规则的出现，有力地塑造了世界贸易体制“私人本位”的法律图景。“积极一体化”规则在保障私人权利和确立政府适度干预权方面的价值追求，使得世界贸易体制与国内法体制的宪政功能更加明确地衔接起来，共同服务于经济全球化趋势下私人跨国利益关系的调整。

第五章进一步探讨了从“利益本位”观念到“权利本位”观念的转变，并在国际法体制与国内法体制双重价值约束基础上，尝试建构用以指导未来世界贸易体制长远发展的统一宪政价值原则。以传统现实主义国际政治观和功利主义价值观为代表的“利益本位”观念，在很大程度上误导了世界贸易体制的发展方向，并削弱世界贸易体制的正当性基础。世界贸易体制的产生，本质上源于经济全球化趋势与传统人类社会“二元分立”模式之间的内在矛盾。作为规范经济全球化活动的一项法律制度，世界贸易体制应当妥善地调整私人主体在全球经济活动中所结成的跨国利益关系，并由此促进私人主体参与世界经济一体化分工与合作的积极性。这要求世界贸易体制确立一种适当的社会合作利益与负担分配机制，从而使每一位全球经济分工的私人参与者都能够得到与其贡献相当的利益。与此同时，世界贸易体制还应当确立一种适度的政府干预权，以便在维护各国公共利益（政府利益）基础上，鼓励和促进各国私人主体积极参与世界经济一体化活动，更好地推动各国经济发展和社会进步。只有在充分保障私人主体参与世界经济一体化活动的正当权利基础上，世界贸易体制才有可能实现国际法体制与国内法体制之间的价值衔接。建立以私人权利与政府适度干预权之间的价值平衡为内容的统一宪政价值原则，世界贸易体制才能够最大限度地满足国际法的正当性和国内法的正当性，巩固各国政府和国内民众的道德拥护和政治支持，从而全面而有力地回应经济全球化趋势所提出的宪政性挑战。

第六章总结了前述各章的内容，并对未来世界贸易体制的宪政变革做出了展望。只有依靠国际法与国内法之间的相互联结与配合，才能真正理解 WTO 在经济全球化背景下所承载的潜在宪政功能及其实现的途径。为更好地推动 WTO 宪政化，可以按照充分保障私人主体参与世界经济一体化活动的正当权利，及维护政府适度干预权的统一宪政价值原则，对 WTO 立法与决策机制、规则实施机制和争端解决机制等领域展开渐进性变革的有益尝试。

目　录
Contents

绪　论

一　研究背景与选题的由来

（一）宪政话语在国际法学研究中的兴起

在国际法学研究领域中，使用宪法或是宪政一类的术语似乎需要更大的勇气。长期以来，宪法或是宪政问题通常被看作一种国内社会独有的法律现象。探讨国际宪政主义往往可能被视为违背了一般性的国际法实践和常识，因此遭到冷遇甚至指责。[①] 然而，今天这种状况正在发生着一种显著的变化。

德国学者哈贝马斯指出，国际宪政的哲学基础最早起源于康德的世界主义哲学，康德在他的《法的形而上学原理》一书中首次提出了“世界公民权利”概念，[②] 并在他的另一部著作《永久和平论》中倡导建立一个人人自律、国家自律的世界和平联盟，由此促使国际关系从自然状态向法律统治的状态逐步演进。[③] 据研究，首次在国际法意义上使用“宪法”一词是奥地利国际法学者菲德罗斯。他于 1926 年提出国际法的“宪法”是指调整共同体的基本秩序，即共同体结构、组织及职能分配的规范。[④]

---

① 参见〔德〕Armin von Bogdandy《国际法中的立宪主义：评德国的一个建议》，柳磊译，载陈安主编《国际经济法学刊》（第 15 卷第 2 期），北京大学出版社，2008，第 105 页。

② 〔德〕康德：《法的形而上学原理——权利的科学》，沈叔平译，商务印书馆，1991，第 189 页。

③ 参见李梅《权利与正义：康德政治哲学研究》，社会科学文献出版社，2000，第 297 页。

④ See Bruno Simma, *From Bilateralism to Community Interest in International Law*, The Hague: Recueil Des Cours, Vol. 250, 1994, p. 21.

第二次世界大战后，许多国际法学者开始着力探索国际法的“立宪主义”研究路径。德裔美国国际法学者弗雷德曼在1964年出版的《变动中的国际法结构》一书中提出，国际法的结构一般经历了从共存的（co－existence）国际法到合作的（co－operation）国际法，再到共同体的（community）国际法的发展。他指出，如果人类希望实现更有效的国际社会组织化，则国际法必须发展为宪法。[①] 德国学者图姆夏特提出，国际法的发展将经历共存的国际法、合作的国际法、作为全面指导社会生活的国际法和国际共同体的国际法四个阶段。[②] 他主张，在作为法律共同体的国际社会中，国际法具有维护国际和平、安全与正义，保障人权，实现法治的宪法性功能，这种宪法性功能可以限制和引导政治权力并使之具备正当性。[③]

人类社会迈入21世纪之后，国际宪政思潮遭受冷遇的状况出现了戏剧性的改变甚至逆转。[④] 一些西方国家主流的国际法学者纷纷运用“国际法宪法化”“国际宪政”等原本一直含混不清的概念术语，来探讨国际法的现状、存在的问题及发展趋势。国际宪政问题研究俨然成为西方国际法学界倾力关注和讨论的焦点，涌现出大量相关研究著作和论文。“宪法化”“宪政”等一时成为国际法研究领域最为时髦的学术话语，支持者和反对者围绕“国际法的宪法化”或“国际宪政”展开广泛的学术争论。不同背景的学者不断参与这一场论争，并根据自己的学术实践和价值偏好，对国际法的宪法或是宪政问题提出各自的见解。

国际宪政话语的兴起，反映了当代国际社会深刻变化的历史背景。随着全球化的发展和全球性公共问题的大量出现，传统以国家为主体的国际体系必然面临严峻挑战。一方面，人们呼吁在国家间合作及全球性公共问题的解决方面，能够建立一个由明确的国际法规则及制度所主导的更为有

① Wolfgang Friedmann, *The Changing Structure of International Law*, New York: Columbia University Press, 1964, 60－71, 152－160.

② See Christian Tomuschat, International Law as the Constitution of Mankind, International Law on the Eve of the Twenty－first Century: Views from the International Law Commission, U. N., 1997, 37－50.

③ 参见〔德〕Armin von Bogdandy《国际法中的立宪主义：评德国的一个建议》，柳磊译，载陈安主编《国际经济法学刊》（第15卷第2期），北京大学出版社，2008，第85～109页。

④ 参见王秀梅《国际宪政思潮的兴起与国际法“宪法化”趋势》，《法律科学》2011年第2期。

序的国际秩序，以此来削弱国家间反复无常的政治博弈和冲突；另一方面，诸如限制公权力的滥用、保障私人权利及人权价值、关注国际社会共同利益、增强透明度和民主合法性等一些新的价值考量标准正在不断地引入国际法体系，以推进建立一个更为公平正义的国际秩序。循此思路，一些国际法学者主张应当将一系列宪法性原则适用于国际法律体系，如法治原则、权力制衡原则、人权保护、民主性、提高国际法的有效性和确保国际社会之公平，以应对全球化问题所引发的全新挑战。① 对此，日本学者篠田英朗的看法一定程度上代表了国际法学者的一种普遍心理。他指出，尽管目前世界上并没有真正意义上的国际宪法或世界政府，但许多人都感到，国际社会应该有并在某种程度上应持续存在诸如保护个人权利和自由经济活动的宪政主义价值。国际社会还应该具有主权国家应该遵守的自身规则。这种现象可以称之为“新国际宪政主义”。他认为，尽管几乎没有人敢用“宪政主义”一词来描述国际规则，但不存在一个合宪的世界政府并不能改变国际社会正在构建它自己的宪法规则和原则这样的事实。②

（二）WTO 面临的挑战及其宪政化思潮

在国际宪政话语兴起的过程中，国际法学界对 WTO 宪政化问题的探讨尤其引人关注。

世界贸易体制诞生于 20 世纪 40 年代。作为人类社会多边国际合作的尝试与努力，世界贸易体制在半个多世纪世界经济的发展过程中扮演了至关重要的角色。随着国际经济环境的变化，这一体制自身也在不断地演变和进化，并日益加强和完善自身机制，扩大自身的权能和影响力，从而成长为 20 世纪 90 年代以来最有影响的多边国际合作体制之一，为推动国际社会的法治化做出重要的贡献。

然而，伴随着世界贸易体制的成长和不断取得成功，这一体制固有的内在缺陷和深层次矛盾也不断暴露出来。尤其是 WTO 成立之后，随着该体制影响的日益扩大，其内在的、具有“宪政性”的问题也越来越受到各

---

① See Anne Peters, Compensatory Constitutionalism: The Function and Potential of Fundamental International Norms and Structures, in 19 *Leiden Journal of International Law*, 2006, 579 - 610.

② 参见〔日〕篠田英朗《重新审视主权：从古典理论到全球时代》，戚渊译，商务印书馆，2004，第 147 ~ 148 页。

国及其民众的广泛关注。人们开始更多地从宏观角度来思考世界贸易体制作为一项社会合作制度所具有的内在法理基础。WTO 管辖权的不断扩张，南北国家利益分配的整体性失衡，WTO 权力运行的正当性、有效性和“民主赤字”缺陷，以及 WTO 法与人权的关系等问题开始成为人们热烈争论的焦点，而此类问题与传统上国内法所经常关注的宪政性问题具有相当的可类比性。在许多人看来，WTO 多哈回合谈判困难重重并日益陷入僵局，与未能恰当地回应这些深层次“宪政性”问题所引发的挑战有关。世界贸易体制本身是各国政府利益和意志临时妥协的结果，它从诞生之初就缺乏统一的价值体系。在务实主义和逐步积累经验的基础上，这一体制在实践中不断地突破自身局限，从一个临时性的政治协调体制逐渐发展成为一个羽翼日渐丰满、功能相对健全的国际法律体制，取得了令人惊叹的辉煌成就。然而，这一体制某些固有的“宪政性”缺陷并没有得到妥善解决。这些缺陷将不断地在各国及其民众之间引发一些根本性的价值和利益冲突，并制约和阻碍世界贸易体制的未来发展。

论争是学术繁荣的一个重要标志。围绕 WTO 宪政化问题研究，西方学术界目前业已形成了以杰克逊教授为代表的“制度建构说”、以彼德斯曼教授为代表的“预先承诺说”和以凯斯教授为代表的“司法驱动说”等不同的理论流派。[①] 与此同时，以丹诺夫教授等为代表的质疑和否定 WTO 宪政化的声音和主张在该领域研究中同样广受关注。[②] 西方国际法学者之所以不遗余力地探讨 WTO 宪政问题，并试图从 WTO 宪政的原理和实践出发进一步推演国际组织和国际法的宪政原理，并非一个偶然现象。WTO 独

---

① 学者们对 WTO 宪政思潮进行分类的名称虽有细微差异，但实质内涵是一样的。凯斯教授将研究 WTO 宪法化问题的理论分为“制度管理”（institution maganerialism）、“自由宪政”（liberal constitution）和“司法造法”（judicial norm - generation）三种主要流派。See Cass, *The Constitutionalization of the World Trade Organization: Legitimacy, Democracy, and Community in International Trading System*, Oxford U. P., 2005。丹诺夫教授则将 WTO 宪法化思潮归纳为“作为制度建构（institutional architecture）的宪政”、“作为规范性承诺（normative commitments）的宪政”和“作为司法调解（judicial mediation）的宪政”等三种类型。参见〔美〕Jeffery L. Dunoff《宪政的幻象：WTO 的“宪法”和国际法的规训》，载陈安主编《国际经济法学刊》（第 14 卷第 2 期），北京大学出版社，2007。国内也有学者采纳相似的分类标准，如陈喜峰《 WTO 宪法化理论研究》，武汉大学博士学位论文，2006；又如王玉婷《WTO 宪政理论研究》，法律出版社，2010。

② 参见〔美〕Jeffery L. Dunoff《宪政的幻象：WTO 的“宪法”和国际法的规训》，载陈安主编《国际经济法学刊》（第 14 卷第 2 期），北京大学出版社，2007，第 28 ~ 59 页。

特的争端解决机制、所涉专题事项的广泛性以及自我发展的法律实践，已经使其成为冷战结束后国际法体系中最具创造力和影响力的国际组织机构之一。对于在实践中尚缺乏底气且争议不断的国际宪政思潮来说，WTO 宪政化似乎最具有期待可能性。正是因为如此，WTO 的宪政化研究成为学界讨论国际宪政理论、推进国际宪政实践的一个理想领域，并不断引领着整个国际宪政思潮的发展。

（三）本书选题的由来

2004 年 11 月，中国国际经济法学会年会暨学术研讨会在厦门召开。其间会务组向参会代表分发了彼德斯曼教授的著作《国际经济法的宪法功能与宪法问题》[①]，这是笔者首次接触国际经济法学领域的宪政话题，并对其产生了浓厚的兴趣。彼德斯曼教授“从各国宪法及其实施上分析了外贸政策领域的‘宪政失效’，从 GATT 等国际规则分析了国际经济法的‘宪政困境’，指出自由国际经济秩序的出路在于将自由国际经济规则有效融入各国宪政体制框架之中”[②]。这种独特的视角和耳目一新的观点触发了笔者的进一步思考，在经济全球化背景下，国际法与国内法在调整国际社会事务过程中是如何相互影响、相互牵制和相互配合的？如何去认识国际法在发展过程中所面临的法治原则、权力制衡、人权保护、民主合法性、国际法的有效性和确保国际社会之公平等一系列具有“宪政”性质的问题？这些问题的解决与各国的国内法治建设有何直接或间接的关联？

带着这些疑问，笔者循着国际经济法的宪政进路，对 GATT/WTO 法律与制度以及相关国际法学者的理论见解展开系统的研究和思考。

二　相关学术史回顾及评析

对 WTO 宪政话语的研究，实际上是整个国际宪政思潮的内在组成部

---

① 〔德〕E. －U. 彼德斯曼：《国际经济法的宪法功能与宪法问题》，何志鹏、孙璐、王彦志等译，高等教育出版社，2004。

② 〔德〕E. －U. 彼德斯曼：《国际经济法的宪法功能与宪法问题》，何志鹏、孙璐、王彦志等译，高等教育出版社，2004，参见译者之一王彦志所作的序言，第 24 页。

分。由于国际法体系本身的不成熟和各专题部门发展的不平衡，学界对WTO宪政化问题倾注了更多的精力。在很多学者看来，WTO宪政化的相关理论和实践经验，可以自然地扩展或类推至一般国际组织乃至整个国际法体系的宪政化。因此，出于研究的便利性，笔者也把研究的视域和范围限制在世界贸易体制的"宪法化"或宪政化问题上。

从世界贸易体制的成长史和学界关注的重点来看，GATT/WTO宪政化问题研究可以初步划分为三个阶段："曲高和寡"的开创阶段、"双峰并峙"的深化阶段和"百家争鸣"的繁荣阶段。这三个阶段所关注的问题和焦点各有不同，研究的主题不断扩展，研究路径也日趋多样化，最终形成了不同流派之间的相互对峙和多元论争格局。在以下内容中，笔者将沿着GATT/WTO宪政化思潮的历史演进脉络，对不同时期的代表人物及其主要理论观点进行逐一介绍，并最后做出简要的评析。

（一）"曲高和寡"的开创阶段：代表人物及其理论

GATT/WTO宪政化研究始于20世纪50年代。美国学者约翰·杰克逊教授是这一阶段研究的领军人物，其学术影响甚至一直延续至今。杰克逊研究的路径和重点是，依托美国关于三权分立的国内法治经验，从实用主义视角出发，着重从制度建构（institutional architecture）的层面来探讨世界贸易体制的宪法或宪政化问题。[①] 因此，他的WTO宪政化理论被学界通称为"制度建构说"或"制度建构"宪政化论。

一般认为，杰克逊是最早关注世界贸易体制宪政化问题的学者之一。1969年，杰克逊出版了他的代表性著作《世界贸易与GATT法》。在这本后来被称为"GATT圣经"的书中，他把关注的重心放在了GATT存在的一系列"制度性问题"（institutional problems），并列举了其中四个突出问题，即全体协商一致的议事规则使得GATT一般条款的修订困难重重；伴生GATT而来的诸多"祖父条款"（grandfather clause）日益不合时宜；存在缺陷的GATT内部组织结构及其与其他国际组织间的关系将阻碍GATT

---

① 正如杰克逊在2001年发表的一篇论文中所总结的那样，"我关注的焦点是制度建构方面，对此我称之为世界贸易体制的宪法"。See John H. Jackson, The WTO Constitution and Proposed Reforms: Seven "Mantras" Resisted, *Journal of International Economic Law*, 2001, p.67。

的发展；如何推动 GATT 义务规则的发展完善并增进其有效性。[①] 可见，他的研究旨在帮助人们把更多的注意力放在抽象的 GATT 一般性制度性问题上，而不仅是涉及政府间利益平衡的各类具体贸易规则问题上。在题为“一个可能的国际贸易制度的宪法性结构”（The Constitutional Structure of a Possible International Trade Institution）的小节部分中，杰克逊进一步提出，为了 GATT 长远发展，应当把国际制度的宪政结构从有关贸易行为的规范与规则体系中剥离出来，创立一个国际组织，即重新恢复国际社会在 20 世纪 40 年代及 1955 年时创立国际贸易组织（ITO）的努力。根据蔡从燕教授的分析，“虽然杰克逊并未提出这一国际组织的具体组织架构，但相关论述，尤其关于理想的国际贸易管制制度的性状描述中还是透露出了若干设想：第一，设立一个秘书处，以收集信息并予以报告；第二，建立有效的争端解决机制，包括成立独立的专家组及调解制度；第三，成立一个决策机构”。[②] 最后，他以制度建构的重要性作为全书的总结性评论。他指出，“国际经济制度的永恒难题和核心目标，是如何确定国内政策目标正当性的范围，以便防止此类目标的滥用，从而以牺牲更大公共福利的代价来促进某些特殊利益。……另外一项功能是确保其成员能够实现公共目标，防止集团成员竞相采取内耗行为（antisocial conduct）而使其遭受挫败……这就需要一种制度，……其结构和运行机制能够确保其成员尽可能有效地去实现这类目标。从长远看来，该机制（即程序）很可能是最重要的……而不是某种或某一类贸易行为的特殊规则的存在”。[③]

有学者评论说，杰克逊《世界贸易与 GATT 法》的出版使得“GATT 研究成为法学，尤其是国际法学领域一项相对独立的学问，并在美国及其他西方国家渐渐得到公认，他也由此获得‘GATT 之父’的尊称”。[④] 不过，尽管杰克逊在世界贸易法研究领域拥有巨大的影响，但他关于 GATT

---

① See John, H. Jackson, *World Trade and the Law of GATT*, Newyork: The Boobs - Merrill Company, Inc., 1969, pp. 770 - 771.

② 参见蔡从燕《论私人结构性参与多边贸易体制——对变动着的国际法结构的一种考察》，厦门大学博士学位论文，2005，第 110 页。

③ 参见蔡从燕《论私人结构性参与多边贸易体制——对变动着的国际法结构的一种考察》，厦门大学博士学位论文，2005，第 788 页。

④ 〔美〕约翰·H. 杰克逊：《世界贸易体制——国际经济关系的法律与政策》，张乃根译，复旦大学出版社，2001，“译者序”第Ⅱ页。

制度建构的敏锐洞见和“宪法式”研究路径，在当时并未引起学界的共鸣，并在此后的二十年间基本上一直保持着曲高和寡的状态。

1989年，正当乌拉圭回合谈判陷入胶着状态的重要时刻，杰克逊出版了《重构GATT体制》一书。在这部被称为“GATT体制‘法学阶梯’”的著作中，他再度提出应当以一种“宪法性结构”来改造和重构世界贸易体制。[①] 杰克逊认为，只有通过有力的制度建构，才能解决GATT体制中面临的众多先天不足问题，包括GATT协定的临时性、争端解决机制的软弱性和GATT协定义务的“巴尔干化”（Balkanization）等，正是这些问题使得GATT陷入困境。在乌拉圭回合谈判的伦敦会议上，杰克逊提出加强GATT组织构建的建议方案，引起时任GATT总干事阿瑟·邓克尔（Arthur Dunkel）和一些外交官的重视。随后，杰克逊受聘为加拿大政府的顾问，并负责起草了一份名为《建立多边贸易组织协定》的提案，这份提案最后成功地被纳入1991年底的《邓克尔草案》最终文本中。在经过多次外交谈判的努力之后，新的世界贸易组织（WTO）终告成立。正是杰克逊对GATT宪法问题的长期关注和研究，逐步推动了世界贸易体制从一个先天不足、矛盾缠身的“权力导向型”（power - oriented）体制，发展成一个以制度和程序为依托、更具有法律约束力的“规则导向型”（rule - oriented）体制。[②] 可以毫不夸张地说，WTO极具创新性的组织和制度结构能够得以建立，在很大程度上应归功于杰克逊长期的学术探索和不懈的倡导。[③]

WTO成立之后，杰克逊的论著继续以制度建构为核心阐述其WTO“宪法”理论。他在1997年出版的《世界贸易体制——国际经济关系的法律与政策》中提到WTO体制运作过程中国际法与国内法的互动关系，“我们现在可以总结或者至少是概括一下，世界‘贸易宪法’本意是什么，是如何运作的。……这一体制反映了国内与国际规范、体制和政策的交互作用。如果仅仅研究国际部分，或仅仅研究主权国家，就不能理解它。两者

① See John, H. Jackson, The WTO Constitution and Proposed Reforms: Seven “Mantras” Resisted, *Journal of International Economic Law*, 2001, pp. 57 - 68.

② 著名的国际经济法学者彼德斯曼教授曾评论杰克逊GATT研究的特色，“他强调国际关系的‘规则导向’方法而不是‘权力导向’方法”。See Ernst - Ulrich Petersmann, On the Constitution of JOHN H. JACKSON, *Michigan Journal of International Law*, Winter, 1999 (20)。

③ See Steger, A Tribute to Jonh Jackson, 20 *Mich J. Int' l L*, 1999, p. 165.

的联系极为重要”。[1] 在2000年出版的《GATT/WTO法理与实践》中，杰克逊指出，“新WTO和乌拉圭回合最后结果在组织结构方面是很小的一步，但对于国际经济体系来说则是一个重要的分水岭”“由于国际的约束和相互牵制，任何国家将不再能够有效实施它们自己国家的经济法规。然而，一个国家越多地参与国际经济合作机构，它就越明白它必须更多地关注和遵守这些机构的‘宪法’，就像给予国家级‘宪法’的广泛关注和尊重那样”。[2]

（二）“双峰并峙”的深化阶段：代表人物及其理论

GATT/WTO宪政化研究的深化阶段大约出现在20世纪80～90年代。这一时期，又一位重量级的国际经济法学者加入了GATT/WTO宪政问题研究的行列，他就是德国学者E. - U. 彼德斯曼教授。与杰克逊明显不同的是，彼德斯曼选择了一种古典自由主义的国际经济法研究路径和以预先设立的“规范性承诺”（normative commitments）为研究重心的学术取向。他的学说由此被学界通称为“预先承诺说”或“预先承诺”宪政化论。他的独特创新性理论大大推动了GATT/WTO宪政化研究领域的学术比较、对话与辨析，使相关宪政话语在学界的影响日益扩大。于是，在GATT/WTO宪政研究领域乃至整个国际经济法学研究领域，开始出现彼德斯曼与杰克逊两位重量级学者及其理论“双峰并峙”的新格局。

彼德斯曼曾分别师从于哈耶克（Friedrich August von Hayek）和图姆利尔（Jan Tumlir），深受两位大师自由主义和个人主义方法论的影响。[3] 据彼德斯曼回忆，1972～1978年他在德国海德堡大学著名的马克斯-普朗克比较公法与国际法研究所担任研究人员期间，曾对杰克逊的著作进行了系统研读，其中《世界贸易与GATT法》一书给他留下深刻的印象。后来他评

---

① 〔美〕约翰·H. 杰克逊：《世界贸易体制——国际经济关系的法律与政策》，张乃根译，复旦大学出版社，2001，第372～373页。

② 〔美〕约翰·H. 杰克逊：《GATT/WTO法理与实践》，张玉卿等译，新华出版社，2002，第464页。

③ 彼德斯曼认为：“经济与法律制度应该被设计用来允许个人自由互动，允许公民平等参与政治决策过程。” See Ernst - Ulrich Petersmann, *Constitutional Functions and Constitutional Problems of International Economic Law*, Switzerland: University Press Fribourg Switzerland, 1991, Inroduction and summary XXXI。

论说，“可能最重要的是，杰克逊的著作突破了古典国际法学者的传统‘政府中心主义观’（statist conceptions），而运用了一种公民导向（citizen - oriented）的‘宪政方法’，把贸易商、生产者、投资者和消费者的需求，以及国际规则和组织的民主正当性和宪政制衡的需要考虑在内”。[①] 正是受杰克逊著作的启发和影响，彼德斯曼把“国际经济法的宪法功能和宪法问题”作为博士后任职资格论文的研究主题，后来他还成为1981年GATT新设的“法律事务办公室”（legal office）的首位法律官员。1987年，彼德斯曼发表了《国际经济公法的宪政功能》[②] 一文，指出了国际公法在国内层面及国际层面上分别具有的宪政功能，并对GATT法进行实证分析，从而奠定了其以保护个人权利为核心的国际经济法宪政进路的基础。

1991年，彼德斯曼的代表性著作《国际经济法的宪法功能与宪法问题》正式面世，为其在国际学界赢得了广泛而崇高的学术声誉。在这部著作中，他论证了国际经济自由秩序的宪政进路，被称为“可能是对贸易领域提出一个全面的法律理论的最早的被认为有效的努力”。[③]

首先，彼德斯曼将古典自由主义理论作为其学说的逻辑起点，认为国际经济实质就是“个人之间”的国际交易，国际经济自由秩序依赖于推行市场经济和自由民主的国内宪政。[④] 其次，彼德斯曼分析了国家对外事务的“宪政失灵”（constitutional failure）现象，并提出国际经济法所可能发挥的宪法功能。20世纪70~80年代，GATT进入一个纲伦败坏、法纪松弛的历史倒退阶段，各国之间盛行着大量损害整体福利的灰色区域措施（Grey - area Measures）。贸易保护主义势力利用国内法体制在全球化经济中的既有宪政缺陷，操纵和控制了国家的对外经济贸易政策，规避或减损

---

① Ernst - Ulrich Petersmann, On the Constitution of JOHN H. JACKSON, *Michigan Journal of International Law*, Winter, 1999 (20).

② E. - U. Petersmann, Constitutional Functions of Public International Economic Law, in P. van Dijk, (ed.), *Restructuring the International Economic Order: the Role of Law and Lawyers*, London: Kluwer Law Taxation Publisher, 1987, pp. 49 - 82. 参见蔡从燕《论私人结构性参与多边贸易体制——对变动着的国际法结构的一种考察》，厦门大学博士学位论文，2005，第102页第4个脚注。

③ Howse, Robert, Human Rights in the WTO: Whose Rights, What Humanity? Comment on Petersmann, Vol. 13 *EJIL* (2002), No. 3, 654, note 3. 转引自刘燕南《实用主义法理学进路下的国际经济法》，法律出版社，2007，第79页第2个注释。

④ 参见王彦志《国际经济法的宪政进路》，《当代法学》2004年第4期。

了GATT规则的法律约束力，严重破坏了GATT体制的威望和信誉。彼德斯曼通过对美国、瑞士和德国宪法及欧共体法的比较分析，认为各国宪法和欧共体法通常都忽略对政府对外经济事务管辖权施加有效的宪法约束。这种情况往往造成国内特殊利益集团可能影响和操纵政府的任意性对外事务管辖权，并以牺牲国内社会整体福利的方式促成贸易保护主义政策的出台，从中谋取局部的保护主义利益。[①]

彼德斯曼认为，宪政的主旨在于对一套规范性价值的提升，这类价值旨在反对政府越权和民众短视的决定而保护公众。“规则对我们行为自由的自我限制，制度和机构节制上的自我施加，都是旨在保护我们免受因我们自身的热情和不完善理性所致风险的理性反应。”[②] 因此，在彼德斯曼看来，宪法是一整套“有效构成和限制公民权利和政府权力”的预先承诺（pre - commitment）的规范。[③] 他通过研究指出，GATT规则能够帮助各国克服世界经济一体化背景下国内法体制的内在宪政缺陷，有效地约束政府任意性对外贸易政策权力，并扩展和保护公民跨越国境的贸易自由和权利。在彼德斯曼视野中，贸易自由和经济权利是基本的个人权利的核心部分之一。[④]

因此，彼德斯曼指出，应当承认GATT规则具备长期性宪法规则的性质，并应当发挥弥补国内法体制失灵的宪政功能。鉴于自由贸易国际规则不会自动地发挥它们的“宪法”功能，彼德斯曼提供了两条可能的解决路径。一是在国际组织层面加强宪政建构，即运用民主、法治、分权与制衡，及问责机制等来解决国际组织自身可能存在的宪政与善治问题，以防止其为国际组织官僚利益和特殊国家利益集团所滥用。二是通过把直接约束政府权力而间接保护私人权利的自由国际经济规则有效地转化为国内法上针对政府权力的私人权利，并通过国内法院予以司法保障。它可以通过

---

① See E. - U. Petersmann, *Constitutional Functions and Constitutional Problems of International Economic Law*, Switzerland: University Press Fribourg Switzerland, 1991。中译本参见〔德〕E. - U. 彼德斯曼：《国际经济法的宪法功能与宪法问题》，何志鹏、孙璐、王彦志等译，高等教育出版社，2004。

② Ernst - Ulrich Petersmann, How to Constitutionalize International Law and Foreign Policy for the Benefit of Civil Society? *Michigan Journal of International Law*, Fall, 1998 (20), pp. 1 - 31.

③ 参见陈喜峰《WTO权利宪法论：经济宪法视角的一种批评》，载陈安主编《国际经济法学刊》(第15卷第2期)，北京大学出版社，2008，第117页。

④ 参见〔德〕E. - U. 彼德斯曼《国际经济法的宪法功能与宪法问题》，何志鹏、孙璐、王彦志等译，高等教育出版社，2004，第412~421页。

国内立法方式加以转化，也可以直接赋予公民在法院直接援引 GATT 规则的权利来加以转化。[①] 由于国际组织的宪政建构难度较大，彼德斯曼更倾向于后一种方式，即实现 GATT 规则与国内宪法体系的有效融合。[②]

彼德斯曼和杰克逊之间保持着良好的私人关系，他们曾经共同主持国际经济法的一些重要学术会议，并经常进行学术的交流和探讨。在理解和分析 GATT/WTO 宪政化问题上，这两位权威级的国际经济法学者实际上有许多经常被人忽略的共通之处。例如，他们都高度关注国际经济体制运行过程中国际法与国内法体制之间所存在的密切联系；他们都主张国际贸易体制必须是“规则导向”而不是“权力导向”；他们都强调要着力限制可能劫持各国政府决策的国内特殊利益集团或“寻租”集团，以便实现自由贸易规则促进经济效率和公平的目标。[③]

有所不同的是，在杰克逊看来，程序问题扮演着至关重要的角色。[④] 这可能与普通法系把正当程序（due process）视为正当性来源的法律传统有关。杰克逊将 GATT/WTO 宪政化的标准，归结于是否存在一个良好的、体现权力分立和制衡的制度结构。在他的理念中，只要相关国际制度架构设计精良并能有效运转，自由贸易规则保护私人权利和限制政府公权力滥用的价值目标便能自动实现。他对多边贸易体制（作为一种国际法体制）始终持一种相对不信任的态度，并认为只有依赖完善的国内法体制（尤其是美国式宪政体制），才能妥善解决国际经济活动中涉及的价值问题。[⑤] 因此，杰克逊基本上不直接探讨多边贸易宪政所涉及的实体价值问题，这充

---

① 参见刘燕南《实用主义法理学进路下的国际经济法》，法律出版社，2007，第 99 ~ 100 页。

② 彼德斯曼指出：“由于 GATT 各缔约方国内经济、政治和法律体系的多样化，这种‘分层’的、整体的 GATT 法律体系若想取得更强的效力，则不能寄希望于‘超国家的’技巧和国际官僚机构，只能寄希望于自由的 GATT 国际规则在各国国内宪法体系之中的更为有效的整合。不仅从经济的和政治的视角，而且从法律观点来看，自由主义和国际主义都必须从自家起步。”〔德〕E. - U. 彼德斯曼：《国际经济法的宪法功能与宪法问题》，何志鹏、孙璐、王彦志等译，高等教育出版社，2004，第 472 页。

③ See Ernst - Ulrich Petersmann, On the Constitution of JOHN H. JACKSON, *Michigan Journal of International Law*, Winter, 1999 (20).

④ See John, H. Jackson, *World Trade and the Law of GATT*, Newyork: The Boobs - Merrill Company, Inc., 1969, p. 788.

⑤ 对于世界贸易体制在实体价值层面所具有的潜在“宪政功能”，杰克逊教授基本持否定态度。他认为国际法仅具有工具性价值，并批评国际法具有高于国内宪法的地位的观点。See Ernst - Ulrich Petersmann, On the Constitution of JOHN H. JACKSON, *Michigan Journal of International Law*, Winter 1999 (20): 153 - 154.

分体现了其在国际法层面的实用主义基本立场。而彼德斯曼的学术旨趣则截然不同，他强调指出，“除了正当程序之外，政治决策和政府过程还应当遵从康德的道德命令（Kantian moral imperative），即从推动公民的自由和其他平等权利的最大化过程中获得民主正当性”。[①]

由此可见，彼德斯曼将世界贸易体制宪政化建立在预先设立的“规范性承诺”基础上，即他不仅关注世界贸易体制的制度建构问题，而且关注自由贸易规则的价值内涵和道德评判。彼德斯曼在这一时期最为关注的问题，是如何论证自由贸易规则所具有的保障私人权利和防止公权滥用的宪法价值功能，以及如何通过国际、国内两个层面相关制度的配合来确保此类具有宪法功能的自由贸易规则的有效实施。正是沿着这种思考路径，他运用了自由主义和个人主义的方法论，对各国对外经济事务领域的法律和政策展开深入的价值分析和研究，并运用 GATT 经验加以论证和解释。从发展阶段的特点看，彼德斯曼这一时期的学说基本上以个人权利为价值基础；他对自由贸易规则宪政功能的探讨，总体上服务于一国对外贸易政策领域的宪政化，因而某种程度上是一种工具性研究。[②]

（三）“百家争鸣”的繁荣阶段：代表人物及其理论

第三个阶段大约出现在 2000 年前后，WTO 宪政化问题在国际法学界开始受到前所未有的关注。WTO 组织的成立以及它在随后几年的成功运转，令人赞叹不已。它那独特的争端解决机制及其“规则导向”的制度设计，强烈地激发了国际法学者的研究热情，也推动人们更多地从宏观的层面上反思和审视这一体制。贸易与环境、贸易与劳工标准、贸易与人权等全新的“社会议题”开始出现在世界贸易体制的讨论框架内。

1999 年在西雅图会议上，WTO 遭受了一场自其诞生以来最为严重的挫折。在场外 3 万多名主张劳工权利和环境保护的游行示威者的强大压力下，会议草草收场，原定于 2000 年 1 月开始的“千年回合”谈判也宣

① Ernst - Ulrich Petersmann, On the Constitution of JOHN H. JACKSON, *Michigan Journal of International Law*, Winter, 1999 (20).

② 参见蔡从燕《论私人结构性参与多边贸易体制——对变动着的国际法结构的一种考察》，厦门大学博士学位论文，2005，第 103 页。

告流产。西雅图会议的失败，突出地反映了世贸组织内部价值冲突和利益不平衡的问题，并由此引发了一场关于 WTO“宪法化”或宪政化问题的学术大辩论。在这场辩论中，WTO 内部南北国家间利益的失衡、WTO 过度偏向生产者利益、决策效率的低下、权力运行缺乏透明度并存在潜在滥用风险，及“民主赤字”等深层次的国际组织宪政化问题引起了人们的广泛讨论。

众多学者参与了这场学术辩论，他们围绕 WTO 面临的挑战及其宪政化问题纷纷阐释自己的理论主张和看法，并展开了激烈的论争，推动 WTO 宪政化思潮进入了一个“百家争鸣”的繁荣阶段。

1. 国外学界的相关研究进展

（1）彼德斯曼 WTO“预先承诺”宪政化论的新发展。

彼德斯曼早期学说的旨趣在于推动国内对外经济事务的宪政化，其视角是立足国内的，其价值追求在于保障个人权利。而随着 WTO 的成立和欧洲一体化实践的发展，彼德斯曼的学说开始出现了一些重要的变化。一方面，WTO 法律框架中开始出现非贸易议题（尤其是知识产权）和贸易与环境、贸易与劳工标准等全新的“社会议题”，拓展了彼德斯曼“预先承诺”宪政化论所涵盖的价值领域——从贸易自由等经济权利扩展为能够协调贸易自由与社会政策之间矛盾关系的、更为广泛的人权价值；而 WTO 强有力的争端解决机制也给予彼德斯曼对于通过国际层面推进 WTO 宪政化的更大信心。另一方面，欧洲一体化进程取得突破性进展及其对人权价值的有力保障，也激发了彼德斯曼借鉴欧盟经验，进一步思考如何在 WTO 等国际组织层面推进人权价值，并将其作为 WTO 宪政化的核心目标。

这一时期，彼德斯曼的研究重心开始从国内视角转向国际视角，从保障以贸易自由为核心的个人经济权利转向包含经济权利和其他可以防止市场秩序被滥用的基本人权在内的完整的世界范围内的人权价值，并以其为宪政化的核心目标来全面审视 WTO 等国际组织的正当性和有效性。① 与早期将宪政的希望更多地寄托在国内法院不同，后期他开始寄希望于 WTO 等国际层面的宪政化，即通过在 WTO 法律框架中正式引入人权价值，并通过 WTO 相关制度设计中的权力制衡、民主参与和法治等实现其人权价值目标。

---

① 参见孙璐《国际贸易体制内的人权》，《当代法学》2004 年第 4 期。

彼德斯曼强调，以人权为内核的正义是国际条约和各国宪法所共同追求的核心目标。[①] 对人权的普遍承认构成一般国际法的核心部分，因此要建立一种适合于所有领域的国际法和国际组织的人权保护框架，以使人权保护更加有效。WTO 的成立及其运转有效的争端解决机制给予彼德斯曼更大的信心，使他把人权的宪政理想寄托在 WTO 之类的国际组织之上。

彼德斯曼认为，1994 年签署的 WTO 协定已经具有当代国际法中的四种宪政要素：①它构建了分权制衡的内部组织机构和运行制度；②在与附属的其他多边贸易协定规则相冲突时，WTO 协定条款具有优先的法律效力；③WTO 对贸易自由、非歧视的竞争条件、法治秩序和获取司法救济权等实体性保障承担了宪政功能，这种宪政功能不仅针对政府间关系，而且针对私人主体及其政府在国内外结成的“世界政治关系”；④WTO 强有力的争端解决机制通过裁决及其他法律解决方式，扩展了跨国性的法律保障和法治原则。尽管 WTO 协定具有宪政的诸多要素，但彼德斯曼又随即指出，无论是 WTO 协定还是其争端解决机构裁决，均未直接提及人权的保护。[②] “WTO 法律体制被评价为世界范围内最为强有力的法治体系。然而，它依然未能从尊重人权及尊重贫困与弱势公民的角度获取‘权力的正当性’。”[③] 彼德斯曼以 1999 年西雅图会议的失败和示威者针对 WTO 的暴力抗议为例，说明了各国需要从国内民众诉求的视角考虑 WTO 规则的正当性及其人权功能。[④] 为了提升 WTO 体制的正当性和有效性，应当把人权价值引入 WTO 的法律框架。“现在是认识到人权法提供给 WTO 规则的道德的、宪法的和民主的合法性的时候了，对立法机构批准将来的 WTO 协议来讲，这可能比传统的从经济的和功利主义的角度判断其正当性更重要。”[⑤]

彼德斯曼强调了 WTO 在促进人权价值方面具有比其他国际组织更明

---

① See Ernst - Ulrich Petersmann, Theories of Justice, Human Rights, and the Constitution of International Markets, *Loyola of Los Angeles Law Review*, Fall, 2003 (37), 408 - 412.

② See Ernst - Ulrich Petersmann, Theories of Justice, Human Rights, and the Constitution of International Markets, *Loyola of Los Angeles Law Review*, Fall, 2003 (37), 427 - 428.

③ See Ernst - Ulrich Petersmann, Addressing Institutional Challenges to the WTO in the New Millenium: A Longer - Term Perspective, *Journal of International Economic Law*, September, 2005.

④ See Ernst - Ulrich Petersmann, The WTO Constitution and Human Rights, *Journal of International Economic Law*, March, 2000 (3).

⑤ Ernst - Ulrich Petersmann, From "Negative" to "Positive" Integration in the WTO: Time for "Mainstreaming Human Rights" into WTO Law? *Common Market Law Review*, 2000 (37), 1377.

显的独特优势。他认为联合国人权组织等机构因缺乏有效的法律约束机制而趋于软弱，这使得它们不但难以发挥应有的作用，而且还可能继续强化国际体系的“权力导向”结构。他以欧盟促进人权价值的经验为例，认为欧盟机制是市民驱动型的（citizen - driven），而联合国人权机制是以国家为中心并且是权威型的（state - centered and authoritarian），这是二者的明显区别。在他看来，WTO 将会促进与欧盟类似的市场经济一体化，而这种一体化将会指向“比传统的以国家为中心的国际法更加复杂和更加有效的对人权的促进”。[①] 因此，他寄厚望于 WTO，以代替当前依然软弱的联合国人权机构去促进人权价值。

对于人权价值引入 WTO 的途径，彼德斯曼认为可以运用 WTO 争端解决规则及程序谅解第 3 条的要求，即按照“国际公法关于解释的习惯规则澄清 WTO 协定的现行规定”。普遍承认的人权在今天已经构成解释国际条约的“上下文”的一部分，它对于解释 WTO 规则来说具有重要意义。首先，可以用于解释 WTO 的例外条款。其次，可以用于解释 WTO 协定对自由、非歧视、财产权、个人投诉权以及保护公共利益和人权的保障措施的“必要性”要求。最后，尽管 WTO 规则规定的是政府间的国际权利和义务，但保护其国内公民的人权构成了各国主权的最终指向，它可以用于解释 WTO 中众多的公共利益条款。[②] 值得注意的是，为了减少争议，彼德斯曼并不主张在 WTO 协定中直接规定“人权条款”或“社会条款”，他倾向于通过解释规则而非制定规则来推进人权价值，即根据普遍人权原则或国际劳工组织（ILO）劳动权基本原则宣言等对 WTO 法进行宪政解释。[③]

为推进 WTO 运转的有效性，彼德斯曼提出要进一步加强 WTO 的驱动力，即要在国内决策、周期性的政府间谈判和争端解决机制驱动之外，增加第四轮驱动——授权 WTO 总干事来更为有力地捍卫 WTO 整体利益。正

---

① Ernst - Ulrich Petersmann, Time for a United Nations "Global Compact" for Integrating Human Rights into the Law of Worldwide Organizations: Lessons from European Integration, Vol. 13 *EJIL*, 2002, No. 3, 631.

② 参见陈喜峰《WTO 权利宪法论：经济宪法视角的一种批评》，载陈安主编《国际经济法学刊》（第 15 卷第 2 期），北京大学出版社，2008，第 121 页。

③ Ernst - Ulrich Petersmann, From Negative to Positive Integration in the WTO: The TRIPS Agreement and the WTO Constitution, in Cottier, Thomas& Mavroidis, C. Petros (ed.), *Intellectual Property: Trade, Competition, and Sustainable Development*, Michigan: The University of Michigan Press, 2003, p. 446.

如“八贤人报告”[①]中所承认的，从个体而言，成员方并不总是该体系最佳的护卫者，WTO 需要有自己的有说服力的和连贯的体制性声音。一个有帮助的起点是将秘书处视为 WTO 条约的护卫者。秘书处应当对政策问题进行更清晰的引导。

然而，彼德斯曼对国际行政机构缺乏直接的民主正当性也表示了疑虑。[②] 他关注到多边贸易治理中存在的“民主参与缺陷”问题，并承认只有国际规则制定和国际规则的国内实施都受到国内议会更为有效的控制，才能促进人权价值的有效保障。为此，他主张要加强透明度及与市民社会的对话，加强与非政府组织的磋商，将 WTO 与非政府组织的交流制度化，以取得市民社会对世界贸易体制的支持。彼德斯曼建议，WTO 可以借鉴欧共体理事会及委员会的做法，设立由市民社会所有行业代表组成的咨询性议会机构或 WTO“经济与社会委员会”，以代表整个市民社会的利益。[③]

值得注意的是，在彼德斯曼后期的研究中，他还将 GATT/WTO 宪政化理论进一步拓展到 IMF 和世界银行等国际经济组织，以及联合国、国际劳工组织等经济领域之外的国际组织中，以探讨整个国际经济秩序乃至国际秩序的宪法理论。由此可见，彼德斯曼的宪政化理论具有非常强的系统性、延续性和拓展性。[④]

（2）麦金尼斯和莫维塞西恩的 WTO“反歧视模式”宪政化论。

在 WTO 宪政化思潮中，麦金尼斯（J. O. McGinnis）和莫维塞西恩（Mark L. Movsesian）所提出的 WTO“反歧视模式”（antidiscrimination model）论延续了杰克逊“程序取向”宪政化学说的理论，并将其应用于 WTO

---

① 2003 年 6 月，应时任 WTO 总干事素帕猜·巴尼巴迪的邀请，前 GATT/WTO 总干事彼得·萨瑟兰主持了一个由八位商界领袖、资深官员和权威学者（包括约翰·杰克逊教授）所组成的咨询委员会研究团队，旨在考察 WTO 机构的发展现状、该制度面临的体制性挑战及改进的对策。2005 年初，该咨询委员会出台了一份名为《WTO 的未来：阐释新千年的体制性挑战》的研究报告，被称为“八贤人报告”。

② See Ernst - Ulrich Petersmann, Addressing Institutional Challenges to the WTO in the New Millenium: A Longer - Term Perspective, *Journal of International Economic Law*, September, 2005.

③ Ernst - Ulrich Petersmann, From Negative to Positive Integration in the WTO: The TRIPS Agreement and the WTO Constitution, in Cottier, Thomas& Mavroidis, C. Petros (ed.), *Intellectual Property: Trade, Competition, and Sustainable Development*, Michigan: The University of Michigan Press, 2003, p. 26.

④ 参见陈喜峰《WTO 权利宪法论：经济宪法视角的一种批评》，载陈安主编《国际经济法学刊》（第 15 卷第 2 期），北京大学出版社，2008，第 114 ~ 115 页。

面临的新问题——隐性贸易保护主义的分析。[①]

所谓隐性贸易保护主义，是指贸易保护主义利益集团在国内游说采取用隐蔽手法保护国内产业的措施。这类措施表面看起来旨在促进劳工、环保、卫生和安全等目标，但实质可能构成新的对外贸易壁垒。1999 年 WTO 西雅图会议的失败激发了人们对环保、劳工等社会价值的强烈关注。然而，如果在 WTO 框架内制定此类社会政策规则又会引发人们新的不安，即在一个缺乏民主信任基础的 WTO 框架下制定国际劳工和环保标准将会严重威胁 WTO 成员的主权。

WTO“反歧视模式”论是针对 WTO“监管模式”（regulatory model）论而提出的。问题在于，如何在 WTO 法律框架下平衡贸易与社会价值之间的关系？“监管模式”论主张授权 WTO 制定全球性的劳工、环保、卫生和安全标准，以便平衡自由贸易与社会价值之间的关系，防止各国通过“削高就低”（races to bottom）方式降低相关的社会政策标准，形成新的不公平竞争。与之相反，WTO“反歧视模式”论认为，“一刀切”的集中监管模式忽视了成员方国情和发展水平的差异，将会严重阻碍各国通过正常国内民主程序来制定贸易相关政策；同时，由于 WTO 比各国政府更远离民众的控制，特殊利益集团更有可能劫持 WTO 的政策。

“反歧视模式”论主张采用一系列程序取向的检验方法，对隐形贸易保护主义进行审查。首先，那些影响国际贸易的劳工、环保、卫生和安全法规应符合透明度和“效能取向”原则。透明度意味着须将影响贸易的措施的标准和程序及时告知受利益相关者；“效能取向”原则则要求劳工、环保、卫生或安全等标准应当按照其设定的效能目标，而不是按被监管产业必须采用的生产过程来加以衡量。其次，当只有特定的外国企业才能制造某种产品时，WTO 应采取一致性要求，审查该规则是否与国内相似产品的管制法规相一致。[②] 最后，在少数特殊情形下，在评估可能影响贸易的

---

① See John O. McGinnis, Mark L. Movsesian, The World Trade Constitution, *Havard Law Review*, Vol. 114, No. 2, December 2000.

② 例如，如果一个国家以具有致癌危险为由禁止销售某种进口食品，WTO 就应审查该国是否也禁止销售具有类似危险的国产食品。See John O. McGinnis, Mark L. Movsesian, The World Trade Constitution, *Havard Law Review*, Vol. 114, No. 2, December 2000。中译本参见〔美〕约翰·麦金尼斯、马克·莫维塞西恩《世界贸易宪法》，张保生、满运龙译，中国人民大学出版社，2004，第 113 页。

社会规则时，可以要求成员方提供“客观证据”，并用“最小限制性手段检验”（least restrictive means test）方法加以衡量。如要求成员方用科学研究来证明其贸易限制措施是正当的，并审查是否存在一种影响更小的进口限制措施来达到同样的政策目标。

与杰克逊学说相似，麦金尼斯和莫维塞西恩的“反歧视模式”论强调了 WTO 宪政化的“程序导向”路径，反对 WTO 监管权力的扩张及对各国贸易与社会政策的实质性审查。这种“程序导向”路径的主要事实依据是 WTO 民主根基的内在缺陷。鉴于只有国内社会才能最终为 WTO 宪政化提供坚实的民主正当性基础，WTO 必然要最大可能地尊重各国在贸易和社会政策价值方面的自主选择。

（3）以凯斯为代表的 WTO“司法驱动”宪政化论。

在 WTO 宪政化学说中，“司法驱动”宪政化论显然受到英美法系司法审查传统和欧洲一体化实践的强烈影响。在英美法系国家的宪政实践中，司法审查和司法至上具有极为重要的意义。而“欧盟法院正是受到英美法这一传统宪政理念的影响，才通过欧盟法院构建出宪法架构，并发展出直接效力原则和优先适用原则，大大完善和发展了欧盟法律”。[①]

最早提出 WTO“司法驱动”宪政化论的是德国学者斯科洛曼（Hannes L. Schloemann）和奥霍夫（Stefan Ohlhoff）。[②] 他们通过对与贸易有关的环境措施争端、国家安全例外争端等个案研究，第一次明确指出 WTO 司法解释的宪法意义，提出了以司法发展推动 WTO 宪政化的模式。

---

① Burley and Mattli, Europe Before the Curt: A Political Theory of Legal Integration, 4 *Int'l Org*, 1993, 41。转引自王玉婷《WTO 宪政理论研究》，法律出版社，2010，第75～76 页。

② 其代表作包括：Stefan Ohlhoff &Hannes L. Schloemann, Rational Allocation of Disputes and "Constitutionalisation": Forum Choice as An Issue of Competence, James Cameron & Karen Campbell (ed.), *Dispute Resolution in the World Trade Organization*, London: Cameron May, 1998, p. 302; Hannes L. Schloemann & Stefan Ohlhoff, Constitutionalization and Dispute Settlement in the WTO: National Security as An Issue of Competence, *American Journal of International Law*, Vol. 93, 1999, pp. 424－451。关于斯科洛曼和奥霍夫的理论主张，参见陈喜峰《WTO 宪法化的第三条道路：WTO 司法宪法论及其批评》，载刘志云主编《国际关系与国际法学刊》（第 2 卷），厦门大学出版社，2012，第 145～148 页。

来自英国伦敦政治和经济学院的黛博拉·凯斯（Deborah Z. Cass）教授是 WTO“司法驱动”宪政化论的代表性人物，她在 2001 年发表的《国际贸易法的“宪法化”：司法造法作为国际贸易宪法发展的引擎》[①] 一文中，系统地阐述了 WTO“司法驱动”宪政化论的理论主张。在凯斯看来，WTO 上诉机构通过在争端案例裁决过程中的司法解释，能够逐步创设出一套具有宪法性的规范和结构，从而推动世界贸易组织的宪政化。凯斯指出可能产生宪法性要素的四类方法：

第一，宪法原理的合并（constitutional doctrine amalgamation）。WTO 上诉机构借鉴和吸收其他宪法体系中的规则、原则和原理，并将其运用于 WTO 争端案例的司法解释中，从而增进 WTO 体制的宪法性要素。涉及相称性和管辖权方面的案例是此类程序的典型例证。

第二，构建程序性的宪法规则（system constitution）。WTO 上诉机构在处理争端的过程中，发展出一套涉及举证责任、事实认定和非政府行为者的参与等方面的程序性规则。这些程序性规则可以构成 WTO 体制运转的宪法性要素。

第三，主题事项的并入（subject matter incorporation）。WTO 上诉机构在争端解决过程中，将传统上由国内宪法专属管辖的一些事项，诸如公共健康等问题逐步纳入其管辖范围内。

第四，宪法价值的结合（constitutional value association）。WTO 上诉机构在进行司法解释和做出裁决过程中，将 WTO 规则与更深层的宪法价值相结合，从而增进其宪法要素。为此，上诉机构必须谨慎地考虑法律体系的公正性、政策制定权的合理划分和民主正当性等问题。

总之，凯斯认为 WTO 上诉机构不仅能做出有法律约束力的个案裁决，而且可以通过司法解释手段来推衍和发展出一整套宪法性体系，这类司法解释中所包含的宪法性原理，使 WTO 法在更大程度上与宪法体系相似。在此意义上，可以认为 WTO 法处于逐步宪法化的进程中，具有了国内宪法的某些特征。

2005 年，凯斯出版了《WTO 的宪法化：国际贸易法的合法性、民主

---

① Deborah Z. Cass, The “Constitutionalization” of International Trade Law: Judicial Norm - Generation as the Engine of Constitutional Development in International Trade, *European Journal of International Law*, Vol. 12, 2001.

和共同体》一书。[①] 在该书中，她检视了自己前期关于 WTO“司法驱动”宪政化模式在理论上的不足。凯斯指出，尽管与欧盟的宪政化理论和实践相似，但 WTO 司法造法模式并没有澄清司法活动、合法性和宪法化之间的关系。因此，它大大低估了政治在 WTO 宪法化进程中的作用，并不可避免地引发宪法化过程中的政治争议。凯斯对自己前期将司法因素视为 WTO 宪政化的根本动力的观点做了修正，认为即便 WTO 司法造法是 WTO 宪政可能实现的最有效途径，但它并不足以构成 WTO 宪政一定能够实现的全部理由。

（4）对 WTO 宪政化理论的批评及其主张。

在 WTO 宪政思潮的发展演进过程中，反对 WTO 宪政化的学者也不在少数。其中豪斯教授（Robert L. Howse）和丹诺夫教授（Jeffrey L. Dunoff）的理论观点在反对者中最具代表性。

豪斯认为，WTO 规则的合法性基础并不在于 WTO 本身，而源于成员方国内的政治民主程序。只有经由国内宪政体制的适当约束和授意，WTO 协定的谈判与制定才具有民主正当性。因此，除了成员方通过协商一致所达成规则的授权外，WTO 并不拥有其他任何独立的权力。[②] 倡导 WTO 朝向宪法化的盲目发展，可能最终导致其演化为一个超国家机构；而此类缺乏适当民主程序控制的超国家机构将更有可能滥用其权力。它不仅会使 WTO 威胁到成员方的主权，而且也会最终破坏世界贸易体制自身的正常运转。豪斯进一步指出，WTO 宪政是一种“白日梦”，它只会激发 WTO 的合法性危机或者限制对这类危机的适当反应。[③] 类似的观点还主张，鉴于 WTO 决策体系缺乏透明度、参与性和问责性，将 WTO 相关制度视为“宪法”是不适宜的。对于发展中国家而言，这种情况尤其可能造成严重的不公平。因此，如何注入贸易民主和解决发展问题而非 WTO 宪政化问题，才是现阶段 WTO 学术讨论最应关注的现实问题。[④]

---

① Deborah Z. Cass, *The Constitutionalization of the World Trade Organization: Legitimacy, Democracy, and Community in the International Trading System*, Oxford University Press, 2005.

② Robert Howse, From Politics to Technocracy – and Back Again: The Fate of the Multilateral Trading Regime, *American Journal of International Law*, January, 2002, p. 105.

③ 参见陈喜峰《WTO 权利宪法论：经济宪法视角的一种批评》，载陈安主编《国际经济法学刊》（第 15 卷第 2 期），北京大学出版社，2008，第 144 页。

④ 参见王玉婷《WTO 宪政理论研究》，法律出版社，2010，第 113～114 页。

丹诺夫从文本和实践的角度，逐一分析了杰克逊、彼德斯曼和凯斯等学者的 WTO 宪政化理论，尖锐地指出这种宪政转向（the turn to constitutionalism）方法并不能起到平息政治争议的作用。杰克逊的宪政观招致了关于 WTO 制度建构是否应被视为“宪法”的大量争议；彼德斯曼旨在使某项贸易人权在 WTO 内“宪法化”的努力也使相关领域的学术讨论白热化；凯斯的上诉机构宪法权力观更是引发大量关于 WTO 争端解决规范创设和宪法之维的争论。由此，丹诺夫的结论是：WTO 宪政转向具有自我挫败（self - defeating）性质，它并没有也不可能对富有争议的问题做出终局的解决，也不可能将分歧问题排除在政治领域之外。因此，WTO 的“宪政”只不是一种隐喻甚至幻象。[①]

2. 国内学界的相关研究进展

在 2001 年中国加入世界贸易组织之后，有关 WTO 宪政化思潮的学术论争开始引起国内学界的关注。

2004 年 5 月，由何志鹏、孙璐、王彦志等学者翻译的彼德斯曼代表作——《国际经济法的宪法功能与宪法问题》一书在国内正式出版，对于国内 WTO 宪政化思潮的研究起到重要的推动作用。国内学者对 WTO 宪政问题的初期关注主要集中在引介、评析彼德斯曼学说上，相关学术成果包括：2002 年孙璐发表的论文《WTO 规则：国际经济领域的世界性宪法》[②]；2004 年王彦志发表的论文《国际经济法的宪政进路》[③] 和李春林 2004 年发表的论文《国际贸易法的宪法化与我国经济法的重新定位》[④] 等。

蔡从燕教授在 2006 年发表的论文《国际法语境中的宪政问题研究：WTO 宪政之意蕴》[⑤] 中对杰克逊模式和彼德斯曼模式进行比较研究，阐述了 WTO 宪政对于成员方、私人及 WTO 自身的不同意蕴。他主张 WTO 宪政再造应从成员方、私人及 WTO 自身三个方面展开，包括应重点考虑发

---

① 〔美〕Jeffrey L. Dunoff：《宪政的幻象：WTO 的“宪法”和国际法的规训》，陈喜峰译，载陈安主编《国际经济法学刊》（第 14 卷第 2 期），北京大学出版社，2007，第 28 ~ 59 页。

② 孙璐：《WTO 规则：国际经济领域的世界性宪法》，《法制与社会发展》2002 年第 6 期。

③ 王彦志：《国际经济法的宪政进路》，《当代法学》2004 年第 4 期。

④ 李春林：《国际贸易法的宪法化与我国经济法的重新定位》，《华东政法学院学报》2004 年第 4 期。

⑤ 蔡从燕：《国际法语境中的宪政问题研究：WTO 宪政之意蕴》，《法商研究》2006 年第 2 期。

展中成员方的特殊和差别待遇问题；建立制度化的市民社会协商机制甚至审议机构，以更好地体现私人利益；完善 WTO 决策机制，以确保成员方平等地参与。陈喜峰博士在其 2006 年学位论文《WTO 宪法化理论研究》及之后发表的一系列相关学术论文中①，对以杰克逊为代表的 WTO 制度宪法论、以彼德斯曼为代表的 WTO 权利宪法论和以凯斯为代表的 WTO 司法宪法论进行了系列的比较分析，对相关批评者的意见和观点也进行了介绍。他指出 WTO“宪法”是否能够满足一般宪法原理的拷问，将继续对传统国际法与国内法的“静态二分法”提出全球化时代的挑战。同时，WTO“宪法化”的合法性还受制于发展中国家的理解和认同，其在 WTO 现有规则下处于明显的不利地位。其他一些学者也对 WTO 宪政思潮进行了介绍和评析，如沈桥林、沈奇喜 2007 年发表的《论 WTO 的宪法精神》、陈欣 2008 年发表的《论 WTO 宪政对争端解决机构法律解释的影响》、王玉婷 2010 年出版的专著《WTO 宪政理论研究》② 和谢进 2012 年发表的《WTO 宪政思潮反思》等。

钟付和博士的论文《宪政式制衡还是多边化制度下的均衡？——基于结构和功能关系的 WTO 动态分析模型》③ 对 WTO 宪政模式论提出了批评。他提出，宪政模式论能否成立，关键在于对 WTO 立法体制及争端解决机制性质的理解。WTO 立法体制在性质上表现为多边化制度下的协调，而其争端解决机制地位从属于立法。在实证层次，WTO 治理结构并不支持争端解决机制的司法性质，它不可能构成宪政体制应有的司法之维。因此，虽然 WTO 某些法律功能具有国内宪法的特征，但总体上其治理结构的性质还不足以构成一个完整的宪政体系，宪政论的制衡模式观点在 WTO 实践中难以成立。

---

① 陈喜峰关于 WTO 宪政思潮研究的系列成果包括：《WTO 宪法化理论研究》，武汉大学博士学位论文，2006 年；《WTO 权利宪法论：经济宪法视角的一种批评》，载陈安主编《国际经济法学刊》（第 15 卷第 2 期），北京大学出版社，2008；《以基本权利为核心的贸易与人权一元论——评彼德斯曼对贸易与人权关系的理论建构》，《现代法学》2009 年第 2 期；《WTO 宪法化的第三条道路：WTO 司法宪法论及其批评》，载刘志云主编《国际关系与国际法学刊》（第 2 卷），厦门大学出版社，2012。

② 王玉婷：《WTO 宪政理论研究》，法律出版社，2010。

③ 钟付和：《宪政式制衡还是多边化制度下的均衡？——基于结构和功能关系的 WTO 动态分析模型》，《现代法学》2009 年第 4 期。

（四）对 WTO 宪政化思潮的评析

WTO 宪政化思潮的兴起，一方面，是对半个多世纪以来多边贸易体制实践发展及其面临的困境与挑战所做出的理论回应；另一方面，也是由特定国际法实践所引发的国际宪政话语的重要组成部分。研究 WTO 宪政化理论的学者，都或多或少地采用了一种国际法的类比方法，即他们把一些传统的国内宪政实践与理论模式，或者是在实践中已经获得发展的国际组织宪政发展模式，以类比的形式引入 GATT/WTO 法的研究，并对 GATT/WTO 的发展实践与理论进行评判。尽管类比方法饱受质疑，但当这些迄今依然争议不休的宪政概念和理论引入 GATT/WTO 法律研究之后，毫无疑问塑造和影响了半个多世纪以来世界贸易体制的理论与实践。

各类 WTO 宪政化理论都有一个共同的起点，就是探讨作为国际法的自由贸易规则在经济全球化条件下所发挥的特殊调整作用。在国际经济合作中，自由贸易规则有助于对抗各国主张贸易保护主义的国内特殊利益集团，从而实现其国内不同利益群体在对外贸易决策活动中的利益平衡。因此，探讨和加强自由贸易规则的有效性和正当性，成为 WTO 宪政化理论倡导者们的中心任务。为此，他们借助了类比而来的“宪政语境”，对多边贸易体制及其规则展开深入的分析，并塑造出各自心目中的 GATT/WTO 宪政图景。

杰克逊教授对 WTO 宪政化的考量，在很大程度上立基于美国式宪政体制的范本之上。杰克逊一直对第二次世界大战后筹建的国际贸易组织（ITO）未能最终成功抱憾，他深刻地洞察了 GATT 所存在的体制性缺陷。这种体制性缺陷，也最终使得 GATT 在 20 世纪 60 年代至 70 年代掉入了一个规则失灵、有法不依、法纪废弛的危险泥潭。[①] 为此，杰克逊一直努力尝试将美国式的三权分立理论及其制度设计引入 GATT 体制框架中。在其 1969 年的代表性著作《世界贸易与 GATT 法》中，杰克逊就提出了世界贸易体制的“宪法结构”概念，并探讨了 GATT 内部机构的设置及其内部机构之间，以及与其成员方及其他国际组织之间的权力分配与制衡关系。也正是杰克逊的不懈努力，乌拉圭回合中的各谈判方代表最终接受了一个全

---

① 参见赵维田《世贸组织的法律制度》，吉林人民出版社，2000，第 18 页。

新的 WTO 机构和其独特的争端解决机制，实现了多边贸易体制的突破性发展。然而，杰克逊的 WTO 宪政图景深深地烙上美国式宪政模式的色彩。他的意图是通过恰当的程序安排来保障自由贸易规则的有效实施，但他并不希望借助 WTO 之类的国际组织来处理任何的实质价值争议问题。程序的正当性才是其考察 WTO 的核心标准。在这方面，杰克逊表现出一种不信任国际法或国际体制的倾向，他甚至曾经明确地提出过“效率违约”（efficient breach）的主张。[①] 可见，杰克逊对 GATT/WTO “宪法结构”的重视，是基于国际法的实用主义角度来考虑的，其宪政图景仅限于机构设置与分权等程序正义的层面。在杰克逊模式中，WTO 不应介入实质性的价值问题，它仅仅是从属并受控于各国国内（尤其是以美国模式为标准的）宪政体制的。

彼德斯曼教授将 GATT 规则与宪政化理论相衔接的方式显得更为巧妙独特。他早期的理论直接以各国对外经济事务领域的宪政化为主要探讨对象。在早期著作中，他借助了欧共体国家的法治实践经验，以完善各国的国内宪政体制为分析的起点，着力探讨了贸易保护主义所引发的利益不公平和权力滥用现象，并从约束公权及保障公民以贸易自由为核心的平等自由权利的角度出发，探讨了自由贸易规则在国内宪政体制运转中所具有的独特“宪法功能”。实际上，彼德斯曼这一时期的探讨视角仍然是一种国内宪政的传统视角。他的贡献在于将自由贸易国际规则的功能有机地嫁接进传统的国内宪政体制，并使其在经济全球化的背景下趋于完善。与杰克逊仅关注程序价值的实用主义角度不同，彼德斯曼的宪政图景带有更多的自然法色彩。他强调了自由贸易规则本身具有与传统国内宪法规则相一致的“宪政价值”和“宪政功能”，并把二者的衔接视为应对经济全球化挑战的良药。从实现的途径来看，彼德斯曼早期模式也仍然把希望主要寄托在国内法体制上。可见，传统的国内宪政理论及其实践无疑为早期的 WTO

---

① 杰克逊提出，如果美国政府通过权衡，认为违约能够获取更大的国家利益，同时又不会损害具有国际政治影响力的外国利益集团的利益，就可以采取违反 WTO 协定的行为，并把这种行为类比为合同法中的“效率违约”。See John, H. Jackson & Alan O. Sykes, Question and Comparisons , in John, H. Jackson & Alan O. Sykes (ed.), *Implementing the Uraguay Round*, Oxford: Clarendon Press, 1997, 463。转引自蔡从燕《论私人结构性参与多边贸易体制——对变动着的国际法结构的一种考察》，厦门大学博士学位论文，2005，第 111 页。

宪政化理论倡导者们提供了丰富的理论源泉和现实的支撑。

20 世纪中后期欧盟一体化的推进和 WTO 早期的成功实践，在很大程度上增强了人们对国际法体制的信心。在这种情绪引导下，与贸易有关的环境、劳工等社会议题被不断地引入 WTO 层面上，从而对 WTO 的发展构成更为深远而全面的挑战。这一时期的 WTO 宪政化理论充分地反映了 WTO 面临的这些全新挑战。彼德斯曼将其 WTO 宪政化理论重心从国内法视域转向了国际法视域，并尝试全面地类比国内宪政理论与实践，来评判 WTO 理论与实践。在总结欧共体推动人权保障的实践经验基础上，他不再局限于探讨对外经济事务的宪政保障问题，而直接将追求的价值目标由以经济自由为核心的个人权利转向内涵更为宽泛的人权，并将包括 WTO 在内的国际组织机构视为其实现宪政图景的主要载体和场所。因此，他后期的理论开始全面探讨 WTO 等国际组织机构有效性和正当性问题，并试图用他的人权理论来描绘和概括其 WTO 宪政图景。因此，如果说杰克逊理论的参考坐标来自美国模式，那么彼德斯曼学说的灵感无疑受到了欧洲一体化实践的强烈影响及支撑。同样，以凯斯教授为代表的 WTO“司法驱动”宪政化理论也反映了这种对国际法和国际机构的强烈期盼情绪。凯斯理论同样类比借鉴了欧盟法院在推动欧洲一体化发展中的成功经验，并借助了英美法系司法审查的法律传统；它也开始尝试脱离国内宪政体制的理论支撑而独立成长，并运用司法宪法化的形式，试图在 WTO 上诉机构的实践中，发展出一整套关于 WTO 规则自身的宪政价值逻辑。

然而，国际法理论自身存在的内在缺陷和国际社会实践的冷酷现实，使得 WTO 宪政化理论每前进一步都将会遇到更大的阻力。在反对者的视野下，WTO 宪政被描绘为一幅幅不着边际的幻象。对于贸易与诸如环境、人权、竞争、劳工以及其他社会价值之间的平衡关系，无论在各国的外交实践中，还是学术理论界中都仍然存在着重大的分歧。这些问题在相对成熟的国内法体制中都尚且存在争议，要在国际层面上达成一种普遍的共识谈何容易。不仅如此，WTO 规则的民主正当性实际上完全依托于各成员方的国内决策体制。作为国际机构的 WTO 本身并不具有必要的民主正当性基础，因此无权对贸易与相关社会价值的平衡问题做出裁决。无论是彼德斯曼的“预先承诺说”，还是凯斯的“司法驱动说”，都不得不面临着 WTO“民主缺失”所产生的理论瓶颈。这一点上，杰克逊采取一种相对保守的实用主义态度，他着重从程序层面来建构 WTO，并将实质价值争议问题保留给各国的国内法体制。然而，这并不能避免国家之间在一些极具争议性的贸易问题上继续发生冲突①，并由此削弱甚至破坏自由贸易规则的正当性和有效性。此外，目前主流的 WTO 宪政化学说还存在一个普遍的理论缺失，即对于发展中国家的利益缺乏足够的关注。在现实中，这一问题在 2001 年以来已经构成多哈回合谈判的重要障碍之一。忽略发展中国家在 WTO 中的特殊地位和发展利益，将在很大程度上削弱 WTO 宪政化理论的解释力。可见，依托、借鉴或类比国内宪政理论而来的 WTO 宪政化理论，要提高其在全球化时代下对国际法律实践的理论解释、预测和指导功能，仍然还有很漫长的路要走。

尽管 WTO 宪政化理论目前还存在着重大的争议，它对现有国际法实践的解释也还存在明显不足；但不可否认的是，它揭示了全球化背景下国际社会实践的某些重要变迁，并对传统国际法体系与国内法体系“静态二分法”观念提出了系统的理论批判与全面革新。WTO 宪政化思潮的兴起，反映了国际社会为应对全球化时代的复杂挑战，在法律观念和法律理论上的回应、探讨与争鸣。实际上，无论是 WTO 宪政化的支持者还是反对者，他们的观点和理论都构成 WTO 宪政话语的一个内在组成部分。借由 WTO 宪政化思潮的研究平台及其展示的线索，我们可以探寻在经济全球化的时代背景下，法律手段对于国际社会所可能发挥的潜在调整功能及其实现的不同途径。对于正在全面参与全球经济合作的中国而言，深入探讨 WTO 宪政化理论对于我们更好地认识和推动国内社会涉外经济领域的法治建设，以及更好地认识和参与 WTO 等国际经济组织，都具有重要的理论启示和指引价值。

三　本书的研究思路与主要内容

（一）对 WTO 宪政视角的认识及研究思路

传统的法律制度与观念正在不断地面临着经济全球化浪潮的冲击，

① 参见〔美〕Jeffrey L. Dunoff《宪政的幻象：WTO 的“宪法”和国际法的规训》，陈喜峰译，载陈安主编《国际经济法学刊》（第 14 卷第 2 期），北京大学出版社，2007，第 46 页。

并以渐进性变革的方式来迎接新的挑战。作为经济全球化的产物，世界贸易法律体制的演进反映了各国经济合作实践发展的客观需要和潜在规律。而要全面深入地解释GATT/WTO实践的发展及其规律，我们需要建立一种宪政视角的分析语境，从而在长期割裂的国际法与国内法体系之间架起一座沟通的桥梁。本书旨在借助WTO宪政视角的分析，考察经济全球化背景下国际法与国内法之间出现的互动和联结关系，从中揭示半个多世纪以来世界贸易体制建立、发展与运行的法理基础和某些一般性规律，为探寻全球化背景下的法治模式及其实现途径提供一些有益的启示与借鉴。

由于宪政问题原本属于传统国内法的范畴，它依托于一部完善的国内宪法及其有效实施，而在国际法层面，目前国际社会并不存在国内法意义上的“宪法”，也不具有使其有效实施的法律机制。因此，在WTO层面讨论宪政问题只能是一种理论上的类比和借鉴，而不可能落在实处。也正是如此，国内外的学者基于各自的理论学养和对相关国际法实践的认知，对于WTO宪政问题持有各种不同的理解和认识。

蔡从燕教授从国际法角度对这一问题曾做过较为系统的归纳和探讨。他在文章中指出，WTO宪政问题对成员方、私人主体和WTO自身存在着的不同意蕴。对成员方而言，WTO宪政化意味着实现成员方之间权利义务的公平性，尤其侧重于保障陷入不公平境遇的发展中国家的贸易利益。对于私人主体而言，WTO宪政意味着采取更合理的措施，来实施WTO规则以保护私人在自由贸易中所拥有的人权和其他权利，以实现WTO促进私人发展的终极目的。对于WTO自身而言，WTO宪政意味着设定正当的程序，以制定出符合“正义”标准的贸易规则并纠正以往的不“正义”贸易规则。[①] 然而，至于WTO宪政意蕴中所包含的这三个层次内容是否可能整合在一起，该文并未做进一步探讨。

事实上，WTO对于成员方、私人主体和WTO自身三者所具有的宪政价值和意义并不是割裂的，它们之间存在着密切而有机的联系。从国内法的角度来看，成员方政府与其境内的私人主体之间的关系存在着明确的宪

① 蔡从燕：《国际法语境中的宪政问题研究：WTO宪政之意蕴》，《法商研究》2006年第2期。

政约束，这种宪政约束旨在充分保障私人权利、制约公共权力滥用及实施民主正当的程序；从国际法的角度上看，各成员方之间、WTO 与成员方之间存在着权利义务的设定及其平衡，它受制于主权原则、成员方权利义务对等、对私人价值的关注、法律强制、正当程序和透明度等一系列仍存在潜在争议的国际法原则。在经济全球化背景下，国际事务与国内事务出现了相互渗透和相互交叉的现象，而旨在调整全球分工和国际经济合作的国际法与国内法之间也出现了相互联结现象。一方面，国际法的规范不断影响着国内法的制定和修改，如 WTO 各成员方的国内法都必须与 WTO 法相一致。另一方面，国内法规范也不断地外化为国际法。原属于国内法的原则、规则和法律制度，在国际社会的影响日益广泛，最终为国际社会和国际组织接受，成为国际条约或国际法的原则、规则和法律制度。[①] 这种全球化背景下国际法与国内法的相互联结现象，深刻地影响着国际法与国内法的自身发展，它使得国际法与国内法在价值与制度层面出现了相互渗透和融合趋势。就国际法而言，现代国际法出现了明显的人本化发展趋势[②]，反映的正是传统国内法对私人价值的保障开始向国际法扩张，也反映了国际法在全球化背景下的内在调节和自我发展。就国内法而言，各国的对外经济法律政策正依托着 WTO 等国际经济条约，不断地向相对统一的国际法规则靠拢。

关于 WTO 宪政的内涵及其实现的途径，理论上存在着诸多争议，现实中也缺乏国际法实践的支撑。对此，本书并不试图提供一个完整的答案。笔者的思考和理论见解仅是众多 WTO 宪政视角中的一个，而不是全部。对于 WTO 宪政问题，笔者将尝试从国际法与国内法相互联结的角度，来探讨 WTO 宪政所可能具有（而不是全部）的内涵，及实现 WTO 宪政化的可能途径。本书研究的基本思路是，在经济全球化背景和 WTO 语境下，国际法与国内法如何在制度上实现相互联结，以促进二者相互渗透和相互融合的“宪法”或“宪政”价值。为此，本书将具体考察世界贸易体制的产生、发展和演变，结合相关的理论与实践探讨这一过程中国际法与国内

① 参见刘健、蔡高强《法律全球化进程中国际法与国内法的关系》，《衡阳师范学院学报》（社会科学）2003 年第 4 期。

② 参见曾令良《现代国际法的人本化发展趋势》，《中国社会科学》2007 年第 1 期；何志鹏：《全球化与国际法的人本主义转向》，《吉林大学社会科学学报》2007 年第 1 期。

法的联结途径、趋势及其影响，进而构建 WTO 的宪政视角，及推衍出 WTO 宪政化的理论认识和观点。

（二）本书的框架和主要内容

除绪论外，本书的内容共分为六章。

其中，第一章分析了经济全球化发展的历史背景，及其对传统“二元分立”模式的宪政性挑战；第二、第三章从国际法与国内法在制度层面的相互联结角度入手，分析了世界贸易体制的“多边协调管辖”模式的产生、发展和演变，总结该体制内在的发展规律；第四、第五章则分析了国际法与国内法在价值层面的相互渗透和衔接，进而对应然层面的 WTO 宪政价值进行反思与建构；第六章是对全文的总结和对未来的展望。

具体而言，各章的主要内容和基本逻辑关系如下。

第一章主要分析了经济全球化对传统人类社会“二元分立”法律控制模式所提出的宪政性挑战。传统人类社会呈现“个人—国家”与“国家—国际社会”的分立式组织结构，它使国际事务与国内事务之间存在着明显的界限。与此相应，人类传统的法律控制模式也呈现“二元分立”的典型特征，即国际法体制与国内法体制之间各行其道、各司其职，二者具有相互独立的价值追求和制度结构。经济全球化与世界经济一体化的加速发展，深刻地改变了传统“二元分立”模式的社会基础。由于私人主体开始普遍地、频繁地和大规模地参与世界经济一体化分工与合作活动，这从根本上打破了传统国际关系中国家对国际事务的垄断地位。如何规范世界经济一体化活动中的私人间跨国利益关系，成为传统国际法体制与国内法体制面临的一个难题。经济全球化和滞后的“二元分立”法律控制模式之间的内在矛盾，在人类社会引发了一系列严重的宪政性问题。如何更好地回应经济全球化所引发的宪政性挑战，成为世界贸易体制发展与变革过程中所面临的一项重大课题。

第二章分析了从“单边管辖”模式到“多边协调管辖”模式的发展过程。经济全球化趋势与滞后的传统“二元分立”模式之间的矛盾，在世界各国引发了严重的经济危机和社会危机。在此背景下，各国通过缔结条约的方式建立一种成员主导型 GATT/WTO“多边协调管辖”模式，以适应经济全球化的发展需要。通过 GATT/WTO 体制，各国承诺依平等和互惠原则逐步消除贸易壁垒和开放国内市场，对政府对外经济事务管辖权施加适当的法律约束。然后，各国将 GATT/WTO 规则充分吸纳到国内法体制中去，从而为私人主体正常参与世界经济一体化活动提供间接的法律保障。这在一定程度上缓和了“单边管辖”模式与经济全球化之间的内在冲突和矛盾。GATT/WTO“多边协调管辖”模式的产生与发展，表明各国开始尝试通过国际法体制与国内法体制之间的制度联结，以共同应对经济全球化的宪政性挑战。

第三章分析了第二次世界大战后世界贸易体制从“权力导向”到“规则导向”的总体发展趋势。随着世界贸易体制的发展，法律手段在调整世界贸易事务中的地位与作用日益上升，不断推动该体制的法律化进程。在这个过程中，GATT/WTO 体制从一种以政治手段为主导的松散型“多边协调管辖”模式，逐渐发展为以法律手段为主导的紧密型“多边协调管辖”模式。它表明了在经济全球化和世界经济一体化事务领域，国际法体制与国内法体制的制度联结得到日益巩固和深化，并更具有长期性和稳定性。从“权力导向”到“规则导向”的发展，推动了世界贸易体制的形式法治化。然而，GATT/WTO 形式法治化的未来发展空间，受制于该体制实质法治化的实现程度。尽管 GATT/WTO 法的最终目标是调整私人主体参与世界经济一体化活动中的跨国利益关系，但它却以一个典型的国家间权利义务体系的形式表现出来。由于传统国际法体制与国内法体制之间存在着价值功能的脱节，以平等和互惠原则为基础的世界贸易体制无法满足国内法体制的宪政化需要。这决定了世界贸易体制仅在程序领域取得法律化的突破性进展，但在多数的实体领域却不得不继续长期保留以国家间政治协调为主的基本特征。

第四章指出，世界贸易体制是按照典型的传统国际公法体制形式建立的，它在价值基础上表现出强烈的“政府本位”特征。以政府利益为本位的 GATT/WTO 体制，并没有真正解决经济全球化所提出的宪政性挑战。相反，它可能造成经济全球化背景下成员方国内利益分配关系的失衡，从而阻碍成员方国内法宪政功能的实现。同时，政府利益与私人利益之间存在的非契合性，导致私人间跨国利益关系在“政府本位型”GATT/WTO 体制下往往难以得到充分和有效的保护。这种状况可能严重扭曲或损害私人主体在世界经济分工与合作活动中的正常利益关系，从而阻碍其参与世界经济一体化活动的积极性。只有重塑世界贸易体制的“私人本位”价值目标，才能实现国际法体制与国内法体制的功能衔接，从而保障各国私人主体参与世界经济一体化活动的正当利益。以 TRIPS 协定为代表的“积极一体化”规则的出现，有力地塑造了世界贸易体制“私人本位”的法律图景。“积极一体化”规则在保障私人权利和确立政府适度干预权方面的价值追求，使得世界贸易体制与国内法体制的宪政功能更加明确地衔接起来，共同服务于经济全球化趋势下私人跨国利益关系的调整。

第五章进一步探讨了从“利益本位”观念到“权利本位”观念的转变，并在国际法体制与国内法体制双重价值约束基础上，尝试建构用以指导未来世界贸易体制长远发展的统一宪政价值原则。以传统现实主义国际政治观和功利主义价值观为代表的“利益本位”观念，在很大程度上误导了世界贸易体制的发展方向，并削弱了世界贸易体制的正当性基础。世界贸易体制的产生，本质上源于经济全球化趋势与传统人类社会“二元分立”模式之间的内在矛盾。作为规范经济全球化活动的一项法律制度，世界贸易体制应当妥善地调整私人主体在全球经济活动中所结成的跨国利益关系，并由此促进私人主体参与世界经济一体化分工与合作的积极性。这要求世界贸易体制确立一种适当的社会合作利益与负担分配机制，从而使每一位全球经济分工的私人参与者都能够得到与其贡献相当的利益。与此同时，世界贸易体制还应当确立一种适度的政府干预权，以便在维护各国公共利益（政府利益）基础上，鼓励和促进各国私人主体积极参与世界经济一体化活动，更好地推动各国经济发展和社会进步。只有在充分保障私人主体参与世界经济一体化活动的正当权利基础上，世界贸易体制才有可能实现国际法体制与国内法体制之间的价值衔接。建立以私人权利与政府适度干预权之间的价值平衡为内容的统一宪政价值原则，世界贸易体制才能够最大限度地满足国际法的正当性和国内法的正当性，巩固各国政府和国内民众的道德拥护和政治支持，从而全面而有力地回应经济全球化趋势所提出的宪政性挑战。

第六章总结了前述各章的内容，并对未来世界贸易体制的宪政变革做出了展望。只有依靠国际法与国内法之间的相互联结与配合，才能真正理解 WTO 在经济全球化背景下所承载的潜在宪政功能及其实现的途径。为更好地推动 WTO 宪政化，可以按照充分保障私人主体参与世界经济一体化活动的正当权利及维护政府适度干预权的统一宪政价值原则，对 WTO 立法和决策机制、规则实施机制和争端解决机制等领域展开渐进性变革的有益尝试。

第一章
经济全球化对传统“二元分立”模式的宪政性挑战

第一节 传统人类社会的法律控制：“二元分立”模式

一 威斯特伐利亚体制的形成

就一般意义而言，人类社会政治生活的组织呈现统一化和集中化的趋势。

从原始村落发展为商业繁荣的城镇，从城镇发展为组织良好的城市国家，再从小型的城市国家发展为由众多城市构成的诸侯国，然后是诸侯争霸与民族国家的统一，再下来就是国家之间的兼并与分裂。在人类社会的漫长发展中，至少在威斯特伐利亚体制形成之前，国际关系历史的主线向来是用武力来书写的，而国家的观念和国家的边界一直都是不确定的。“溥天之下，莫非王土；率土之滨，莫非王臣。”[①] 在人类社会的历史上，从不缺乏建立世界帝国或全球霸权的构想。在西欧，有罗马帝国以文明对野蛮的名义在欧洲、亚洲和非洲交界地带的征战与扩张；在东亚，有古代中国汉唐元明清王朝的一统天下与训化四方的执着信念。就一般意义而言，它们都同样体现了一种建立大同世界的设想。长期以来，战争成为大

---

① 袁梅：《诗经译注》，齐鲁书社，1985，第604页。

国统一与扩张的合法手段。在古代东方，秦灭六国而有天下在法律与道德层面上从来不需要受到人们的指责，相反被人们视为统一国家的壮举。无论是魏、蜀、吴三国的鼎立与对峙，还是蒙古对金国、南宋的王朝兼并，最后都被视为统一中国下多元文明之间历史冲突的一部分。在古代欧洲，罗马帝国的扩张与分裂同样也只是国家之间分分合合的漫长历史中的一段传奇故事。简言之，作为人类社会演化所发展出来的政治组织形式，国家仍然处于一种相当不稳定的地位与状态。从逻辑上说，以武力吞并他国并建立世界帝国，可以成为每一个大国所追求的合法目标，就如同他们的先辈曾经致力于建立统一国家一样。

然而，1648 年威斯特伐利亚体制的确立，打破了人类社会曾经致力于建立世界帝国或世界政府的一般政治逻辑。威斯特伐利亚体制是 17 世纪欧洲国家之间为了结束三十年战争而订立国际和约的产物。作为一个里程碑式的标志，《威斯特伐利亚和约》明确肯定了国家主权及其法律地位，并确立了现代国际体系的基本结构，从而为人类社会管辖权的合理分割提供了一种最具权威性的法律观点。

欧洲三十年战争最早起源于波希米亚新教贵族反对西班牙统治的起义，其冲突的根源在于宗教压迫。然而，随着神圣罗马帝国、法国和尼德兰联省共和国等政治实体的卷入，这场战争的矛头开始指向整个欧洲的等级式垂直管辖体制。为了防止神圣罗马帝国与西班牙联结成的哈布斯堡家族联合体企图通过战争建立“世界帝国”的野心，欧洲大陆的一些新兴国家如瑞典、法国等先后加入了战团，从而使这场战争上升为决定欧洲大陆秩序与命运的全局性战争。旷日持久的战争及其灾难使整个欧洲大大小小的政治实体最后都感到精疲力尽。为了尽快结束这场席卷欧洲的混战，包括神圣罗马帝国和除大不列颠之外的主要王国、大公国、边疆伯爵、主教边区、自由城市、帝国城市在内的欧洲 55 个政治实体的代表分别汇聚在相距仅 50 公里的闵斯特镇和奥斯纳布鲁克镇，召开一次规模空前的多边外交会议。经过 3 年多的谈判与妥协，144 位谈判代表分别签订了《闵斯特条约》和《奥斯纳布鲁克条约》，二者后来被人们并称为《威斯特伐利亚和约》。

《威斯特伐利亚和约》最重要的意义在于对欧洲垂直式等级管辖体制的否定，以及对国家独立管辖权的认可，从而为确立人类社会管辖权分配的基本结构奠定了基础。具体来说，其重要意义包括：第一，它肯定了由路德教开始的宗教分裂，确立了宗教宽容的基本原则，从而极大地削弱了神圣罗马帝国的政治权威和教皇所代表的基督教统一的象征。由此，它从根本上动摇了以基督教为中心的欧洲垂直式等级管辖体制。第二，它将哈布斯堡家族联合体分裂开来，从而成功地结束了哈布斯堡家族联合体企图建立"世界帝国"的设想。这是欧洲各国对可能发展出的等级制帝国秩序进行的一次清晰而彻底的否定。第三，它明确地创立了国家主权平等与君主自治的观念。不管国家的规模、世系或宗教，所有的国家在理论上都被赋予了法律上的保护。和约之一的《奥斯纳布鲁克条约》第 64 条规定了政治国家的主权权利："为防止未来在政治国家中所发生的任何可能冲突，所有罗马帝国中的选帝侯、诸侯和国家都被赋予并巩固他们的古代权利、特权、自由、特免权和领土内权利的自由行使权……因此他们永远也不应也不能被任何人以任何方式或借口干扰。"[①] 第四，它确立了一种全新的欧洲国际体系与国际秩序理念。欧洲开始出现一个基于主权独立和法律平等的国家体系，用以取代教皇和哈布斯堡家族联合体的垂直式等级管辖体制。这种新的国际秩序是一种由国家创建并以国家为目的的秩序，它选择的是一条介于等级制权威结构与纯粹无政府状态之间的中间道路。由此，它确保了欧洲维持一种以边界为分割的国家独立管辖状态，并进而确立了国际社会的平行式管辖结构。

至此，人类社会的政治组织形式开始逐渐稳定下来，并日益巩固。政治一体化止步于国家层面，建立世界性垂直式等级管辖体制的政治逻辑被打破和否定，而国家的独立管辖权得以广泛认可并最终确立。从此，人类共识中的国际体系开始呈现一种平行式的权力结构，并始终支配和约束着人类社会的发展进程。从 17 世纪以来的三百多年中，人类社会尽管发生了多次重大战争、全面混乱与国际秩序重组，然而以民族国家为基础的威斯特伐利亚体制始终没有发生结构性变化。人类社会进入了以主权原则为基础的民族国家时代。

---

① 转引自〔加〕卡列维·霍尔斯蒂《和平与战争：1648 ~ 1989 的武装冲突与国际秩序》，王浦劬等译，北京大学出版社，2005，第 32 页。

二 传统“二元分立”模式及其基本特征

1648 年威斯特伐利亚体制的建立，标志着近现代主权国家体制的正式诞生。这一体制的基本特征在于，人类社会政治生活的组织是以国家为基本单位进行的。国际社会的管辖权被各个具有独立法律地位的主权国家所分割。

人类社会政治生活的组织呈现“个人—国家”与“国家—国际社会”的双层分立式结构。个人组成国家，而国家组成国际社会。个人封闭于国家的疆域之内，通过组织本国政府来调整一切国内私人和公共事务，一般仅受国内法体制管辖。而国际事务则基本上由国家及其政府的活动构成。私人并不直接参与国际社会的活动，私人的意志和利益由其所属的国家政府来代表。涉及私人利益的国际事项均由国家政府通过外交手段以国家利益的形式处理。从政治生活的组织来看，个人与国际社会并不直接挂钩。这种“个人—国家”与“国家—国际社会”的双层分立式组织结构，使得国内社会与国际社会处于一种明显的分割状态，即人们通常可以用明显的标准将国内事务与国际事务分割开来。

与此相适应，传统人类社会的法律控制模式呈现一种明显的“二元分立”特征，即国内法体制与国际法体制之间基本上处于一种互不相干的分立状态。

第一，从调整对象来看，国内法体制主要调整“个人—国家”组织结构下的权利和义务关系；而国际法体制则主要规范“国家—国际社会”组织结构下的权利和义务关系。

第二，从权力结构来看，国内法体制表现为一种典型的垂直式等级管辖结构，由宪法约束下的国家政府统一行使公共权力；而国际法体制则表现为一种平行式管辖结构，不存在任何凌驾于国家之上的世界政府，各国对国际事务都具有平等的管辖权。

第三，从价值目标来看，国内法体制的核心使命在于充分保障国内公民平等的自由与权利，并限制公共权力的滥用；而国际法体制的基本价值在于保障国家之间平等的主权，协调国家之间的管辖冲突，维护国家间关系的和平与稳定。

可见，在传统人类社会的“二元分立”法律控制模式下，国际法体制与国内法体制之间呈现一种泾渭分明的分割状态。二者各行其道、各司其职，并具有不同的制度结构与价值取向。

（一）传统国内法体制的价值与制度

按照社会契约论的逻辑推论，国家的建立是为了防止霍布斯式“人与人之间无休止的战争”。国家本身就是一种合作，是人们以建构“政治共同体”方式来进行的最高级合作。从本质上说，它和经济分工与合作并无不同。人们建立市场而进行经济合作，从而更有效地利用资源并提高个人社会福利。同理，人们通过建立国家而进行政治合作，对人与人之间权利和义务进行合理分配，并建立政府的公共权力来保障此种权利分配结构。“国家是自然人将其权利转让给一个共同的权威机构而形成的政治组织，国家权力的运作是为这些自然人获取共同利益，而运用法律控制防止政治组织这一代理人利用公共权力为自己谋私，成为最佳的制度选择。”[①] 从理论上说，建立宪政体制是国内社会实现法律控制的一种理想模式。

从各国历史发展的经验来看，传统国内法体制也表现为一种典型的宪政体制。尽管受历史传统和国情差异的影响，各国宪政体制的产生和发展实践存在着不同的模式，但在宪政的价值理念和制度设计上，不同国家的宪政模式仍然表现出许多共同的特性。

1. 传统国内法体制的价值理念

根据已有的国家实践，国内法体制的核心宪政价值理念包括以下几个方面。

第一，充分保障国内社会公民之间平等的自由与权利。罗尔斯指出，社会正义的实现要求确立“一种在社会的基本制度中分配权利和义务的办法，来确定社会合作的利益和负担的适当分配”。[②] 由此，他认为正义的首要原则是平等的自由原则，即“每个人对与其他人所拥有的最广泛的基本自由体系相容的类似自由体系都应有一种平等的权利”。[③] 按照正义原则在国内社会的公民之间合理地分配权利与义务，构成国内管辖体制的正当性

---

① 季金华：《宪政的理念与机制》，山东人民出版社，2004，第 70 页。

② 〔美〕约翰·罗尔斯：《正义论》，何怀宏等译，中国社会科学出版社，1988，第 4 页。

③ 〔美〕约翰·罗尔斯：《正义论》，何怀宏等译，中国社会科学出版社，1988，第 60 ~ 61 页。

基础。

第二，有效限制政府公共权力的滥用。政府公共权力源于国内社会公民权利的让渡，其目的在于防止国内社会个人之间为争斗利益而展开霍布斯式的战争。因此，公共权力的行使应当致力于保障公民之间平等的自由和权利。任何公共权力的分配和行使都应当依照国内最高宪法来进行。即使为了公共利益需要而对公民自由和权利进行适当限制，政府公共权力的行使也应当符合法定原则和比例原则。

第三，公民通过民主方式影响和控制公共权力的行使。既然公共权力源于公民权利的让渡，那么它应当受到国内社会公民的影响和控制。人民主权原则要求，国内社会的公民对于国家事务具有自主决定权。他们通过选举代表民意的政府或直接参与的方式来影响和控制国家权力的产生与行使。因此，权力产生与行使的民主化，是国内法体制宪政化的又一核心原则。

可见，传统国内法体制主要致力于解决国内社会“公民—公民”之间和“公民—政府”之间的法律关系。而宪政体制的核心功能在于通过民主方式控制公共权力的行使，充分保障国内公民的基本自由和权利及限制政府公共权力的滥用。

2. 传统国内法体制的制度设计

与此相适应，传统国内法体制的基本制度设计表现为以下几个方面。

第一，通过立宪方式对公民的平等自由与权利进行合理分配，并实行以国家政府为中心的垂直等级管辖方式。宪政国家将保障公民之间平等的自由与权利作为权力行使和政策制定的基本依据。国家不仅通过消极方式（即避免不正当地干预公民的政治自由和权利），而且通过积极方式（即通过积极干预来实现公民的社会、经济和文化权利）来促进和推动公民的基本自由和权利保障。

第二，在政府内部建立有效的权力分立和制衡机制。政治权力之间的分权制衡是宪政体制的根本要求，即宪政国家要求通过宪法形式对立法、行政和司法等公共权力进行合理分配，界定各自的权限范围及行使方式，并通过相互渗透与相互制约来实现权力的监督，以防止公共权力的滥用，并保障公民的自由和权利不受非法侵犯。

第三，建立有效的民主体制，实现公民对国家事务的管理和控制公共权力的行使。“民主是一种社会管理体制，在该体制中社会成员大体上能直接或间接地参与或可以参与影响全体成员的决策。”① 公共权力的正当性源于其社会成员的授予和认可，它不仅应当以保障公民的自由和权利为最高价值准则，而且它的行使本身也应当受到社会成员的控制。公民通过直接参与和间接参与方式来影响和控制公共权力的行使，包括：①公民可以通过选举制和代议制来实现对国家事务的间接参与。公民通过选举自己的代表，组成议会和其他组织来表达自己的意志，间接参与国家管理，影响政治决策的过程。②公民有权直接参与国家重大事务的政治决策，如直接选举和全民公投等。③公民还可以通过一些非正式渠道（如公共舆论、示威或游说等），以私人身份或组成社会团体和机构对国家事务的决策施加影响，从而限制公共权力的行使。可见，宪政国家在公民与政府之间的关系上，体现了社会自治和公民对政府公共权力的控制。

（二）传统国际法体制的价值与制度

传统国际法体制是以主权国家为中心的，其核心功能在于尊重和保障国家价值。

在威斯特伐利亚体制下，保障国家价值是国际社会与国际法追求的首要目标。长期以来，这甚至构成各国关注的唯一目标。三百多年来，威斯特伐利亚体系经风历雨，历经了多次重大战争、全面混乱与秩序重组的洗礼而得以延续。然而，以主权国家为中心的国际体系始终没有发生结构性变化。国际社会仍然不存在世界层面的政府权威。国家也仍然作为国际社会的基本主体，在国际体系中享有平等独立的主权意志。国家对内享有最高管辖权且其国内事务不受任何外来干预；对外则相互平等和独立，在互惠基础上通过交流、合作与妥协来谋求国家间事务的协调解决。

1. 传统国际法体制的核心价值：国家价值

传统国际法体制主要规范“国家—国际社会”组织结构下的权利与义务关系。

国家构成国际法的基本主体，而国家价值则构成了传统国际法体制的核心价值。在人类社会的双层分立式组织结构下，私人的利益与意志主要

---

① 〔美〕科恩：《论民主》，聂崇信、朱秀贤译，商务印书馆，2005，第10页。

局限在国家的边界以内，它主要由国内法体制加以管辖和调整。绝大部分国际事务通常都以国家的形式出现，而个人与国际社会不具有直接的挂钩关系。即使在特殊情形下，国际事务中涉及的个人利益一般也由国家加以表达。因此，对于传统国际法体制来说，个人价值并不是国际法追求的基本价值。保障以主权原则为基础的国家价值才是传统国际法体制的核心使命。

国家价值体现在各种形式的国际规范和国际政治实践中。根据美国著名国际法学家路易斯·亨金的归纳，国际法所促进的国家价值通常包括国家独立、平等、自治、不可干涉及国家利益等基本内容。①

（1）国家独立。它表明国家是一个具有主权意志的法律主体，它在法律地位上独立于任何其他国家。国家独立原则否定了任何帝国秩序或世界政府的合法性，并在国际政治的实践中有力地维护和保障了威斯特伐利亚体系的存续。它还明确地表明了国际法作为国家间法律的基本性质，从而构成国际法的基石。

（2）国家平等。它表明国家在国际法体系中的地位、权利和义务的平等。法律平等地适用于国际体系中的所有国家，除非存在国家同意或认可下的例外情形。② 从原则上说，国际法平等地促进和协调所有国家的利益。国家平等原则反映了威斯特伐利亚体系的平行式权力结构，它是国家主权独立的必然逻辑结果。同样，它表明了国际法作为国家间法律而不是世界法的基本性质。

（3）国家自治。平等者之间无管辖权，国家在国际体系中拥有独立决定处理本国内外事务的权力。国际法承认和尊重这种国家的自治地位，它表明国际法规制的有限性。国际法的制定和实施都应当尊重国家的主权意志，即通常只有在国家同意或认可的状态下，国际法才能发挥其约束力。对国家主权价值的尊重，既构成国际法的核心功能，又制约了国际法的实施。因此，国际法体系基本上是一个对国家主权自由放任的低规制性体系。

---

① 对国际法所促进的国家价值的分析，参见〔美〕路易斯·亨金《国际法：政治与价值》，张乃根等译，中国政法大学出版社，2005，第146～148页。

② 通过协议，各国可以赋予特定国家以特殊的地位、权利或义务。例如，在《联合国宪章》中，缔约国赋予其中五个成员国以安理会的永久席位及否决权。

（4）国家的不可干涉性。国际法尊重国家对其本国事务的最高管辖权，其国内事务不受其他国家和国际体系的干涉。在国际体系中，国家作为一个独立的政治法律共同体而存在。国际事务仅涉及各国政府之间的活动，而不涉及任何私人活动。跨越国境的私人交往活动必须经过国家的同意或认可。除非经过国家的同意，他国不得向该国境内的社会、政治和法律体制进行渗透。国家有权保持和维护本国政治和法律体系的独立性和完整性。[①]

（5）国家有权致力于实现本国所认同的国家利益。国家有权自主地决定本国的国家利益，并确定本国宪政体制的价值目标和追求。由于历史文化和政治传统的差异，各国有权自主地决定本国的发展目标和途径，选择适合本国的政治法律体制，并致力于实现本国所认同的国家利益。国内事务由本国人民通过自主选择的宪政体制，通过民主的方式加以决定。其他国家和国际组织不得强迫一国接受未经其本国认同的国家价值与利益。

2. 传统国际法体制的制度基础：国家自治

与其价值基础相适应，国家主权原则构成传统国际法体制的首要原则。

国家主权原则意味着，每个国家——无论大小、贫富、强弱——在国际事务中都拥有平等的主权。平等者之间无管辖权，任何国家（或国际组织）都不得非法干预他国的内部事务。国际体系中也不存在任何凌驾于国家之上的世界政府或类似机构。因此，威斯特伐利亚体制下的国际体系的基础是国家自治，其权力结构体现为一种平行式管辖结构。在国际无政府状态下，国家通过相互交往和互动而形成某些固定的行为规则和制度，从而逐渐形成以共同利益和价值为基础的国际社会。[②] 因此，从传统国际法体制的制度设计来看，国家自治原则成为国际法各项具体制度产生与运行的一项支配性原则。

---

① 国家可以自由地成为“二元论者”（如英国），从而保持其国内法律体系的独立性；而且，国际法仅在国际层面上而非国内层面上拘束和适用于国家，国家可以自由地决定如何在本国境内实施国际法。参见〔美〕路易斯·亨金：《国际法：政治与价值》，张乃根等译，中国政法大学出版社，2005，第 148 页。

② 构成国际社会的基本要素包括：国家之间的共同利益和价值观念、国家所遵循的共同规则以及国家所创立的共同制度。关于国际社会的概念及对国际无政府社会的分析，参见〔英〕赫德利·布尔：《无政府社会：世界政治秩序研究》（第二版），张晓明译，世界知识出版社，2003，第 6～15、32～42 页。

在实践中，国家自治原则不仅表现为国家为自己量身定制国际法律规范与行为准则，而且表现为由国家自己来执行和实施相关的国际法，并且在国际法律争端的解决中扮演决定性的角色。

（1）国家自治原则与国际法的制定。

国际社会并不存在一个独立的国际立法机构。“国际法是由各国自己，而不是通过代表它们的立法机构制定的。”[①] 与国内法律体系不同，国家通常不是采用代议制和多数票表决方式，而是通过各国一致同意方式来制定国家间的法律。国家的自愿同意与承诺构成国际法律权利与义务的基础。除得到国际社会一致公认的国际强行法以外，国家可以根据自己的自由意志来改变其所承担国际权利与义务的内容与结构。因此，现行国际体系依然缺乏具有独立意志和权力的立法机构，其国际立法行为受到国家主权意志的实质性制约。

根据传统的国际法原则，国家只受其同意的法律约束。国家通过同意方式来制定、接受或认可国家间的法律。按照《国际法院规约》第 38 条的规定，国际法的主要渊源通常包括国际条约、国际习惯、一般国际法原则、司法判例和公法学家学说等。在这些渊源中，国际条约是国家通过协议方式制定或接受的，其成立本身就要经过国家的同意。因此，条约通常仅对缔约国具有拘束力。[②] 国际习惯法是国家通过反复实践并建立其内在的法律确信之后才形成的，而法律确信就是一种主观认可。因此，国家同意也构成了国际习惯法的基本前提。一般法律原则是各国法律体系所共有的原则，而各国法律体系又是各国意志的体现，因此，各国的承认可以说已经包含在各国的法律体系之中。它同样表明了一般法律原则应当通过国家同意才能构成国际法的渊源。至于司法判例和公法学家学说，由于它们没有明显地体现国家同意原则，因此通常只能作为确定法律原则的辅助方法，而不能直接产生国际法的拘束力。

至于国际组织的决议，就一般情形而言，它仅具有政治和法律上的意

---

① 〔美〕路易斯·亨金：《国际法：政治与价值》，张乃根等译，中国政法大学出版社，2005，第 34 页。

② 双边条约只对缔约国双方具有拘束力，它们一般不能对非缔约国有任何拘束力。而多边条约按照“条约只拘束缔约国”的国际法原则，一般也只对参加的国家有拘束力，而对于非缔约国则没有拘束力。参见王铁崖主编《国际法》，法律出版社，1995，第 12 页。

义，而没有直接的法律拘束力。[①] 例如，按照《联合国宪章》的规定，联合国大会只有讨论和建议的职权，因此，联合国大会的决议通常属于建议性质，而不具法律上的拘束力。联合国大会的决议通常是以多数票表决方式通过的，它不能满足国家一致同意的原则，因此不能对国家产生直接和强制的拘束力。[②]

国际强行法通常被认为是国家自治原则的一个例外。强行法亦称绝对法、强制法或强制规律，它是指排除个体意志的选择而在全体社会强制实施的法律规范。[③] 强行法的概念起源于国内法。第二次世界大战后，国际法律体系开始逐渐产生强行法的概念，即国际社会开始承认一些有限的强行规范具有超越国家一般意志的最高法律性质。这种强行法体现了国际社会整体的根本利益，不得为（以国家同意为基础的）国际条约或习惯法所修改。[④] 1969 年《维也纳条约法公约》第一次正式使用了国际强行法的概念。公约第 53 条规定："一般国际法强制规律指国家之国际社会全体接受并公认为不许损抑，且仅有以后具有同等性质之一般国际法规律始得更改之规律。""条约在缔结时与一般强制规律抵触者无效。"然而，对于哪些规范可以构成国际法强行规范，目前不存在任何相关的国际协定，各国也尚未达成一致看法。较为典型的一个范例是《联合国宪章》第 2 条第 4 款所规定的禁止非法使用武力原则。该条规定已被认为具有国际强行法的性质，它不仅拘束联合国会员国，对非会员国也具有同样的法律约束力。[⑤]

---

① 联合国安理会的决议构成了一项特例，它具有能够强制执行的法律约束力。

② 然而，这并不表明国际组织的决议不具有法律上的意义。国内学者王铁崖教授主张，联合国大会的决议可以与司法判例和公法学家学说并列为"确定法律之补助资料"，而且其法律价值应在司法判例和公法学家学说之上。参见王铁崖主编《国际法》，法律出版社，1995，第 20 页。另一位国内学者陈安教授则认为，有关建立国际经济新秩序的联大决议具有法律效力。参见陈安主编《国际经济法专论》，高等教育出版社，2002，第 173 页。

③ 关于强行法的概念，参见梁西主编《国际法》（第二版），武汉大学出版社，2001，第 56 页。

④ 国际强行法不是根据公约而进入法律范畴的，因此容易被人们视为"习惯法"。但实际上强行法不同于习惯法，习惯法可以因为一国持续坚持的反对态度而产生例外，但强行法则不存在此种例外。在历史上，南非曾反对将种族隔离列为违反国际习惯法，从而无视其强行法性质，这种做法是国际社会所不允许的。参见〔美〕路易斯·亨金：《国际法：政治与价值》，张乃根等译，中国政法大学出版社，2005，第 53 页。

⑤ 参见《联合国宪章》第 2 条第 6 款，根据该条款，联合国"在维持国际和平及安全之必要范围内，应保证非联合国会员国遵行上述原则"。

通常还认为禁止种族灭绝、贩卖奴隶、种族隔离和酷刑等也属于强行法。然而，并非国际人权条约中的所有禁止性规定都属于强行法，某项一般国际法规范是否具有强行法性质，取决于该事项的特定性质及国际社会的全体接受与公认。维也纳公约并没有试图列举强行法的清单，而是留给国家实践和在国际法庭的案例中予以解决。[①]

（2）国家自治原则与国际法的实施。

与国内法不同，国际法的实施不是一种国际机构的集中式命令模式，而是一种国家的分散式服从模式。国际法的实施同样反映了国际体系的平行式权力结构，它依赖于国家自身的服从，并在很大程度上受到了国家自治原则的制约。

首先，国际社会缺乏一个统一、集中和以垄断性武力为依托的国际法律实施机构。国际社会不存在凌驾于国家之上的世界政府或类似机构来强制实施国际法。

联合国是第二次世界大战后建立的最具权威的政府间国际组织，承担着政治、经济、社会和文化等全面的管理职能。然而，联合国体制并不是一个超国家的国际体制，而是一个以国家为主导的体制，它没有被国家授权去强制实施国际法。相反，联合国体制以国家主权原则为基础，并受制于大国之间的权力斗争。在国际事务的处理上，通常是国家在控制着联合国，而不是联合国控制着国家。联合国安理会有时被视为唯一具有武装力量的国际警察机构，然而，安理会也不是实施国际法的普遍性机构。从职能上看，安理会是为了维持或恢复国际和平和安全而设计，它的目的并非是实施国际法。尽管在一定程度上，安理会具有强制实施国际法的功能，但它仅仅处理违反《联合国宪章》使用武力或以武力相威胁，或其他威胁国际和平与安全的行为。[②] 因此，安理会并不是一个普遍地强制实施国际法的机构。

其次，国际法与国内法仍然是两个彼此独立的法律体系。国际法的实施不能突破国家主权的屏障，而直接作用于国内社会。

---

① 对于国际强行法的性质与范围的探讨，参见〔美〕路易斯·亨金《国际法：政治与价值》，张乃根等译，中国政法大学出版社，2005，第53页；另参见〔英〕安托尼·奥斯特《现代条约法与实践》，江国青译，中国人民大学出版社，2005，第250～251页。

② 当国际争端发展到威胁或破坏国际和平与安全或构成侵略行为时，安理会有权采取具体行动来实施其决议，包括使用武力以外的方法以及采取武力行动。参见《联合国宪章》第七章。

条约拘束缔约国，只是表明条约在国际层面上对国家赋予权利和义务，并不表明条约权利和义务可以直接作用于国家内部。尽管《维也纳条约法公约》第27条规定，一国不得以其国内法为由拒绝履行国际条约义务，但对于如何履行国际法，公约却没有任何具体限制。一般来说，国家可以通过国内立法方式来决定条约在国内社会的实施方式。因此，国际法的实施可能受制于国内的立法及其具体实施过程，这使得国家有权自主地决定本国实施国际法的方式，并进一步通过国内的政治和法律体制，对国际法进行审查，并操纵国际法在国内的实施过程。由此可见，国际法的实施在很大程度上依赖于国家的主观意愿，它受制于国家主权自治和同意原则。

最后，国际法的实施主要是一种国家的分散式服从模式。尽管不存在强制性的实施机制，但国际体系却成功地在国家之间发展出服从的国际法文化。[①] 路易斯·亨金曾指出："事实或许是这样，在绝大数情况下，几乎所有的国家都遵循了基本上所有的国际法原则和它们的国际法义务。"[②] 这反映了无政府状态下的国际体系依然存在着法治文化——国家之间存在着共同认同的基本价值与规则。

国家服从国际法既存在着内部动机，也存在着外部压力。内部动机一般源于国家对国际体系秩序的长期性认同，即国家认为国际体系的基本规范（如主权原则）符合国家的长远价值和利益。在国家同意原则基础上制定的国际法，通常都反映了国家的基本利益所在。因此，国家存在着内部动机服从维系国家利益的国际法义务。外部压力则源于其他国家对国际法的"横向实施"。无论是受害国的报复或威胁行为，还是国际社会成员的集体行动[③]，以及第三国的道义和政治压力，都可能对公然违反国际法的国家产生重大威慑影响。这种外部压力可能促使国家在不违背国家根本利益的情况下，尽可能避免采取违反国际法的行为。

然而，国家的分散服从模式也体现了国际法实施过程中的缺陷。当违法利益远远超过违法成本时，则无论是内部动机还是外部压力，可能都无

---

① 〔美〕路易斯·亨金：《国际法：政治与价值》，张乃根等译，中国政法大学出版社，2005，第64页。

② Louis Henkin, *How Nations Behave: Law and Policy*, New York: Columbia University Press, 1979, p. 47.

③ 20世纪80年代国际社会对南非采取的联合制裁行动，对于终结南非的种族隔离制度，无疑发挥了重要的影响。

法阻止国家采取某些违反国际义务的行为。[1] 在这种情况下，国家通常会用“主权自治”和“国家利益”的理由来为自己违反国际法义务的行为进行辩解，并将之视为在法律上可接受的豁免情形。

（3）国家自治原则与国际争端的解决。

国际争端的解决体现了对国家间违法行为的救济，它是国际法实施的一种特殊形式。国际争端既可以由相关的当事国以协商、谈判或其他政治方式解决，也可以采用相对独立的司法或准司法方式解决。但无论是采用政治方式，还是采用司法方式，国际争端的解决都没有从根本上动摇国家自治和同意原则。

从政治方法来看，协商或谈判本身就体现了对国家意志的尊重。如果是双边或多边契约性条约，各国可以通过协商或谈判来修改其权利和义务，以达到国家之间利益的平衡。在这种情况下，国家可以根据情势变化的需要，灵活地调整其与他国的权利义务关系，从而更好地实现本国利益。这一点恰恰充分反映了国际法体制的国家自治特性。

从司法方法来看，尽管某些国际司法程序可能对国家产生一定程度的约束力，但国家同意原则依然是国际司法机制的基本特征。第一次世界大战结束以来，国际社会开始逐渐出现一些较为完整的国际性司法机制，并对国际争端的解决发挥了一定的作用。然而，尽管许多国际条约都规定了解决争端的司法或仲裁方法，但此类方法依然从根本上受到主权原则的制约。现有的国际法体制并没有完全接受将自治国家之间的争端交由某个中立的、公正的第三方机构加以裁判。以国际法院为例，作为国际体系中最具代表性的国际性司法机构，国际法院并不拥有实质上的强制管辖权。根据《国际法院规约》第 36 条规定，国际法院的管辖范围分为三类。一是各当事国在事先协商同意下自愿提交的各种案件，即自愿管辖（voluntary jurisdiction）；二是各国在国际条约或协定中约定提交国际法院审查的事项，或称协定管辖（conventional jurisdiction）；三是当事国随时声明，就相关法律争端，对于接受同样义务的任何国家，承认不需要另订协议而接受

---

① 如约翰·杰克逊就是国家“效率违约”的积极支持者，他主张美国可以根据利益成本分析来权衡是否遵守 WTO 条约义务和争端解决机构的裁决。See John, H. Jackson & Alan O. Sykes, Question and Comparisons, in John, H. Jackson& Alan O. Sykes (ed.), *Implementing the Uraguay Round*, Oxford: Clarendon Press, 1997, p. 463。

国际法院强制管辖，又称任意性强制管辖（optional compulsory jurisdiction）。[①] 与此同时，接受任意性强制管辖的国家还可以就管辖的范围和年限做出相应的保留，并随时通过声明终止此种任意性强制管辖。[②] 因此，无论是基于自愿管辖或协定管辖，还是依据任意性强制管辖声明，国际法院的诉讼管辖权都是在当事国自愿接受基础上确立的。国际法院的作用同样受到国家自治和同意原则的严格限制。

从传统国际法体制的价值和制度来看，它非常明显地体现了人类社会“二元分立”法律控制模式的基本特征。根据分割管辖的原则，传统国际法体制主要调整“国家—国际社会”层面的权利和义务关系。①就价值追求而言，传统国际法体制的核心功能在于保障和实现国家价值。而个人价值主要由国内法体制加以保障，它在国际法中不具有任何基础性地位。当个人价值与国家价值相冲突时，国家价值处于优先地位。②就制度设计而言，传统国际法体制是以国家自治为原则的法律体制，它是国家自行立法，自行实施并自行解决争端的一种平行式管辖体制。由于国际事务中涉及的个人利益一般由国家意志加以表达，因此，传统国际法体制通常不认可个人在国际法上的主体地位。传统观念认为，国际法是专门调整国家间关系的法律。因此，从追求的价值目标到制度的结构设计，国际法与国内法都表现出截然不同的特性。

第二节　经济全球化与传统人类社会的结构变迁

一　经济全球化与世界经济一体化的发展趋势

就一般意义而言，人类社会经济生活的组织呈现不断朝向一体化的基

---

① 关于国际法院的管辖权，参见梁西主编《国际法》（第二版），武汉大学出版社，2001，第485～488页。

② 例如，美国在1946年8月就根据第36条第2款“任意条款”接受了国际法院的强制管辖权。然而，在1986年“尼加拉瓜诉美国案”中，美国却拒绝了国际法院的管辖权。当国际法院依据任意性强制管辖条款而受理该案后，美国随即单方面发表声明，决定终止美国对国际法院强制管辖权的接受。这一案例充分说明了国际法院任意性强制管辖权在国家主权意志面前的软弱。参见〔美〕路易斯·亨金《国际法：政治与价值》，张乃根等译，中国政法大学出版社，2005，第83～84页。

本发展趋势。

经济的分工和合作引导着人类社会经济组织形式的变迁，并不断推动着人类社会的发展。从原始社会开始，人类就已经初步形成了早期的种植业和狩猎业。紧接着，畜牧业开始从传统农业中独立和分离出来。随后，又出现了能够制造一些简单工具的早期手工业作坊。这种社会分工导致了不同地域间商业与贸易的逐步兴起和繁荣，不断促进了不同区域之间的经济联系。最后，自给自足的早期经济形式被彻底打破，取而代之的是社会化的机器大生产和商品流动，人类社会的经济生活不断朝向统一化和一体化的趋势发展。

与此相应，人类社会的政治组织方式也在发生着变化。最早，人们聚集在原始村落里，自给自足并共同抗御外敌。随着手工业的兴起与商业的繁荣，开始出现不同村落经济的联络中心——城镇，于是，以城镇为依托的城市国家和诸侯国开始发展起来。由于各相邻区域之间经济联系的加强和国家实力的增长，国家之间开始为了争夺土地和资源以及更高的控制权展开斗争。在漫长的国家斗争史中，各个国家之间不断进行着相互兼并、统一以及分裂运动。随着机器化大生产的出现和市场不断扩大，区域间的分散化管辖以及不稳定的政治格局阻碍了更大范围内统一市场的形成，从而要求在政治组织形式上进行相应变革。于是，以民族为基础的统一政治共同体应运而生。以国家边界为分割标准，不同国内社会开始形成一个个具有内在统一主权的封闭式管辖体制，人类社会从此进入了民族国家时代。

可以说，民族国家的统一受到了经济一体化内在需要的有力推动。然而，民族国家的出现并没有阻止经济一体化的前进步伐。在人类分工与合作基础上的经济一体化趋势，随着社会大生产的出现和区域贸易的繁荣而呈现加速发展态势，依其内在自然法则的需要而不断跨越民族国家的边界，并冲击着封闭式民族国家体制。在理论上，就适应经济一体化的发展趋势而言，民族国家体制并不是人类社会政治组织形式的终点。人类社会经济生活的组织以谋求更高的生产效率和经济福利最大化为目标，显然，每一次经济分工与合作的发展都促进了这一目标的实现。从一定意义上说，人类社会的经济分工与合作是没有国界的。民族国家的建立并不是为了阻碍人类社会的经济分工与合作；相反，它本身就是对分散化和冲突化的城市管辖或地域管辖的一种超越，也是对多重和混乱的跨地域管辖的一种政治整合和权威界定。因此，民族国家体制的出现，是人类社会的经济一体化趋势发展的必然要求，并在国家层面上有力地深化和保障了经济一体化的成果。由此可见，民族国家体制的诞生，在特定的历史阶段，恰恰反映了在分工与合作基础上人类社会日趋经济一体化的自然法则。

在经济分工与合作的推动下，国家经济一体化在很大程度上保障了国内生产效率的提高和国家经济的日渐繁荣。与此同时，经济一体化的内在发展趋势也在不断地冲击着封闭式民族国家体制。从16、17世纪以来，资本主义机器化大生产的迅速推广和商品繁荣，推动了世界性市场的初步形成，而航海业和通讯业的突飞猛进大大缩短了世界不同地域各国之间的距离，经济全球化的趋势初现端倪，生产的国际化与管辖的分割化之间的矛盾开始显现出来。政治上，国家之间的矛盾与冲突不断爆发，殖民化运动兴起，国家间大规模的战争不断地冲击着17世纪以来威斯特伐利亚体制的平行式管辖模式。经济上，则体现为畸形的世界经济结构和日益频繁的世界性经济危机。

人类社会进入20世纪以来，经济全球化和世界经济一体化的发展趋势相当明显，并开始受到人们的广泛关注和普遍认可。交通和通讯技术的突飞猛进，为世界经济活动的日益一体化创造了前提条件。在提高生产效率的竞争压力推动下，资金、技术、人才、能源和原材料等各种经济要素开始在世界范围内流动，以寻求最佳的资源组合方式。与此同时，各国的内部市场也开始日益对外开放，并初步形成一个世界性的市场，这大大地推动了各国之间商品和服务的流动。世界经济一体化活动是在经济全球化背景下，各国私人主体广泛和普遍地参与具有跨国性质的世界性经济分工和合作的活动。

根据经济学家们的归纳，各国私人主体以主动方式（即以生产者的身份）参与世界经济一体化分工与合作的活动，主要可以通过以下三种形式进行：①在国内进行产品的生产活动，并在最适宜的国际市场上购买生产要素和销售最终产品；②销售和转让商业专有技术和知识产权，即通过国际授权或许可协议，赋予各国私人主体在他国境内使用该技术生产特定产品，或在国外销售专利或商标产品和服务的权利；③通过外国直接投资和境外合资的方式，直接在最适宜的国际市场上生产和销售产品。[①]

通过这些合作形式，各国私人主体的经济活动有效地联结起来，从而使资源得到更合理的配置。而封闭式的传统民族国家体制在有力地促进和保障国内经济一体化的同时，其适应经济全球化发展趋势方面的局限性也开始日渐显现出来。一方面，大规模的国内投资和生产需要按照世界市场的统一标准和要求来进行；另一方面，产品的流通和效用的实现却又受制于民族国家边界的合法阻隔。于是，以相互开放市场为焦点，国家之间频繁的经济冲突与矛盾构成经济全球化下的一种必然结果。

二　传统人类社会面临的结构变迁

我们当今这个时代最为鲜明的特征，就是“所有的经济都是国际的”，而“所有的政治都是国内的”。[②] 在人类社会的组织形式上，经济一体化依其内在的自身规律，自发地向世界范围不断扩展。与此相对照，政治一体化却最终止步于国家层面。自 17 世纪威斯特伐利亚体制形成以来的三百多年间，历史见证了民族国家体制的诞生及其地位的日渐巩固，没有任何迹象表明可能产生一种具有结构性意义的世界政府体制。人类社会法律控制的“二元分立”模式长期占据了支配性地位。然而，经济全球化与世界经济一体化的发展，缓慢而渐进地侵蚀和改变着传统“二元分立”模式的社会基础。

20 世纪以来经济全球化的加速发展趋势，对人类社会的传统组织结构产生深刻的影响。

传统人类社会基本上属于“个人—国家”与“国家—国际社会”的双层分立式组织结构。在这种社会组织结构下，个人活动主要局限

---

① E. -U. Petersmann, From “Negative” to “Positive” Integration in the WTO: Time for “Mainstreaming Human Rights” into WTO Law? *Common Market Law Review* 37, 2000: 1364.

② 杰克逊教授曾提到：“这使我最后想起两句话，作为全书的结束语：一句是奥内尔所言‘所有政治都是国内的’。另一句话是德鲁克最近在《外交事务》上发表的一文中所言‘所有经济都是国际的’。这正是我们在新的世界贸易体制以及各国政府中所面临的紧张状态。”John, H. Jackson, *The World Trading System: Law and Policy of International Economic Relations*, 2nd ed. , Massachusetts: The MIT Press, 1998, p. 351。

在国家的疆界内，而国家则构成国际事务的主要参与者。然而，随着世界性市场的形成与扩展，个人活动局限于国内领域的局面开始逐渐发生变化。作为生产者、投资者、贸易商和消费者，各国公民（以个体或公司等形式）开始被日益全面地卷入世界经济一体化的浪潮之中，无论是作为积极参与者（如生产者），还是作为被动参与者（如消费者）。简言之，在谋求更高的经济效率和社会总福利的目标推动下，私人经济活动的组织开始日益突破国家的疆界，并在世界范围内进行重新整合。随着个人活动领域的扩展，国际社会的关系结构也开始随之发生重大变化。私人作为国际经济活动的主要行为者，开始普遍和大量地（而不再是偶然和零星地）参与国际经济事务，成为推动世界经济一体化的主力。至此，私人活动开始构成国际经济事务中具有结构性意义的重要组成部分，这从根本上打破了传统国际关系中国家对国际事务的垄断地位。

与此同时，国际事务和国内事务相互独立的状况也在发生变化，它们在国际经济领域内开始日益密切地关联。一方面，私人经济活动开始日益侵入国际社会领域，并构成国际社会生活的重要内容；另一方面，国内社会在经济领域的隔绝性和独立性也开始日益松动，各国之间的经济相互依赖程度不断加深，一国的国内经济和贸易政策可能在很大程度上影响到另一国的国内经济发展。国家之间开始着手于协调各国经济政策之间的冲突与矛盾，传统上国内独立管辖的一些事项开始出现国际化和统一化趋势。传统国际事务的定义开始发生深刻的改变，而传统国家利益与私人利益的界限也开始重新划定。

可见，随着经济全球化的发展，人类社会生活的组织结构正在发生深刻变化。传统“个人—国家”与“国家—国际社会”的分立式组织结构开始出现了重新分化组合。一方面，国际社会开始日益直接面对私人主体，并受到由私人活动所带来的国内观念和价值的冲击。另一方面，国内社会生活也开始更多地受国际社会和其他国家活动的影响和制约。封闭的疆界正在打开，国家开始以更积极的态度，运用主权意志去适应经济全球化的需要。国际社会与国内社会正在由于私人活动的扩展而逐渐联结起来。

第三节　传统“二元分立”模式面临的宪政性挑战与回应

一　传统“二元分立”模式的局限性

经济全球化改变了传统国内法体制和国际法体制所依托的基本政治背景和社会环境。当私人经济活动开始不断地突破国家的疆界，并日渐构成经济分工与世界经济一体化不可分割的组成部分时，传统“二元分立”法律控制模式的局限性开始日益凸显。

“二元分立”模式的根本特征在于国内法与国际法具有明显不同的价值追求。国内法以保障人的价值为核心，而国际法以保障国家的价值为核心。二者各具不同的关注重点和价值偏好，且相互独立，互不干涉。与此相应，二者在权力结构和制度设计方面也表现出明显差异。国内法表现为规范“公民—政府”间关系的垂直式治理结构，而国际法则表现为“国家—国家”间关系的平行式治理结构。威斯特伐利亚体制的特点在于确立了一种封闭式的民族国家管辖体制。一方面，国家对内拥有至高无上的政治权威，对国内事务实行独立和排他的管辖权，可以不受任何外来干预。另一方面，国家对外拥有平等的主权，不存在任何凌驾于国家之上的世界性管辖体制。通过国家边境的隔离，封闭式民族国家体制对国内事务与国际事务进行了有效的分割。国家边境内部的事务属于国内事务，通过国内公民及与政府之间的政治安排来处理；而国家边境外部的事务属于国际事务，本质上属于国家间事务。根据平等者之间无管辖权，任何国家间事务的处理都要遵循国家自愿和国家同意原则。

这种“二元分立”的法律控制模式与传统国际社会的结构特点是相适应的。在传统国际社会中，国家构成国际事务的主要行为者。而个人活动基本上局限于一国境内，其权利与利益主要由国家通过“国家间方式”加以间接调整和保护。国家事务被各自的边界所分割，形成壁垒森严的格局，各国在最低限度上共存于一个无政府状态下的国际社会中。因此，

“二元分立”模式的社会基础在于：第一，通过国家的边界，国际事务与国内事务能够进行完全的分割。第二，公民主要在国内社会进行活动，任何国际社会的活动与事务都由国家代表。第三，国家在对外事务中具有统一的国家利益。在此种历史条件下，国际法与国内法各司其职，互不干预，能够满足传统国际社会的发展需要。

然而，当私人经济活动开始逐渐构成经济分工与世界经济一体化的组成部分时，各国之间的经济和贸易事务日益密切地联结在一起，并呈现相互依赖状态。简单地通过国界来分割管辖权的做法已经无法适应经济全球化的发展需要，传统的“个人—国家”与“国家—国际社会”的双层分立式组织结构开始出现松动。经济全球化深刻地改变了“二元分立”法律控制模式的社会基础，并持续不断地对传统国内法体制与国际法体制的价值与制度特征产生结构性的冲击。

二　经济全球化所引发的宪政性问题

经济全球化和世界经济一体化的发展，对传统人类社会的“二元分立”法律控制模式提出了新的问题与挑战。当各国公民通过直接或间接方式大规模地参与全球经济分工与合作活动时，传统上国际事务由国家垄断的局面被打破。在人类社会的经济生活中，开始出现了一种跨越国内社会与国际社会的私人间利益结构。如何规范这种新兴的跨越国境的私人间利益关系，成为传统国际法体制与国内法体制面临的一个难题。

其一，在“二元分立”模式下，传统国内法体制主要规范国内社会的各项事务。对于跨越国境的私人间经济事务，传统国内法体制通常只具有消极的禁止或限制权，而不具有积极的扩展和保障权。因此，在规范跨国私人事务交往中，传统国内法体制往往会导向一种内向型的封闭式管辖体制。这种封闭式民族国家管辖体制难以适应经济全球化的发展需要。

其二，对于传统国际法体制而言，由于各国国内社会的私人主体在参与世界经济一体化活动中，形成了相互交织而错综复杂的利益关系，传统上国家在对外事务中具有统一国家利益的概念被打破。例如，同属一国的国内社会私人主体在国际经济交往过程中可能具有相互冲突的利益，那么哪一类私人利益能够代表本国的国家利益，就成为对外政策中一个亟须界定的难题。当统一的国家利益概念已经难以完全涵盖日趋复杂化的私人间跨国利益关系时，国际法的调整也将失去其惯常的目标和方向。因此，作为主要调整国家间关系的管辖体制，传统国际法体制无法有效地规范世界经济一体化活动中涉及的私人间跨国利益关系。

（一）经济全球化与传统国内法体制的“宪政失灵”

传统国内宪政体制的基本功能在于保障国内社会公民之间平等的自由与权利，以及限制政府公共权力的滥用，其规范结构体现为“个人—国家”模式。也就是说，对公民权利的保障和对公共权力的限制都属于纯粹的一国内部事务，国家之间通过边界来分割各自管辖权的范围，互不干预。而任何涉及国际因素的私人事务都通过国家的国际法主体身份以间接方式解决。国家通过不断发展完善其精巧的国内宪政体制，独立地、排他地对本国公民的自由与权利加以充分地保障。

然而，当私人参与世界经济一体化的活动开始普遍地、频繁地和大规模地跨越国境时，传统上私人经济活动主要由国内法调整的局面也正悄悄地发生变化。在经济全球化背景下，以边界进行管辖权分割的传统国内法体制开始逐渐陷入“宪政失灵”状态。

1. 传统国内法体制与保障公民跨越边境的平等自由与权利

在“个人—国家”结构模式中，公民依据本国宪法所享有的平等自由与权利是以国家边境为界限的。当私人主体只是偶然地、零星地参与国际事务时，国家可以通过外交保护权或类似的间接方式为某些特定的私人权利提供保障。当私人主体开始普遍地、频繁地和大规模地参与世界经济一体化活动时，国家就有必要通过普遍的国内立法方式对私人主体的权利加以保障。然而，传统国内法的效力仅局限于国家内部。而公民跨越边境的权利可能涉及种种国际因素，需要各国之间法律和政策的协调。① 因此，国家在通过宪法方式来保障公民跨越边境的权利时就会出现明显障碍。

---

① 在国际社会的实践中，也有出现扩大本国法律的域外适用来保障公民权利的做法。但法律的域外适用并不是一种可取的办法，从逻辑上说，它必然会引发各国管辖权之间的普遍冲突。

作为一种正义的社会制度，国内法体制必须在国内社会的公民之间平等地进行自由与权利的分配，由此来合理引导社会合作利益和负担的分配。[①] 这是国内法体制的正当性基础。然而，世界经济一体化趋势造成国内社会的私人主体在边境内部所享有的权利和跨越边境的权利方面出现严重的不平衡。即在一国国内法体制内部，私人主体的国内权利受到较为充分的保障，而其跨越边境的权利却缺乏相应的保障。当私人主体参与世界经济活动发展成为一种普遍行为时，国内社会将会出现大量缺乏保障的跨越边境的公民权利，这导致传统国内法体制出现严重的“宪政危机”。

2. 传统国内法体制与限制对外事务中的公共权力滥用

在传统对外事务中，个人不具有国际法的主体身份，在国际事务中不能以独立身份来主张个人利益，而只能通过国家利益的间接方式得以表现。因此，国际社会中通常反映了国家的利益，国家利益的概念是统一的。

然而，当国内的私人主体开始跨越边界大量地从事国际经济活动之后，传统意义上的国家利益开始出现分化。在国际经济事务中，一概以统一的国家利益来代表多元化和相互冲突的私人利益的做法逐渐显得不合时宜。当各国私人主体作为生产者、贸易商、投资者和消费者等普遍参与世界经济一体化活动后，他们的利益结构就已经开始重新分化组合。传统的国家划分标准被打破，各国私人主体在国际经济活动中，根据其各自的利益需要，分化组合成不同的跨越国界的利益集团，他们之间的利益关系不再是简单的一致或冲突状态，而是相互纠缠，呈现日益复杂化的趋势。例如，出口导向型国内生产者和贸易商将致力于推动世界贸易自由化并从中受益，而进口竞争型国内生产者则致力于推动国家的贸易保护政策，通过游说国会或政府来获取特殊利益。消费者既可能由于能够享受到廉价、优质和多样化的进口产品而欢欣鼓舞，但同时他（她）也可能作为受进口产品冲击而丧失工作机会的雇员而伤心愤懑。

在经济全球化背景下，国际贸易冲突不再仅仅是国家之间的利益冲突，而在很大程度上经常是国家内部的利益冲突，传统国际社会的国家利

---

① 参见〔美〕约翰·罗尔斯《正义论》，何怀宏等译，中国社会科学出版社，1988，第4页。

益概念出现分化。正如经济学家 W. Röpke 指出的：“因此，所谓的国际阵线实际上就是一种国内阵线；而每一种贸易让步也并不是整个国家为了有利于外国人而被迫做出的牺牲，而是想要寻求保护之人所组成的特定团体为了该国其他人而被迫做出的让步。”①

在传统国内法体制中，对外事务权力所面对的主要是国家之间的利益矛盾与冲突。当对外事务权力不仅面对单一的国家利益，而且面对大量的跨越边境的复合性私人利益时，如何制约政府对外事务权力的滥用，以防止其肆意侵犯公民的自由与权利，就成为一个突出的国内宪政问题。然而，由于对外事务权力的特殊性（即它只处理国家的利益关系），传统国内法体制往往没有提供相应的立法和司法约束机制。② 它导致了对外事务权力往往被特殊利益集团所控制并滥用。③

由此，在经济全球化背景下，传统国内法体制无论在保障公民平等的自由与权利方面，还是在约束对外事务领域公共权力的滥用方面都出现严重的宪政困境。

（二）经济全球化对传统国际法体制构成的挑战

传统国际法体制的主要功能在于调整国家间的权利义务关系，其核心价值在于国家价值。与此相适应，国家自治与同意原则构成传统国际法体制的首要原则。在制度层面上，国际法的制定和实施都在本质上受到了国

① W. Röpke, *International Order and Economic Intergration*, 1959, p. 15。转引自〔德〕E. - U. 彼得斯曼《国际经济法的宪法问题与宪法功能》，何志鹏等译，高等教育出版社，2004，第 4 页。

② 根据彼得斯曼的研究，截至 20 世纪 80 年代末，几乎没有任何一部国内宪法对政府向本国公民征税及管理其对外贸易交往的权力施加明确的宪法约束。See E. - U. Petersmann, *Constitutional Functions and Constitutional Problems of International Economic Law*, Switzerland: University Press Fribourg Switzerland, 1991, p. 387。

③ “自愿出口限制协议”等行政性灰色贸易措施（缺乏决策过程的透明度，缺乏任何特别的立法依据，以及缺乏国会控制及对个人权利的司法保护）在 20 世纪 70 至 80 年代的蔓延，典型地反映了任意性对外贸易政策权容易被滥用。一方面，贸易政策权的任意性刺激了组织良好的保护主义利益集团为了其特殊利益而干预政府权力的行使；另一方面，贸易政治家和官员在用贸易保护政策换取保护主义利益集团的政治支持方面，具有强大的自我利益。其结果是，保护主义利益集团通过有效地影响国内政治过程，以牺牲普遍性国内福利的方式获取其特殊的“寻租利益（rent - seeking）”。See E. - U. Petersmann, *Constitutional Functions and Constitutional Problems of International Economic Law*, Switzerland: University Press Fribourg Switzerland, 1991, pp. 106 - 107; 110 - 113。

家主权意志的制约。

当各国的私人主体开始普遍参与世界经济活动时，国际社会出现了大量的私人性事务。传统上国际事务为国家所垄断的局面发生了变化。对于这些新出现的具有跨越国境特征的私人性事务，一国的国内法往往无法单独做出调整。而传统国际法体制崇尚的仅是国家价值，个人价值通常只能以国家的形式（如外交保护）间接体现出来。因此，其价值基础与制度设计都是与保障国家价值相适应的。个人价值并没有成为国际法的普遍性价值，受国家自治与同意原则严重制约的传统国际法体制也不适用于保障个人价值。

如前所述，在经济全球化背景下，传统意义上统一的国家利益概念出现了分化。一些形式上表现为国家间利益关系的情形，实际上反映的是各国私人间的跨国利益关系。各国的私人主体作为生产者、贸易商、投资者和消费者等利益承载者，其利益关系在很大程度上已经打破了国家的界限，并在世界范围内重新分化组合。用传统的国家利益概念来分析世界经济一体化趋势下的国际经济事务也已经无法揭示其利益关系的本质。传统国际法体制反映的是国家间利益关系，它无法正确地揭示私人主体间在参与世界经济一体化过程中产生的利益关系，也无法从制度上为各国私人主体跨越边境的权利提供有力的法律保障。①

在经济全球化和世界经济一体化的发展趋势下，如何调整日益普遍的私人间复合式跨国利益关系，如何有效保障各国私人主体跨越边境的自由与权利，对传统国际法体制的价值基础和制度结构都构成了一项新的课题与新的挑战。

三　国际法与国内法的相互联结趋势及其影响

随着经济全球化与世界经济一体化的发展，各国之间的经济事务开始日益密切地相互关联，并呈现复合相互依赖状态。经济全球化改变了传统人类管辖体制所依赖的政治和社会基础，“二元分立”模式已经无法适应

① 在经济全球化趋势下，各国加强了国家之间的经济合作，从而推动了国际法从“共存法”向“合作法”的发展。然而，“国际合作法”也并未实质上改变传统的“二元分立”法律控制模式，它同样无法有效地调整国际经济事务中的私人利益问题。

国际和国内社会的变化，在实践中日益显露出其内在的局限性。

在此背景下，传统上相互分割的国内法体制与国际法体制之间开始出现相互影响和相互联结的趋势，并以其灵活的局部调整和变革来应对经济全球化所带来的困境与挑战。

第一，传统上分割化的国内法体制之间开始通过国际法机制进行相互联结，以克服其对外经济事务领域“宪政失灵”现象。在经济全球化与世界经济一体化的背景下，国内法体制已经很难单方面地实现涉外经济事务中的宪政功能，即保障公民跨越边境的权利和限制对外经济事务领域的任意性公共权力。[①] 为了克服这种“宪政失灵”，各国通过互惠性国际条约或协定来接受对外贸易自由原则，防止国内保护主义利益集团“操控”政府对外贸易政策权以获取局部利益、损害社会的整体福利，以及侵害本国公民跨越国境的平等自由与权利。在这个意义上，国际经济规则发挥了保障各国私人主体的权利和限制政府权力滥用的“宪政功能”，弥补了传统国内法体制宪政化方面的不足。

因此，各国有必要将具有“宪政功能”的国际经济规则纳入本国的国内立法中去，并借助本国的执法和司法机制，实现对外经济事务领域的宪政化。

第二，由于个人价值开始进入国际法领域，国际法体制在观念、价值和制度上开始日益受到国内法体制的影响。传统上，国际法体制只关注国家价值，它并不直接保障个人价值。由于个人活动一般都局限在国家范围内，个人价值通常由国内法体制加以保障。私人主体开始大量地参与世界经济活动后，个人价值也开始进入国际法领域。国际条约不再仅仅局限于国家事务，而开始涉及私人事务。

由此，国际法体制的价值基础发生了微妙的变化，它不但包括传统的以国家利益为依托的国家价值，而且还包括了新兴的以私人利益为依托的

---

① 其原因可能包括：①政治上对于国家“外部主权”和对外政策任意决定权的坚持；②传统重商主义观念对国家政策的影响；③贸易政策领域的国内决策程序中存在着（进口竞争型生产者与消费者之间的）政治不对称现象；④自由国际贸易规则具有“国际公共产品”特征。这些因素对于国家通过单方面措施来实现对外贸易政策领域的宪政化构成了现实的障碍。See E. - U. Petersmann, *Constitutional Functions and Constitutional Problems of International Economic Law*, Switzerland: University Press Fribourg Switzerland, 1991, pp. 393 - 400。

个人价值。[①] 在涉及国家价值的情形下，国家自治和同意原则依然在国际法体制中处于不可动摇的地位。而在涉及跨越国境的个人价值情形下[②]，传统国际法体制正日益受到各类国内法观念、价值与制度的渗透和影响。[③] 出于对个人价值的关注，民主化、法治化、透明度与政治参与等传统国内法的价值标准开始逐渐渗透进国际法中，并对国际法体制的发展产生重大的影响。

探讨国际法与国内法的相互联结趋势及其影响，为我们分析解释世界贸易体制的产生和发展规律提供了一种重要的思考路径。从一定意义上说，GATT/WTO 体制的产生与发展，恰恰反映了在经济全球化背景下人类社会充分利用既有国际和国内法律资源进行制度整合和变革的一种尝试。我们需要进一步思考的问题是，如何在与现行国际法体制与国内法体制相容的前提下，发展出一种具有长期性指导功能的 WTO 宪政理论，以便不断增进未来世界贸易体制的正当性与有效性？在经济全球化的时代，我们应当如何理解传统“二元分立”模式所面临的危机与变革？

---

① 这一趋势的发展不仅来自经济全球化的推动，而且来自人类对两次世界大战惨痛教训的反思与总结，以及第二次世界大战后国际人权法的发展。国际人权法的发展反映了传统国际法的重大变革，即国际法不再仅仅关注国家价值，而且增加了对个人价值的关注。人权领域演化出的国际强行法概念甚至改变了国家间体系的传统观念：即发生在一国内部的事务，以及一国政府在自身领土内如何对待自己的国民，一概与其他国家和国际体系无关。如 20 世纪 80 年代国际社会由于种族隔离制度对南非的集体制裁，即构成国家自治与同意原则的例外。参见〔美〕路易斯·亨金：《国际法：政治与价值》，张乃根等译，中国政法大学出版社，2005，第 246 ~ 269 页。

② 如前所述，传统的国家利益概念在经济全球化下正在出现分化，并以私人利益方式重新组合。参见本章第三节第二部分的分析。

③ 如 20 世纪 60 年代以来 ICSID 体制的发展，就显示了传统国际法的重大革新。ICSID 公约的目的是解决各缔约国与其他缔约国国民之间的投资争端，从而促进私人投资的跨国流动。它明确表明了排除投资者母国政府的外交保护权，并承认了私人投资者在国际经济争端解决中的申诉和应诉主体地位，从而改变了传统上一概由国家以间接方式来代表私人利益的做法。这些变革反映了传统国际法正在接纳个人价值，并从制度上做出回应。由于 ICSID 体制可能涉及东道国一方的国家利益与价值，因此，它仍然显示了对国家自治和同意原则的顽强坚持。参见曾华群主编《国际投资法学》，北京大学出版社，1999，第 574、586 ~ 592 页。

第二章
从“单边管辖”到“多边协调管辖”

从本质上说，世界贸易体制的诞生和成长，意味着世界贸易事务的管辖权不断地从主权国家向 GATT/WTO 层面转移的演变过程。

威斯特伐利亚体制是一种以边界为分割线的主权国家管辖体制。在“二元分立”法律控制模式下，传统国际法体制与国内法体制相互隔离，各司其职，互不干预。传统国内法体制专心致力于处理本国的内部事务，而无须插手外部的他国事务或国际事务。国际事务通常由国家以统一主权的身份，借助国际法体制进行处理；而国际法体制无权也不应去干预任何本质上属于一国内部的事务。传统国际法体制与国内法体制在价值与功能上呈现显著的差别。然而，经济全球化和世界经济一体化的发展打破了传统“二元分立”模式的社会基础。在经济全球化的推动下，各国国内社会的公民作为生产者、投资者、贸易商和消费者，开始频繁地、普遍地和大规模地参与跨越国界的世界经济一体化活动。经济分工与合作领域的国内事务与国际事务开始相互联结，并密不可分。开放式的世界经济一体化活动不断冲击着封闭式的民族国家管辖体制。传统国内法体制开始面对大量和日益普遍化的具有跨国性质的私人经济事务，分割化的国家单边管辖体制已无法满足国内社会参与世界经济一体化活动的需要。经济形势的发展推动了人类社会法律控制模式的调整与变革。于是，国家开始从互不干预的共存状态走向相互合作状态，并通过缔结条约的方式建立了一种有限的“多边协调管辖”模式，以共同应对经济全球化与世界性经济一体化所带来的跨国经济分工与合作问题。这种“多边协调管辖”模式将各国分割化的单边管辖体制逐渐衔接和协调起来，从而在一定程度上，避免和化解了各国管辖体制之间在处理全球经济分工与合作活动事务上可能引发的潜在冲突。

世界贸易体制是一种国家间合作体制，它从未否定国家所拥有的主权和对国内社会的独立管辖权。因此，它从实质上并没有超出了威斯特伐利亚体制结构的基本范畴。然而，它是对传统国际法体制与国内法体制相互隔离状态，以及分割化的封闭式民族国家管辖体制的一种否定，它意味着在世界经济一体化形势下人类社会法律控制模式的一种调整与重组。如果将世界贸易体制框架下的管辖权进行初步划分，我们可以归纳出三种不同的基本类型：第一，主权国家根据自身利益和意志而实施的独立管辖权。它表明在世界贸易合作中，国家依然保留了与其核心主权相关的管辖权，这部分单边管辖权继续具有排他性特征。第二，主权国家为了相互间的协调利益而在 GATT/WTO 层面上行使的多边协调管辖权。它意味着主权国家权力在合作中的自主限制，同时也表明了主权国家对世界贸易体制继续保有支配性地位。第三，GATT/WTO 作为独立的国际法主体，为了维护所有成员方的共同利益而行使的、具有超主权性质的共同体管辖权。它独立于主权国家的个别意志而存在，并为各国一致认同的整体利益服务。从理论上说，从主权国家的单边管辖，到 GATT/WTO 的多边协调管辖和共同体式管辖，体现了传统“二元分立”法律控制模式在经济全球化冲击下逐渐趋于瓦解。在世界贸易体制的层面上，国际法体制与国内法体制的价值与制度开始联结起来，共同服务于经济全球化与世界经济一体化背景下私人间跨国利益关系的调整。

从静态视角来说，管辖权力的转移体现为 GATT/WTO 体制的权力结构。它表明在特定历史时期，世界经济一体化事务的管辖权在国际、国内不同层面上的重新分配。就动态趋势而言，管辖权力的转移体现为从主权国家的分割化“单边管辖”模式，不断地朝向在 GATT/WTO 层面上的“多边协调管辖”模式，甚至“共同体管辖”模式的渐进性演变。这种管辖权力转移的范围与程度将最终决定世界贸易体制的根本性质。

第一节 世界贸易体制的权力结构模型分析

为了更好地理解世界贸易体制诞生和成长的一般规律，有必要深入分析半个多世纪以来GATT/WTO体制的权力结构及其变迁。为此，作者首先建立一组抽象化的“单位—体系”权力结构模型，并通过不断调整该权力结构模型中的假设条件，从而得出与世界贸易体制权力结构相接近的“成员方—GATT/WTO”权力分配模型，以此作为本章理论分析的基础和起点。

一 抽象化“单位—体系”权力结构模型

首先假设人类社会政治生活的组织呈现单位和体系两个抽象层次。体系由不同的单位所构成，单位在体系的框架内活动。体系是统一且封闭的，而各个单位之间也基本上处于无差别的同质状态。在满足以上假设的前提下，按照权力在单位和体系之间进行分配的不同情况，可以将“单位—体系”的权力结构模型划分为以下四种基本类型。

第一类是单位决定型模式。这种模式的特点是，在单位与体系的关系中，单位占据绝对控制的地位，而体系处于完全的松散状态，不具有任何组织性和独立性。在权力分配的结构中，权力完全归单位行使，体系不具有任何独立权力，并完全受到单位的操纵。决策由单位分别做出，并各自服务于不同单位之间相互独立的利益需要。这是一种平行式权力结构。

第二类是体系决定型模式。这种模式的特点是，在单位与体系的关系中，体系占据绝对控制的地位，而单位处于完全的附属状态，不具有任何独立性。在权力分配的结构中，权力完全归体系行使，单位不具有任何独立的权力，并完全受到体系的控制。决策由体系统一做出，并致力于优先维护体系的整体利益需要。这是一种垂直式权力结构。

第三类是单位主导型模式。这种模式的特点介于单位决定型与体系决定型之间。在单位与体系的关系中，单位不能完全操纵体系，体系也不能完全控制单位。单位与体系之间相互制约，二者都具有一定程度的独立性，并共同分享相关事务的决定权力。其中，权力的分配向单位倾斜，即单位拥有更大程度的权力，在相关事务的处理中占据主导地位。而体系权力相对较小，独立性也较差，处于次要地位。这种权力结构以平行式管辖为主，但同时也具有一定的垂直式管辖特征。

第四类是体系主导型模式。这种模式的特点也介于单位决定型与体系决定型之间。在单位与体系的关系中，单位不能完全操纵体系，体系也不能完全控制单位。单位与体系之间相互制约，二者都具有一定程度的独立性，并共同分享相关事务的决定权力。其中，权力的分配向体系倾斜，即体系拥有更大程度的权力，在相关事务的处理中占据主导地位。而单位的权力相对较小，对体系有较大的依附性，处于次要地位。这种权力结构以垂直式管辖为主，但同时也具有一定的平行式管辖特征。

二 抽象化“单位—体系”权力结构模型在国际社会中的应用

接下来考虑抽象化“单位—体系”权力模型在国际社会中的应用。为了实现模型的顺利转换，需要对国际社会中涉及的复杂具体情况进行适当地简化。为此，笔者提出以下几项基本的假设：①国际社会由所有的国家共同构成；②国际社会的构成具有均质特征，即国家与国家之间处于无差别状态，彼此性质相同且实力相当；③国际组织是国际社会统一意志的唯一表达者。[①]

在以上假设基础上，把前述抽象化的“单位—体系”权力结构模型应用到国际社会的权力结构分析中。如果将国家视为“单位”，将国际组织视为“体系”，那么国际社会的权力结构模型就表现为以下四类基本的权力模式。

第一类是国家任意决定型模式。这种模式的特点是，国际社会处于一种完全分散的无政府状态，缺乏任何有效的政治组织。因此，没有任何国际组织可以有效表达国际社会的统一意志并维护国际社会的整体价值。管辖权力完全由国家来掌控，并不受任何制约。国家决定了一切，并依其任意性权力在国际体系中自由行动。在国际无政府状态下，不可避免地发生

① 在国际社会的现实中，无论是国家还是国际组织，都处于一种很不平衡的发展状态。因此，本小节所建立的关于国际社会权力分配的“单位—体系”结构模型仅是一个经过抽象化的理论模型。

各国管辖权之间的冲突。因此，国际社会运行着弱肉强食的丛林规则，国家之间的争霸与战争频繁发生。从本质上说，这一模式属于一种完全无政府状态下的霍布斯体制（Hobbes regime）。

第二类是国家主导型模式。这种模式的特点是，国际社会总体上依然处于一种无政府状态。但是，代表国际社会利益的国际组织开始产生和发展起来。国家依然具有独立的主权管辖权力，并通过缔结条约方式组建国际组织以处理国际社会的相关事务。从而，国家的管辖权部分地受到国际组织与国际体制的制约。权力在国家和国际组织两个层面进行分配，并从总体上倾向于国家层面。基本上不存在凌驾于国家主权之上的国际组织。这一模式以国家为权力中心，类似于整合程度较低的邦联体制。

第三类是国际组织主导型模式。这种模式的特点是，国际社会的无政府状态得到根本改观，国际组织得到高度发展，并开始逐渐普遍演化为凌驾于国家之上的世界性组织（作为国际组织的高级发展形式）。权力在国家和国际组织两个层面上分配，并从总体上倾向于国际组织。在国际事务的处理中，国家的权力受到了实质性制约。这一模式以国际组织为权力中心，类似整合程度较高的联邦体制。

第四类是世界政府模式。这种模式的特点是，国际社会政治生活的组织进入高度整合状态，出现世界层面的最高公共权威。在世界范围内，人类社会呈现一种垂直式等级管辖结构。权力高度集中于世界政府，而国家在国际社会中的独立地位丧失，并从属于世界政府的统一管辖。这一模式本质上属于高度整合的统一世界政府体制。

三　世界贸易体制的“成员方—GATT/WTO”权力结构模型

世界贸易体制本质上是一种国家间合作体制，它并没有超出威斯特伐利亚体制的范畴。随着经济全球化与世界经济一体化趋势的不断加深，封闭式民族国家管辖体制开始无法适应这种新形势下全球分工与合作的发展需要。分割化管辖体制与一体化经济事务之间的矛盾不断引发国家间管辖权的冲突，这种冲突严重阻碍了世界性的经济分工与合作，从而损害国内经济与世界经济的正常发展。为了协调世界经济一体化趋势下各国管辖权的冲突，防止各国采取以邻为壑、相互拆台的对外贸易政策，国家之间开始从单边管辖逐步发展为有限的多边协调管辖甚至是共同体式管辖。通过缔结互惠性国际条约，主权国家不断消除各自的关税和与非关税贸易壁垒，从而使各国政府的管辖权趋于协调化。从分割化的“单边管辖”模式，到国家间的“多边协调管辖”模式，甚至是超主权的“共同体管辖”模式，表明了在世界贸易事务的调整上，权力不断从主权国家向 GATT/WTO 转移。

借助上述抽象化的“单位—体系”权力模型及其在国际社会中的应用，我们可以进一步分析主权国家与 GATT/WTO 体制在世界贸易事务管辖上的权力分配状况。为此，我们设定了以下四类基本的“成员方—GATT/WTO”权力结构理论模型。①

第一，自由放任模式。前 GATT 时期，存在着典型的世界贸易事务管辖的自由放任模式。它是传统“二元分立”法律控制模式的产物。由于传统国际法体制与国内法体制的分立，国家管辖处于一种分割式的封闭状态。而世界经济一体化条件下的贸易往来是各国公民跨越国界进行经济分工与合作的主要方式之一，由于传统国际法体制只处理国家间关系而不处理私人间关系，世界贸易事务的调整就处于国家的分割管辖之下。国家可以自由地制定各项内外政策——如任意提高关税和设定国内隐性贸易壁垒等，来实施其对各国公民普遍地、频繁地和大规模地参与世界经济一体化的活动及相关事务的管辖权。不存在任何有效的国际制度或国际法规则，能够约束政府的任意性对外贸易政策制定权。因此，从权力分配结构上，管辖权完全归属于各个以边界分割的主权国家。自由放任模式表现为一种以边界为划分的分割化“单边管辖”模式。

第二，成员方主导型模式。在该模式下，各主权国家已经认识到相互冲突的管辖权对世界经济一体化活动的潜在危害。根据互惠原则，各国开始制定国际规则，在国家层面上相互承诺削减关税和非关税贸易壁垒，从而渐进地扫除私人主体参与世界经济一体化活动的障碍。GATT/WTO 即是为实施此种以自由化为导向的国际规则的一整套制度与组织实体。在成员主导型模式下，各主权国家在世界贸易体制中依然牢牢占有绝对的支配权

---

① 为分析便利，笔者对下述特殊情形进行了简化处理：其一，GATT 并不是一个正式的国际组织，因此其成员只能以“缔约方”的形式出现；其二，GATT 和 WTO 的成员不仅包括主权国家，还包括单独关税区，因此中国香港等非主权实体也具有成员身份。

和控制权。然而，在一定的程度上和一定的范围内，各国也开始走向有限的多边协调管辖，甚至是超主权的共同体管辖，以便协调各国管辖权在世界经济一体化下的潜在冲突。这反过来对传统自由放任的国家管辖权形成一种制约与限制。因此，从权力结构上说，这表明世界贸易事务的管辖权在成员方和 GATT/WTO 两个层面上进行重新调整和分配。但总体上，成员方依然控制和主导着权力分配的结构和 GATT/WTO 的发展进程。

第三，GATT/WTO 主导型模式。在这种模式下，GATT/WTO 体制开始从管辖权的“消极一体化”进一步发展为全面的“积极一体化”。“消极一体化”意味着各国政府根据互惠原则，消极地承诺不施加某些关税和非关税壁垒的义务。它是一种自下而上地扫除世界经济一体化障碍的方式。而“积极一体化”则表明各国有义务积极地采取措施，直接保障公民参与世界经济一体化的权利。它是一种自上而下地扫除世界经济一体化障碍的方式。在 GATT/WTO 主导型模式下，各国开始走向更高程度的多边协调管辖，并进而发展出相对成熟的“共同体管辖”模式。国家管辖权受到世界贸易体制及其规则的实质性制约，权力开始向 GATT/WTO 层面集中。GATT/WTO 的超国家性质得到迅速发展，这使它具有更大程度的独立意志和权力，并日渐频繁地以代表国际社会共同利益的身份出现。在权力的分配上，GATT/WTO 占据了支配地位，从而控制和主导着世界经济一体化事务的调整。

第四，GATT/WTO 世界政府模式。这种模式的特点是，世界贸易事务的管辖进入高度整合状态，权力完全聚集到世界贸易组织手中。世界贸易组织开始以一种世界政治共同体的方式出现，并以共同体管辖的方式致力于维护人类社会的共同利益。国家在国际社会中的独立管辖地位丧失，并从属于具有世界政府性质的世界贸易组织的统一管辖。GATT/WTO 世界政府模式表现为一种完全的垂直式等级管辖结构。

本小节内容的目的在于，通过转换后的“单位—体系”权力结构模型，来建立四种基本的“成员方—GATT/WTO”权力结构模型，以便更好地分析成员方与 GATT/WTO 在世界贸易事务中的权力分配关系及其变化的趋势，由此探寻和总结世界贸易体制发展与演化的一般性规律，并进而阐析世界贸易体制所面临的挑战与未来发展方向。

第二节 GATT/WTO 体制的管辖模式及其变迁

GATT/WTO 体制是人类社会在世界经济一体化下，对传统“二元分立”法律控制模式进行调整与变革的产物。当各国公民日益普遍地、频繁地和大规模地从事与世界经济一体化分工相关的经济事务时，传统分割化的民族国家单边管辖体制已经无法适应调整新兴的大规模私人间跨国利益关系的需要。于是，在封闭式“单边管辖”模式基础上，各国之间开始发展出一种有限的“多边协调管辖”模式，以便协调各国管辖权之间的冲突。GATT 体制的建立，是人类社会从分割化的“单边管辖”模式走向“多边协调管辖”模式的一个重要里程碑。从实质意义上说，设置 GATT 规则的目的，正是控制和降低各国政府对私人主体广泛参与世界经济一体化活动的干预程度。这种私人自由参与的世界经济一体化活动能够使经济要素与资源在世界范围内得到更好的配置，并通过专业化分工提高生产效率，从而增加世界各国的经济福利。政府在世界经济一体化活动中的任意性干预权，成为世界贸易体制下多边协调管辖主要针对的对象。因此，如何克服传统单边管辖方式对世界经济一体化分工与合作活动的障碍，成为建立和发展世界贸易体制所面临的关键问题。

GATT/WTO 体制的产生与发展，在很大意义上，表明了世界经济一体化事务的管辖权力不断从主权国家向 GATT/WTO 层面转移的过程。下面将从几个不同的历史阶段出发，来分析在世界经济一体化形势下，世界贸易体制的“成员方—GATT/WTO”权力结构所发生的变化及其启示。

一 从“自由放任”到“多边协调管辖”

从 16、17 世纪开始，随着资本主义世界市场的形成，国际贸易在各国经济发展和国际竞争中的作用和地位日益上升。对国际贸易活动的干预和管理，也由此成为各国对外政策的一个重要组成部分。各国纷纷制定国内立法来规范本国的对外贸易活动，努力促使本国在国际经济交往中占据有利地位。同时，各国还通过制定双边甚至多边国际条约，来寻求国际贸易关系的稳定性和可预见性。在17、18世纪，双边友好通商航海条约（FCN）构成当时调整国家间经济关系的主要方式之一。此类条约不仅涉及货物贸易活动的具体规则，而且包含了早期的“最惠国待遇”和“国民待遇”条款，为第二次世界大战后GATT体制的形成产生了重要的铺垫作用。[①] 1713年欧洲各国之间订立的乌特勒支通商条约甚至被约翰·杰克逊称为“GATT的先驱”。[②] 到了19世纪末20世纪初，调整国际贸易的多边方法得到了一定的发展。各国通过国际会议和国际条约，对关税设立、海关合作及协调贸易冲突等问题展开协商与合作。这些双边和多边协调与合作的尝试与努力，为未来世界贸易体制的诞生提供了宝贵的实践经验和教训。

（一）单边管辖与“囚徒困境”：“斯穆特—哈雷关税战”及其教训

在分析GATT体制的起源时，人们通常都会追溯到20世纪20～30年代各国政府所制定的损害性贸易政策。亚当·斯密的国际分工学说和大卫·李嘉图的比较优势理论明确揭示了自由贸易在国际经济发展中的显著作用。然而，由于受到传统重商主义思潮的影响以及1929～1933年世界经济大萧条的冲击，各国纷纷以国家干预方式推行严格的贸易保护政策。为了摆脱经济危机，许多资本主义国家纷纷提高关税，对贸易实施数量限制并加强了外汇管制；同时，国家积极干预外贸，鼓励出口，新重商主义盛行一时。实施竞争性的货币贬值和歧视性的高贸易壁垒成为这一时期各国贸易政策的显著特征。甚至连签署第一个贸易自由式双边通商协定（《科布登—切维勒尔条约》，1880年）的英国和法国，也开始废弃作为国际贸易基石的最惠国待遇原则。法国政府发表声明说：“本国政府已废除了一

① 从一定意义上说，双边国际经贸条约是各国在开展国际经济活动时，对政府的任意性单边管辖权进行限制和约束的早期尝试。通过双边条约方式，主权国家以自愿方式，相互对各自的政府对外经济管辖权施加一定的法律约束，从而推动两国公民之间更好地开展国际经济分工与合作活动。基于同样的原理，区域一体化经济条约也具有约束政府任意性单边管辖权的法律效果。就全面应对世界经济一体化的挑战而言，双边条约体制、区域一体化体制和多边条约体制共同推动了人类社会多边协调管辖体制的建立和深化。

② John, H. Jackson, *The World Trading System: Law and Policy of International Economic Relations*, 2nd ed., Massachusetts: The MIT Press, 1998, p. 35.

切含有最惠国条款的通商条约。该条款再也不会出现，再也不许它毒化我国的关税政策了！”[①] 英国则转而改用在英联邦中实行歧视性的“帝国特惠制”（Imperial Preferencial System）。在这种以邻为壑的气氛中，1930年美国颁布的臭名昭著的《斯穆特—哈雷关税法》（*Smoot - Hawley Tariff Act*）犹如一根导火索，在各国之间引发了一场轰轰烈烈的贸易战。根据该法案，美国的平均关税率从38%提升至52%，这一做法激怒了美国的贸易伙伴。在随后的短短几个月中，英国、法国、加拿大、古巴、墨西哥、意大利、西班牙、澳大利亚和新西兰等国迅速做出报复性反应，大幅提高了各自的关税水平。这场“斯穆特—哈雷关税战”的直接结果是使主要大国的平均关税率都在50%的水平以上，报复性关税成为贸易活动中最为普遍的政策表现形式。这场空前的贸易战严重损害了正常的国际贸易活动，加剧了各国之间的经济冲突，并由此成为第二次世界大战爆发的重要经济根源之一。

“斯穆特—哈雷关税战”典型地体现了传统“二元分立”法律控制模式在世界经济一体化活动中的缺陷。由于各国公民参与世界经济一体化活动主要表现为私人间跨国利益关系，而传统国际法体制与国内法体制对其都无法进行有效管辖。传统国际法体制只调整国家间的利益关系，其法律主体基本上仅限于国家。而私人间利益关系以边界为限，由分割化的传统国内法体制加以调整。于是，国际事务中私人间跨国利益关系的调整基本上处于一种自由放任状态。以边界为分割的封闭式民族国家体制可以自由地行使对公民参与世界经济一体化活动的任意管辖权，不受任何外国体制或国际体制的干预。因为从传统观念看来，本国公民参与世界经济一体化的活动在性质上完全属于一国的国内事务。然而，由于受到边界的分割，传统民族国家体制根本不足以推动和保障本国公民参与具有跨国性质的世界经济一体化活动。

自由放任造成国家管辖的任意性，而国家单边管辖的分割化又无法满足其国内公民参与世界经济一体化的需要。由于单边贸易开放所存在的困难和风险，这种任意性管辖模式很自然地将传统民族国家体制引向一种封闭状态。于是，一体化的世界经济与分割化的民族国家管辖体制之间的矛

---

① 参见赵维田《世贸组织的法律制度》，吉林人民出版社，2000，第5~6页。

盾就显现出来。在缺乏有效的国际合作体制情况下，各国在制定和实施本国公民参与世界经济一体化的贸易政策时陷入了一种“囚徒困境”，并导致各国竞相提高关税和设置国内贸易壁垒，以提高本国的相对竞争地位。民族国家体制的分割化和封闭式“单边管辖”模式开始严重阻碍世界性经济分工与合作的发展需要。

（二）走出“囚徒困境”：多边贸易合作的尝试与努力

从 20 世纪 20 ~ 30 年代起，各国就已经开始建立多边贸易合作关系的尝试，1927 年召开的世界经济会议（World Economic Conference）就是一个典型案例。从理论上说，各国政府都已认识到相互合作的贸易政策可能带来的潜在巨大收益。然而，由于缺乏稳定的、长期的国际性制度保障，各国之间的贸易政策合作出现了明显的“囚徒困境”现象。各国之间的互不信任导致了国际贸易中的“零和博弈”观，即贸易始终被看作是一种冲突的游戏，他国的获益即意味着己国的损失。正如国际联盟 1942 年发布的商务政策报告中描述的那样，两次世界大战之间的那段时期是一个非常矛盾的时期：虽然各国政府在经常举行的国际会议中都声称它们打算实施更加自由和平等的贸易政策，但是同时，贸易壁垒设立之快，贸易歧视程度之大也是史无前例的。[①] 究其根本，这一时期所提出的各种合作方案都没有提供一套稳定而有效的基本规则，以规范各国在贸易合作中的权利和义务。根据这些规则，各国得以展开经常性的贸易协商，在协商中平衡各自的利益诉求，明确其责任和义务；并通过建立强制性的实施机制，来促使各国切实履行其责任和义务。

鉴于《斯穆特 - 哈雷关税法》所带来的严重后果，刚刚上台的罗斯福政府开始反省和纠正其错误的贸易政策。在国务卿卡戴尔·豪尔（Cordell Hull）的努力推动下，美国国会于 1934 年通过了《互惠贸易协定法》（*Reciprocal Trade Agreements Act*）。豪尔的设想方案是，一方面，美国减让进口关税，以此作为“让步”来换取国外贸易伙伴相应地减让进口关税；另一方面，这种经过双边协商达成的美国关税减让，也会毫无歧视地扩展到所

① 〔美〕科依勒·贝格威尔、罗伯特·W. 思泰格尔：《世界贸易体系经济学》，雷达、詹宏毅等译，中国人民大学出版社，2005，第 48 页。

有享有美国认定的最惠国待遇地位的贸易伙伴。1934～1945 年，美国根据《互惠贸易协定法》与其他国家共达成了 32 项双边互惠贸易协定。[①] 从实践效果来看，这一系列双边贸易协定使美国的对外贸易合作进入一个相当成功的发展时期。豪尔方案第一次明确地将互惠原则与非歧视原则紧密结合在一起，从而为解决国际贸易合作中的“囚徒困境”问题提供了有益的指引。20 世纪 40 年代开始，美国在吸收《互惠贸易协定法》的基本要素基础上，开始尝试寻求建立世界范围内的多边贸易体制。当第二次世界大战的胜利曙光初现，罗斯福与丘吉尔在《大西洋宪章》中，就把建立稳定的金融秩序和贸易自由体制列为战后国际秩序蓝图的基本内容。1944 年召开的布雷顿森林会议成功地制定了国际货币基金组织与世界银行（国际复兴开发银行）协定，然而，这次会议却没有相应地解决具有类似重要地位的贸易合作问题。由此，构筑有效的多边贸易合作体制，成为第二次世界大战后重建国际经济秩序的一项迫切任务。

联合国正式成立后，其经济与社会理事会第一次会议于 1946 年 2 月通过决议，呼吁召开一次起草国际贸易组织（ITO）宪章的会议。与此同时，美国国会于 1945 年通过了《延长互惠贸易协定法》。同年 12 月，美国邀请部分国家开始谈判缔结一项多边关税减让协定，并于 1946 年公布了其 ITO 宪章建议草案。从 1946 年始，联合国共主持召开了四次关于起草 ITO 宪章的准备会议。它们分别是伦敦会议（1946 年 10 月）、纽约会议（1947 年初）、日内瓦会议（1947 年 4～11 月）和哈瓦那会议（1948 年）。其中，1947 年日内瓦会议具有重要的历史地位和意义，该会议实际分为三个不同部分：第一部分是继续准备起草 ITO 宪章，以便成立一个具有正式法律地位的国际贸易组织；第二部分集中于各国之间互惠性多边关税减让协定的谈判；第三部分则负责拟定关于关税减让义务的“一般条款”，目的是在 ITO 生效之前，为迅速实施关税减让协定提供临时性的法律和制度保障。[②]

在 1948 年哈瓦那会议上，ITO 宪章（又称《哈瓦那宪章》）最终完成。按照国际条约法的一般规定，成立 ITO 的《哈瓦那宪章》必须首先在

---

① John, H. Jackson, *The World Trading System: Law and Policy of International Economic Relations*, 2nd ed., Massachusetts: The MIT Press, 1998, pp. 35－36.

② GATT 的一般条款基本上来自 ITO 宪章草案中涉及贸易规则的章节，这些规则的形成受到美国 20 世纪 40 年代以来一系列双边贸易条约实践的影响。

国际会议上谈判达成草案文本，然后由各国缔约代表签署成为正式文本，最后再送交各国国内立法机关批准。只有在法定数目的缔约国批准后，条约方可生效，从而产生法律拘束力。[①]

然而，当ITO宪章送由各缔约国批准时，却遭受了沉重的打击。1949年，美国总统将ITO宪章提交国会批准时，美国国会拒绝批准该宪章。一方面，从谈判伊始，美国国会就认为一个正式的国际贸易组织将可能侵害美国的主权，“侵犯主权论”成为美国国会持续攻击ITO宪章的主要理由。另一方面，美国国内的政治气氛和政治局势也发生了显著变化。到了1948年，由于战争威胁的解除，战时那种迫切希望建立新的国际秩序和国际体制的各种想法开始松懈。而1948年美国大选使得总统由民主党人担任，而国会则由共和党人控制。到了1950年底，杜鲁门总统宣布不再寻求美国国会批准ITO宪章。美国——这一点燃梦想，最早提议筹建ITO的国家，最终却将ITO宪章无情地拒之门外，令人扼腕叹息。由于美国在第二次世界大战后世界经济中的特殊地位，其他缔约国认为在没有美国参与的情形下，继续使ITO宪章生效已从本质上失去意义，于是纷纷放弃。至此，战后建立ITO的努力最终流产。[②]

如果说ITO反映了一种对理想体制的建构，那么可以说GATT反映了一种对现实需要的本能的迫切回应。美国谈判代表在贸易谈判开始时就认识到了这一点，即鉴于ITO宪章的重要地位，这一条约将很难得到美国国会的迅速认可；即使能够最终通过，其审议过程也可能旷日持久，甚至一拖经年。而美国发起多边关税减让协定谈判是基于1945年《延长互惠贸易协定法》的授权，名正言顺，美国国会不会横加干涉。因此，美国代表采取了双管齐下的谈判策略：即一方面积极起草ITO宪章，另一方面则积极推动多边关税减让协定谈判，以便在ITO宪章生效之前能够有一套临时适用的关税减让法律安排。1947年日内瓦会议在多边关税减让谈判方面取得了出乎意料的丰硕成果。代表们认识到这些谈判成果应当予以迅速实施：一方面，谈判涉及数以千计的关税减让项目，如美国承诺将木制椅子

① 有关条约批准的概念和功能，参见〔英〕詹宁斯、瓦茨修订《奥本海国际法》（第一卷第二分册），王铁崖等译，中国大百科全书出版社，1998，第640～647页。

② 关于ITO谈判始末及其失败的经过，可参见谈谭《国际贸易组织（ITO）的失败：国家与市场》，上海社会科学院出版社，2010。

的关税从40%降到20%，皮鞋的关税从30%降到20%。英国也同意减让大豆、针叶树木与木料，以及其他许多产品的关税。[①] 这些关税减让项目在实施之前必须严格保密。否则，各国贸易商们可能会由于对关税减让的预期，而在贸易决策问题上犹豫不决。然而，谈判结果的内容迟早要公布于众，一般来说，保密期间最多只有半年。如果这些关税减让协定迟迟不能生效，将会严重干扰正常的国际贸易关系。另一方面，美国谈判多边关税减让协定是基于1945年《延长互惠贸易协定法》的授权，根据这一授权，谈判达成的多边关税减让协定可以不必递交国会批准。该法规定，这一授权的有效期限为三年，即它将于1948年6月12日之后失效。为此，美国代表也希望能尽快使关税减让协定生效，以免节外生枝。

为了配合多边关税减让协定的实施，代表们又谈判制定了一套相应的关税与贸易制度，以便保障各国切实履行关税减让义务，防止其他非关税壁垒的增加。这一套制度即构成关税减让义务的“一般条款”，它主要源于ITO宪章第四章“贸易政策”部分。代表们把23个国家之间拟定的关税减让总表与关税减让义务的“一般条款”合并在一起，添头加尾，成立一个独立的协定，并以“关税［减让］”为主题，将该协定命名为《关税与贸易总协定》(GATT)。

然而，GATT的生效仍然存在着困难，因为按照这个总协定的内容和性质（主要是其中直接源于ITO宪章第四章的“一般条款”的部分内容），其同样需要各缔约国立法机关的批准。为了避开这一麻烦，在美国推动下，与会谈判代表决定修改GATT的基本条款，另行制定了一项《临时适用议定书》：第一，删去其中任何有关“组织”的建议条款，使GATT成为一个纯粹的多边协定，而不是任何成立国际组织的条约。GATT有关决议均以“缔约方全体”而不以任何“组织”机构的名义出现。[②] 第二，增设“祖父条款”，即对于GATT第二部分（第2条至第23条）规定的大多数实体性义务，如海关手续、配额、补贴、反倾销税和国民待遇等，各国

---

① 这些数目众多的单个关税减让项目首先是在各国之间一系列双边会议上谈判达成的；然后，通过最惠国待遇原则，将双边承诺义务适用于所有GATT谈判成员，从而构成总的关税减让承诺。参见John, H. Jackson, *The World Trading System: Law and Policy of International Economic Relations*, 2nd ed., Massachusetts: The MIT Press, 1998, p. 39。

② 事实上，GATT仅仅是一项临时性的多边条约，而不是一项成立国际组织的协定。它的地位是从属性的，只是拟在ITO正式建立之后，在ITO法律框架下运行。

均享有优先适用本国业已存在的国内立法的权利，即使此种适用可能与履行 GATT 义务相冲突。这些"祖父条款"例外的规定，避免了 GATT 与各国现行立法相冲突的危险，从而使许多缔约方可以不必将 GATT 提交其议会批准，而由行政当局直接同意加入《临时适用议定书》。第三，在退出机制上做了更为宽松的规定，即各缔约方只需要提前60天通知，即可自由退出 GATT，而 GATT 协定则规定了六个月的通知期。修改后的《临时适用议定书》基本上属于程序性事项规定，其实体内容的法律效力低于各国国内立法，按照国际条约法的分类，可以将之定性为各国政府机关部门之间的"行政协定"，此类协定不需要经过各国议会审批，只需经过外交谈判代表签字即可生效。这样就避开了各国繁琐的议会审批程序，为 GATT 的尽快实施提供了条件。

于是，1947 年 10 月，各主要谈判国代表签署了《临时适用议定书》。根据该议定书，23 个原始缔约方中的八个主要国家同意 1948 年 1 月 1 日起临时适用 GATT，而其余缔约方则在稍后一段时间内开始适用。自此，GATT 体制正式诞生。

（三）GATT1947 体制："多边协调管辖"模式的初步确立

GATT1947 体制的建立意味着各国从一种分割管辖的自由放任状态，走向一种有限多边协调管辖的自主约束状态。实质上，它是世界贸易事务的管辖权在国际国内两个层面上的重新分配，以便应对经济全球化的挑战。那么，在 GATT1947 体制中，世界贸易事务的管辖权究竟是如何在缔约方和 GATT 之间进行分配呢？本小节将重点考察以下几个主要方面，以此来分析和总结 GATT1947 体制下管辖权的基本分配状况。

1. GATT1947 体制下的多边协调立法

GATT1947 体制下关税减让规则的制定是各国通过自愿和互惠性谈判共同达成的，每一项关税减让义务都经过缔约方本国政府的同意。因此，它体现了各国政府在 GATT 谈判过程中对世界贸易事务的一种多边协调决策或管辖。根据 GATT1947 体制所承担的关税减让义务，各缔约方政府对本国以关税制定权为中心的对外贸易政策权力进行适当的限制。各国只能依据 GATT1947 体制下设定的规则标准，来实施对本国和他国公民参与世界经济一体化活动的管辖权。在调整与世界经济一体化相关的事务时，各国通过采取多边协调管辖的方式，能够相互拆除一些不合理的国内贸易壁垒，从而在一定程度上克服分割化的国家单边管辖所带来的弊端。

从规则的制定上看，缔约方的国家意志决定了谈判进程，体现了一种各缔约方通过多边贸易谈判以消除贸易壁垒的联合决策。它是为适应世界经济一体化而展开的，对传统以国家单边管辖为特征的自由放任模式的变革。缔约方全体不具有维护 GATT 整体利益的独立国际立法权。缔约方全体由各缔约方的外交代表组成，他们要接受各缔约方政府的指令。因此，缔约方全体不能根据世界经济一体化的整体需要进行独立立法。在 GATT 规则制定领域，显然并不存在任何独立于国家意志的共同体管辖形式。

同时，GATT 规则是对国家单边管辖形式的一种约束。任何缔约方都无法单边制定和改变 GATT 协定调整下的贸易规则，其政策和行为必须遵守 GATT 协定。然而，在以关税减让规则为中心的多边协调管辖方面，GATT1947 体制也存在着明显的妥协性和局限性，各国依然具有很大的单边管辖空间。第一，在多边协调管辖的范围上，它仅仅限于货物贸易领域。对于服务贸易、知识产权贸易以及与贸易有关的投资措施等世界经济一体化的重要领域，GATT1947 体制尚未将其纳入规制的范围。第二，在多边协调管辖的深入程度上，它仅仅触及各国限制贸易的边境措施，即消除关税壁垒和禁止数量限制等。而对于可能严重阻碍各国公民参与世界经济一体化活动的国内规章与措施等非关税壁垒，GATT1947 体制也没有进行有力的约束。第三，在立法设计上加入“祖父条款”，从而使 GATT 体制下的多边协调管辖受到各国国内“现行立法”的制约与侵蚀。“祖父条款”表明，在条约实施过程中，GATT 规则的法律地位低于各国的已有相关立法。因此，即使是在各国已经达成妥协的关税减让义务方面，GATT 多边协调管辖也依然要受到相关国内法体制的制约。“祖父条款”是传统封闭式国家管辖体制的产物，也是 GATT1947 体制对传统国家管辖体制的一种妥协。第四，例外条款的存在，可以使缔约方根据本国的意志和需要而不实施 GATT 规则。GATT 各项例外条款的存在，体现了对缔约方自主管辖权的尊重。如 GATT1947 第 12 条规定的国际收支平衡例外，第 20 条规定的一般例外和第 21 条规定的安全例外等。第五，在 GATT1947 体制下，关税减让规则下的权利与义务呈现相当大的弹性，从而在很大程度上影响了多边协调管辖的效力。为了维系一种动态的利益平衡，GATT 条约中设定了为数众多的有关缔约方收回或中止减让承诺、对条约义务进行修改，以及重新谈判的规定。[①] 这些条款表明了，在致力于建立“多边协调管辖”模式的前提下，GATT1947 体制依然为各主权国家的任意性单边管辖权留下相当大的调整余地。

2. GATT 规则的实施

从 GATT 规则的实施情况来看，缔约方全体通常都以协商一致方式做出决策，以实现各方意志的多边协调。

在实践中，GATT 总是尽是避免采用严格的多数投票表决机制。[②] 即使在某些情况下 GATT 规定了正式的表决程序（如决定一缔约方可否豁免某项 GATT 义务时），在正式投票前，各缔约方也通常要经过谈判达成一致的草案文本，然后再提交大会进行正式投票。在协商一致过程中，每一个缔约方都有权否决一项可能涉及其根本利益的决议，同时也会容忍一项未涉及其根本利益的决议，以换取其他缔约方对其具有更重要利益的决议的支持。因此，GATT 协商一致决策在一定程度上受到各缔约方相对经济实力的制约。经济实力强大的缔约方将具有更大的影响力，而经济实力弱小的缔约方则可能更多地附和其他缔约方的意见。这样既尊重了所有缔约方的主权意志（各国均有否决权），又在一定程度上尊重了各缔约方之间的实力对比（强国拥有更多的影响力）。[③]

从权力分配上看，缔约方全体不具有独立的国际实施权。缔约方全体是由各缔约方的外交代表组成，他们并不代表 GATT 整体利益。缔约方全体不能在违背各缔约方独立意志的前提下，根据 GATT 整体需要做出决定或实施规则。缔约方全体也不具有强制缔约方实施 GATT 规则的权力。当缔约方未执行 GATT 规则时，缔约方全体无法根据 GATT 整体意志和利益而表达意见、做出决议或强制其执行。GATT 协议的强制实施主要是靠各

---

① 有关缔约方收回或中止减让的 GATT 条款规定，参见 John, H. Jackson, *World Trade and the Law of GATT*, Newyork: The Boobs - Merrill Company, Inc., 1969, p. 165。

② John, H. Jackson, *The World Trading System: Law and Policy of International Economic Relations*, 2nd ed., Massachusetts: The MIT Press, 1998, p. 65.

③ 参见赵维田《世贸组织的法律制度》，吉林人民出版社，2000，第 40 页。

国之间的报复威慑来实现的，维系 GATT 体制的基础是一种基于“恐怖平衡”的心理威慑。[①] 由于各国之间的贸易在不断循环往复，构成一种重复博弈状态。一旦某个国家实施了一项违背 GATT 协议的行为，就可能遭受其他国家的相应报复，从而导致由违约行为带来的利益遭到抵消或减损。因此，各国在做出贸易决策时，将考虑违背协议所可能带来的短期效益及它们所隐含的长期成本（即遭受他国报复）。在平均关税率维持高位的情况下，违约的效益并不明显。但随着关税水平的逐渐降低，违约的效益将不断增长。一旦违约效益与遭受报复所带来的长期成本持平，各国就可能有足够的动力违背 GATT 协议的承诺，实施损害性的贸易政策。从原理上说，要使各国认真履行 GATT 协议，就必须使报复所带来的长期成本始终不低于违约效益。然而，报复是一种典型的私力救济方式。如果对报复的方式和限度不加控制，报复行为可能损害各国之间的相互信任，并导致贸易合作的破裂。为此，GATT 在纳入报复机制的同时，对报复的方式和限度也进行了相应的限制。

从本质上看，GATT 规则的实施很大程度上依赖于国家的单边意志。第一，实施 GATT 规则的强制机制不是缔约方全体的制裁，而是各缔约方之间的报复威慑机制。第二，规则本身存在的巨大弹性，导致各缔约方实施时可以根据单边意志进行调整。第三，经相关程序，缔约方全体甚至可以免除某一缔约方的特定义务。

3. GATT 争端的解决

在各国谈判代表的最初意图中，GATT 本来拟在 ITO 成立之后，将其置于 ITO 的体制框架之下运行。而 ITO 宪章草案要求建立一个严格的争端解决程序，以便能够有效地运用仲裁手段解决贸易争端，在某些情况下，争端解决还可以上诉到国际法院。[②] 根据这一程序规定的中止关税减让被视为恢复缔约方之间利益与义务平衡的一种基本手段。“尽管中止关税减让并没有被明确表述为对违反义务成员方的一项惩罚，或是为确保义务得

---

① 前 GATT 总干事阿瑟·邓克尔（Auther Dunkel）在 1992 年 3 月的一次演讲中尖锐地指出，政府之所以没有滑向贸易保护主义，仅仅是因为存在着“一种恐怖平衡”（a kind of balance of terror），即担心诉诸贸易限制手段将会激起报复行为，同样也会摧毁整个贸易体系。参见〔美〕科依勒·贝格威尔、罗伯特·W. 思泰格尔：《世界贸易体系经济学》，雷达、詹宏毅等译，中国人民大学出版社，2005，第 42 页。

② 参见 ITO 宪章第 8 章，第 92～97 条。

到遵守而施加的一项制裁，但事实上，它就是作为一项惩罚和制裁措施而存在的。”[①] 而且，争端当事方还可以就争端中所涉及的法律问题，提请国际法院发表权威的法律意见，“这样就能提供一个基础，使规制贸易关系的国际法得以发展”[②]。

由于ITO宪章遭到美国国会的否决，各国认识到，在多边贸易体制中建立一个强有力的争端解决机构的设想已经难以实现。GATT协定最终只是通过几个简单的条款，勾勒出一个相当粗略的争端解决机制。关于解决争端的程序规则主要集中在GATT第22条和第23条。第22条规定了磋商程序，即任何缔约方可以就与GATT有关争端事项展开磋商，通过外交谈判达成解决方案。第23条规定了缔约方裁决程序。该程序有三个特点：①它以协定利益的“丧失或减损”为申诉条件，而不是以对法律义务的实际违反为条件。②该程序确立了缔约方全体的权力，可以进行调查和采取行动，并就有关事宜做出裁决。在适当的严重情势下，缔约方全体可授权一个或多个缔约方中止履行其对于其他缔约方的义务。③缔约方全体通常以协商一致方式做出决策。

尽管缔约方全体以第三方裁决者的身份出现，但早期GATT没有设立专门的司法性裁决机构，也不具备完善和有效的手段来强制实施条约规则。第一，缔约方全体并没有设立一个独立的司法机构。缔约方全体的成员由各国外交代表组成，并接受各自政府的指令。因此，在争端的解决中，缔约方全体不具有维护GATT整体利益的独立意志，它很难摆脱各国贸易利益的现实需要而做出客观、中立的裁决。第二，缔约方全体的协商一致决策方式，使每一个争端当事方都拥有事实上的否决权。第三，在缔约方违反GATT规则的情形下，缔约方全体也没有设立适当的机制纠正此种违反行为，从而维护规则的权威性。GATT争端的申诉依据是协定利益的“丧失或减损”，而缔约方全体所依赖的主要强力手段是授权中止，这实际上只是一种经认可的报复。从最终效果来看，这种报复的结果只会使各缔约方均受到损害，甚至最终将某一缔约方排斥

---

① Clair Wilcox, A Charter for World Trade, New York: Macmillan, 1949, p. 159。转引自：John, H. Jackson, *The World Trading System: Law and Policy of International Economic Relations*, 2nd ed., Massachusetts: The MIT Press, 1998, pp. 113 - 114。

② Id., p. 160.

于 GATT 体制之外，从而对多边贸易体制本身造成严重的损害。因此，在 GATT 争端的解决中，主要依靠缔约方之间的外交和谈判手段来进行。缔约方全体更多是扮演“调解员”的角色，而不是一个具有强制司法管辖权的独立机构。它显示了早期 GATT“多边协调管辖”模式在制约国家单边主义方面的软弱无力。

综上所述，无论是规则的制定和实施，还是争端解决，GATT1947 体制都显示了与国家主权意志充分妥协的色彩。它反映了在世界贸易领域，各国所建立的一种相对松散型的早期“多边协调管辖”模式。

二　第二次世界大战后 GATT 体制的发展：“多边协调管辖”模式的扩展与深入

（一）多边协调管辖领域的扩展

基于 GATT1947 的第二次世界大战后多边贸易体制，其关注重点是传统以进出口贸易为主要形式的世界经济分工参与方式，即它通过集中强调货物的出口和进口的关税和非关税壁垒的自由化，来消除不适宜的政府干预。例如，在 GATT1947 体制中，禁止进口的数量限制措施，通过承诺的关税减让表来限制关税率，及禁止为贸易保护的目的而设置的程序性机制等在本质上都是消极的。[①] 这些 GATT 规则限制了各国政府在管辖国际贸易过程中的单边干预权力。从总体上说，GATT1947 体制还没有充分关注基于人员、服务和资金的国际流动的世界经济分工方式。

对于货物的贸易，早期 GATT 体制的起草者们主要碰到了五类对进口具有限制效果的政府管制措施：关税、进口配额、补贴、国家贸易与海关程序。GATT1947 体制把多边协调管辖的重点放在禁止数量限制和减让关税等边境措施上。对于海关手续，GATT1947 第 7 条至第 10 条确定了政府管辖的标准，并限制通过不合理的延迟或设置不合理的程序等方式，增加进口成本或阻碍进口。至于补贴和国家贸易，GATT1947 体制并未进行严格的规范。

---

① GATT1947 体制并不要求各缔约方采取积极的政府干预措施，如纠正“市场失灵”和提供“公共产品”。

对货物关税的逐步削减，是GATT体制运行40多年来取得的重大成就之一。GATT前七轮谈判使工业品的平均关税率降到了6.3%的水平，乌拉圭回合进一步使平均关税率降到3.9%。通过关税减让承诺，各国政府以多边协调管辖方式，对其通过关税措施限制私人主体参与世界经济一体化活动的任意性管辖权进行了约束，从而避免了各国单边管辖的弊端——竞相采取相互损害的高关税措施和阻碍国际贸易。

表2-1显示了GATT在关税减让方面取得的成就①。

表2-1　GATT在关税减让方面取得的成就

回　合	日　期	国家数	涉及贸易额（亿美元）	平均关税下降幅度（%）	平均关税率（%）
日内瓦	1947年	23	100	35	无可用数据
安纳西	1949年	33	无数据	35	无可用数据
托尔基	1950年	34	无数据	35	无可用数据
日内瓦	1956年	22	25	35	无可用数据
狄　龙	1960~1961年	45	49	35	无可用数据
肯尼迪	1962~1967年	48	400	35	8.70
东　京	1973~1979年	99	1550	34	6.30
乌拉圭	1986~1994年	120+	3700	38	3.90

注：平均关税率仅针对工业国家非初级产品的关税。

日益降低的关税水平，使得政府关税措施对货物贸易的影响逐渐减小。然而，各国限制进口的非关税措施却相应得到了迅速的发展和加强。关税措施和非关税措施同样能够起到阻碍国际贸易的效果。杰克逊教授指出：“如同几乎所有的政府行动，推诿、名目繁多的文件或者武断地适用看似中性的规则，都会阻碍商业活动的正常运行。”② 随着关税水平的降低，各种非关税措施的影响和作用开始上升。与关税措施相比，非关税措施往往以政府对国内社会与经济生活的干预形式出现，具有表面上的合法性。然而，设置这些措施的真正目的却是为了保护国内产业而将进口产品排斥在

---

① 该图表引自John, H. Jackson, *The World Trading System: Law and Policy of International Economic Relations*, 2nd ed., Massachusetts: The MIT Press, 1998, p.74。

② John, H. Jackson, *The World Trading System: Law and Policy of International Economic Relations*, 2nd ed., Massachusetts: The MIT Press, 1998, p.142.

外。而且，非关税措施往往与国内立法密切相关，具有更高程度的政治敏感性。因此，把政府对国内事务的正当管辖与其为限制贸易而设定的隐形贸易保护措施区分开来，是相当困难的。从 1967 年肯尼迪回合开始，GATT 开始着手解决非关税措施的联合规制。然而，肯尼迪回合在这方面没有取得明显的突破。1979 年东京回合把非关税措施的规制列为中心议题之一，并通过选择性的“多边守则”，对贸易的技术壁垒、海关估价、进口许可证程序、政府采购、补贴措施和反倾销措施等非关税措施做了规定。

GATT 体制前七个谈判回合主要针对的是货物贸易的进口限制。进入乌拉圭回合后，各国开始进一步扩展其多边协调管辖的范围。经过谈判，乌拉圭回合最后文件将服务贸易、知识产权贸易及与贸易有关的投资措施等也纳入了 WTO 体制的约束框架之下。这表明了世界贸易体制开始从偏重于促进以货物贸易出口为主导的劳动分工方式，到试图全方位调整各国之间人员、服务和资金的国际流动，以全面促进各国公民参与世界经济一体化的活动。因此，随着第二次世界大战后世界贸易体制的发展，越来越多与世界经济一体化相关的事务逐渐脱离了分割化的国家单边管辖，而被纳入各国多边协调管辖的新领域。

（二）多边协调管辖约束力的加强：争端解决机制的发展

GATT 争端解决机制由外交方法和准司法方法构成。[①] 前者主要是指缔约方之间通过协商和谈判等外交手段来解决 GATT 框架下的贸易争端；后者是指通过相对客观和中立的第三方机制来解决缔约方之间的贸易争端。早期 GATT 体制犹如一个相对松散的“大国俱乐部”，其运转继续充分体现了各缔约方独立的主权意志和利益。因此，GATT 规则的执行和争端解决主要依靠各缔约方之间的磋商、谈判和相互协调。相比而言，缔约方全体作为解决争端的第三方机制，其独立性和强制性并不明显。然而，通过积累经验和渐进性变革，解决争端的准司法方法在 GATT 体制的长期实践中得到不断地加强、完善和发展。

在早期 GATT 文本中，争端解决机制并不是一项独立的机制，而只是

---

① 赵维田教授明确提出，GATT 专家组断案方式构成了一种“独创的司法模式”。参见赵维田《世贸组织的法律制度》，吉林人民出版社，2000，第 448 页。

GATT政治机构附属的一部分。根据第23条第2款，GATT缔约方全体可以就争端解决向有关缔约方提出适当建议，并在适宜时做出裁决。尽管从GATT条文本身来看，缔约方全体仅指全体缔约方根据GATT第25条所采取的联合行动，然而它实际上成为GATT的核心政治机构。而争端解决是缔约方全体的重要职能之一。早期GATT的缔约方数目很少，发生的争端案件也很少，而缔约方全体每年也只举行几天会议。那时出席缔约方全体会议的代表，大都参加了《哈瓦那宪章》和GATT的起草工作，他们对每个条款的立法旨意、规则内容都非常熟悉。因此，案件往往只要通过缔约方全体会议讨论，再由会议主席凭个人权威当场做出裁定即可。在早期实践中，缔约方全体通常在每半年召开一次的全体会议上讨论有关GATT争端。

然而，随着时间的推移，GATT逐渐将其争端解决程序从主要的政治决策机制中分离出来，并使其独立运转。随着GATT缔约方的数目逐渐增加，争端的数量也随之迅速增加，争端内容日益复杂。仅靠缔约方全体每年或每两年一次的正式会议，已经无法承担日益繁重的争端解决任务。于是，缔约方全体便将争端案件委托给专门成立的工作组（Working Party）来审议，并将审议报告提交缔约方全体会议通过。于是，GATT缔约方不再是主要通过外交程序“对自己做出裁决”，而是根据第23条向缔约方全体特设的工作组提交申诉。工作组的成员由很小规模的缔约方代表组成，通常包括主要争端国家及有利害关系国家指定的代表，以及一个中立方的代表。工作组中的成员展开讨论、磋商、谈判，甚至就问题展开表决，直到达成某种一致的意见或决议，向GATT缔约方提出解决争端的建议，并根据第25条多数投票规则来决定是否通过该项建议。在工作组的审查实践中，中立方代表的数目慢慢地逐渐超过了利害当事方代表的数目。以此为契机，工作组程序也开始从一个纯粹的外交程序演变为一个初具雏形的第三方裁决模式。①

自20世纪50年代中期始，更具独立性的专家组程序开始出现，并成

① 在这方面，以智利为申诉方的澳大利亚补贴案具有重大的转折意义。See Report Adopted by the CONTRACT PARTIES, Australia - Subsidy on Ammonium Sulphate（Apr. 3, 1950）, GATT B. I. S. D.（2d supp.）at 188（1952）。

为此后第23条第2款争端解决规定下的一种习惯模式。[①] 这主要受到当时的GATT总干事艾立克·威德曼-怀特（Eric Wyndham-White）的影响。根据缔约方全体决定，与其由一个缔约方国家所组成的工作组，不如由一个专家组成的专家组来解决争端。GATT缔约方全体将特别任命3~5名专家组成员，这些专家组成员以其个人身份行事，不代表任何政府。这种新型的“专家组”模式与原来的工作组存在着一些明显的差别。专家组主要由一些与案件没有直接利害关系的中立国代表组成，后来又逐渐发展为由一些独立的具有特殊专业技能的专家组成。由专家组成员凭借职业技能做出公正客观的调查和周密的法律分析，他们仅以个人身份独立处理案件，做出专家组报告，并提交缔约方全体会议审议通过。

然而，GATT体制下的专家组程序依然没有摆脱对国家单边意志的严重依赖。其原因在于，GATT决策机制的协商一致原则对争端解决机制可能产生“阻断”效果。尽管GATT规定，缔约方全体在做出决策时可以依照一国一票制进行多数表决，但GATT缔约方全体在多年实践中总是尽量避免严格的表决方式，努力通过协商一致方式通过决议。因此，在GATT体制下，争端当事方可以有效地阻碍专家组的建立和专家组报告的通过。为此，乌拉圭回合谈判及1994年《关于争端解决规则与程序的谅解》（DSU）对世界贸易体制争端解决程序做出了较大的改进，从而进一步增强了其独立性和强制性。首先，在建立专家组和通过专家组报告问题上，DSU确立了“反向协商一致”的决策原则，使WTO争端解决机制开始具有准自动通过的强制管辖性质。其次，DSU还设立了更具有法律独立性的上诉机构，以专门审查和处理专家组报告中涉及的法律问题。

从缔约方全体的直接审议争端，到委托专门的工作组审议争端；从外交色彩浓厚的工作组程序到独立第三方的专家组程序；从严重受制于国家单边意志的协商一致决策程序到准自动通过的“反向协商一致”决策程序及上诉机制的建立，世界贸易体制的争端解决程序的一系列渐进性发展，从很大意义上说，即GATT/WTO体制对各国单边意志不断加强纪律约束的过程。它反映了世界贸易体制不断强化的“多边协调管辖”模式。从“单

---

① Ernst-Ulrich Petersmann, *The GATT/WTO Dispute Settlement System: International Law, International Ognizations and Dispute Settlement*, London: Kluwer Law International Ltd, 1997, p. 71.

边管辖"模式不断走向"多边协调管辖"模式，体现了经济全球化发展的内在需要，也反映了世界贸易体制产生、发展与演变的一般趋势和规律。

三 WTO"多边协调管辖"模式：成员主导型特征

在乌拉圭回合最后文件中，各国通过国际条约方式对 WTO 进行了授权，以便更好地实现对世界贸易事务的多边协调管辖，从而适应经济全球化和世界经济一体化趋势的发展要求。与 GATT 不同，WTO 是一个经过各国立法机构批准而共同设立的政府间国际组织，它具有正式的国际法律地位和明确的组织机构。

从组织机构上看，WTO 的核心机构是部长会议。部长会议由各成员方的贸易部长及代表组成，每两年举行一次，它"有权依本协定及有关多边贸易协定关于决策的具体规定，对任何多边贸易协定规定事项做出决议"。部长会议是制定、修改和解释 WTO 规则的主要场所，它决定了各成员方对 WTO 多边协调管辖的授权程度。在部长会议闭幕期间，由总理事会来代为履行部长会议的部分职能。因此，总理事会是附属于部长会议的常设机构，它由各成员方的常驻代表组成，其下设货物贸易理事会，服务贸易理事会和与贸易有关的知识产权理事会，分别监督 WTO 协定附件 1A 多边货物贸易协定，附件 1B 服务贸易总协定和附件 1C 与贸易有关的知识产权协定的执行。总理事会可以随时开会，并处理各类 WTO 日常行政事务。

除了履行日常的行政管理职能外，总理事会还根据需要设立了两个单独运行的机构。一个是附件 2 规定的争端解决机构（DSB），它负责对成员方之间贸易争端的解决；另一个是附件 3 规定的贸易政策评审机构（TPRB），它负责监督审议各成员方的贸易政策。尽管争端解决机构和贸易政策评审机构都是源自总理事会，但实际上，在此"WTO 协定有意识地设计了在总理事会一级的权力分立模式"。[①] 也就是说，在总理事会一级出现了行政管理职能、争端解决职能和监督评审职能的权力分立。这种权力分立的意义在于将涉及争端解决的司法权力独立出来。

此外，秘书处也是 WTO 的一个重要机构，其行政首长为总干事。秘

① 赵维田：《世贸组织的法律制度》，吉林人民出版社，2000，第 35 页。

书处为 WTO 活动包括召开会议提供必不可少的技术与后勤支持，包括准备各种背景资料。另外，秘书处还专设法律部，为解决争端提供法律服务，包括帮助专家组起草裁决报告。WTO 秘书处及其总干事不代表任何国家，而是以独立身份为 WTO 的整体利益服务。WTO 总干事“是各成员方集体利益的守护神。在诸多情况下，他虽非决策人，但却在监督管理条约的执行上，举足轻重，就像联合国秘书长对联合国的影响一样重大”。[①]

（一）条约的制定、修改与解释

常常会有人把部长会议比拟为 WTO 的权力机构，其实这种说法并不正确。[②] WTO 部长会议与国家体制下的国会或议会等代表机构之间存在着本质差别。在国内体制中，公民通过社会契约让渡自己的部分权力，以建立具有统一管辖权的政府。因此，议会具有统一的立法权，并体现了垂直式的“共同体管辖”模式。然而，WTO 部长会议是各国实现多边协调管辖的平台。部长会议由各成员国的贸易部长组成，他们各自代表其所属成员国的利益。部长会议不具有任何独立的意志，其运行也不以 WTO 的整体利益为归依。因此，部长会议没有独立的统一立法权，它不能脱离成员方的意志而存在。从本质上说，部长会议并不是 WTO 作为独立主体的权力机构，而是各成员方通过 WTO 这个平台实现多边协调管辖的权力机构。

WTO 条约是各成员方经过谈判而自愿达成的。因此，在条约的制定上，WTO 受到各成员方意志的实质性制约。每一次贸易谈判回合都是各成员方各自的独立意志的体现，而不是 WTO 整体意志的体现。就立法角度而言，国际立法权依然牢牢地掌握在各主权国家手中。主权国家可以决定加入或退出 WTO，从而实现其独立的国家意志。

从 WTO 条约的修改和解释来看，《建立世界贸易组织的马拉喀什协定》（以下简称《马拉喀什协定》）也做出相当严格的规定，以防止主权国家的有限联合授权遭到 WTO 整体意志或国家单边意志的侵蚀。该协定第 10 条对条约的修改具体规定如下：（1）修改协定条款的决定通常应由

① 赵维田：《世贸组织的法律制度》，吉林人民出版社，2000，第 36 页。

② 赵维田教授指出，按照 WTO 协定第 4 条和第 9 条规定，部长会议与总理事会仅属于“议事与决策机构”，而不是“最高权力机关”。参见赵维田等《WTO 的司法机制》，上海人民出版社，2004，第 11 页。

部长级会议以协商一致方式做出；针对该协定及其附件1所列条款的修改，如部长会议在确定期限内无法达成协商一致，则应以成员2/3多数票做出决议。在做出修改决定后，部长会议还应将拟议中的修订方案提交各成员方供接受。（2）对该协定条款及其附件1A（货物贸易多边协定）和附件1C（TRIPS协定）所列多边贸易协定条款的修改，如其具有改变各成员方权利和义务性质，则经成员2/3多数接受后，应对接受修改的成员生效，并在此后对接受修改的每一其他成员自其接受时起生效。未接受修改的任何成员方有权退出WTO或经部长级会议3/4多数同意，仍为成员。如果部长级会议认为修改并不具有改变各成员方权利和义务的性质，应以3/4多数做出决定；在此情况下，该项修改经成员2/3多数接受后，应对所有成员方生效。（3）对附件1B（GATS协定）第一、二、三部分条款及其相应附件的修改，经成员2/3多数接受后，应对接受修改的成员生效，并在此后对接受修改的每一其他成员自其接受时起生效。未接受修改的任何成员有权退出WTO或经部长级会议3/4多数同意，仍为成员。对于GATS协定第四、五、六部分条款及其相应附件的修改，经成员的2/3多数接受后，应对所有成员生效。（4）对某些特殊条款的修改必须经所有成员方接受方可生效，包括：《马拉喀什协定》第9条和第10条；GATT1994第1条和第2条；GATS第2条第1款；TRIPS协定第4条。（5）满足TRIPS协定第71条第2款要求的修改，可由部长级会议通过，而无须进一步的正式接受程序。（6）对于协定附件2（关于争端解决规则与程序的谅解）所列条款的修改，部长级会议应以协商一致方式做出，并对所有成员生效；对于附件3（贸易政策审议机制）所列条款的修改，经部长级会议批准后，应对所有成员生效。（7）部长级会议必须通过协商一致方式才能将新的复边贸易协定列入附件4。同时，该协定第9条第2款规定：部长会议和总理事会拥有WTO条约的立法解释权，任何有关一项解释决定的通过，都必须取得全体成员的3/4多数同意。从以上这些规定来看，凡涉及成员方实质利益的相关WTO条约修改和解释都必须充分尊重成员方的意志，而不得以WTO整体意志的形式强加在成员方身上。

可见，就立法管辖权的分配来看，各成员方在WTO层面上的多边协调管辖成为世界贸易体制管辖的基本模式。一方面，任何国家都无法用其单边意志去制定和修改WTO条约规则。因此，WTO条约本身就体现了对一种传统上纯粹的国家“单边管辖”模式的否定。另一方面，WTO 也不具有独立的统一立法权，部长会议的国际立法活动受到成员方的实质性制约。因此，WTO 并未建立一种垂直式的“共同体管辖”模式。

（二）条约的实施和管理

从条约的实施与执行来看，WTO 也并未建立一种独立的“共同体管辖”模式。成员方主导下的“多边协调管辖”模式构成 WTO 条约执行的主要模式。

1. WTO 总理事会的执行管辖权

（1）条约执行管辖权的分配。

从职能分工看，WTO 总理事会及其下属的各分理事会负责有关条约实施与执行的日常行政事务。然而，从本质上说，总理事会的职权并不是一种完整意义上的行政执行权，而只是一种促进和监督执行的辅助性权力。根据国际法的一般规则，国家应受其所缔结条约义务的约束，并应善意履行条约。然而，一个国家如何履约通常并不是国际法关心的事情。也就是说，如何执行 WTO 条约规则依然取决于各成员方的自由裁量权。对于世界贸易事务的管理而言，真正的执行管辖权掌握在各主权国家的手中。各主权国家有权依据本国国情来决定执行条约的方式，并在实施中加以灵活调整。WTO 总理事会无权直接管辖与私人间跨国性经济分工相关的世界贸易事务，即使这些事务已经纳入 WTO 条约涵盖的范围之内。这一点在《马拉喀什协定》第 3 条第 1 款有关 WTO 职责的条文中有明确表述：“WTO 要促使本协定及各多边贸易协议的执行、实施与运作并促进其目标的实现，并要为诸边贸易协议的执行、实施与运作提供框架。”因此，在条约执行管辖权的分配上，成员方依然拥有主要的管辖权力，而总理事会则拥有促进执行的辅助性权力。

（2）条约执行事务的决策机制。

尽管 GATT1947 体制规定了投票表决程序，但在实践中往往尽量避免运用这一硬性程序进行决策，而改为采用相对灵活的协商一致方法。这种做法既表示了对贸易大国利益的承认和尊重，同时又不贬低和歧视中小国家的地位和作用。因此，自 1960 年 GATT 成立代表理事会以来，重大决策的协商一致原则逐渐得到了各缔约方的广泛认同。

WTO绝大多数决策机制沿用了GATT的惯例。WTO协定第9条明确规定：“WTO应继续实行GATT1947所遵循的经协商一致做出决定的做法。除另有规定者外，凡无法经协商一致做出决定时，争议事项应通过投票决定。在部长级会议和总理事会中每个WTO成员方只有一票。”按照议题类型，WTO协定规定了不同的多数票表决方式：①涉及修改WTO根本原则和制度的决议，需要全体一致通过，如对第9条决策程序的修改，对GATT1994第1条、GATS第2条第1款和TRIPS协定第4条规定的最惠国待遇原则的修改，以及对GATT1994第2条关于互惠性减让表的修改等；②对协定条款的解释和豁免某成员方的义务的决议，要求以3/4绝对多数票通过；③修改除WTO总原则之外的规定的决议，要求2/3绝对多数票通过；④对于没有明确规定而又不能达成协商一致的决议，以1/2简单多数票通过。与协商一致原则不同的是，如果进行投票表决，所需的大多数是指WTO全体成员的大多数，而不是指出席会议成员的大多数。

不论是采取协商一致方法，还是采取多数票表决方法，WTO总理事会的决策权力都体现为各成员方在WTO层面的多边协调管辖。总理事会由各成员方的常驻代表组成，这些代表仅表达各自国家的利益。因此，总理事会不具有独立于成员方的意志，从性质上它不是一种“共同体管辖”模式。

2. 贸易政策评审机构的条约执行监督权

作为在总理事会层面上所设立的一个独立机构，贸易政策评审机构专门履行监督WTO条约执行的行政职能。根据WTO条约附件3《贸易政策审议机制（TPRM）》第A条（i）款规定，设立贸易政策评审机构的主要目的在于，促进所有成员方“更好地遵守多边贸易协定，适用的诸边贸易协定的规则、纪律和在各协定项下所做的承诺”，且该机构的监督行为无意“作为履行各协定项下具体义务或争端解决的基础，也无意向各成员强加新的政策承诺”。可见，无论是总理事会及各下属分理事会有关实施条约的日常行政职能，还是贸易政策评审机构的行政监督职能，都属于一种辅助性的执行职能。

3. 秘书处的管辖权及其性质

与总理事会不同的是，WTO总干事领导下的秘书处是各成员集体利益的捍卫者。它主要提供技术和法律上的支持，包括组织政府机构的会议，准备各代表团要求的背景文件材料，在争端解决程序中提供法律服务，出版贸易政策研究报告等。按照《马拉喀什协定》第6条第4款规定，“总干事和秘书处工作人员的职责是纯属国际性的。在履行其职责时，总干事和秘书处工作人员不得寻求或接受WTO之外的任何政府或任何其他当局的指示。他们要力戒做出足以损害其国际官员身份的事情。WTO各成员方要尊重总干事和秘书处工作人员的国际性职责，不得设法影响他们行使职责”。从上述规定可以看出，秘书处是WTO的独立性机构，其管辖行为已完全脱离各成员方的意志。秘书处的职能具有共同体管辖的性质，即它是从WTO整体利益出发，依照WTO的独立意志来行使管辖权的机构。然而，从秘书处的主要职能——提供技术和法律上的支持——来看，其辅助性的特征也非常明显。因此，秘书处所具有的以WTO整体利益为依托的共同体管辖职能相当有限。

（三）条约争端的解决

WTO争端解决机构（DSB）是在总干事层面上单独设立的一个机构，其职责在于解决世界贸易体制框架下各成员方之间有关贸易争端。乌拉圭回合谈判成功地用DSB的强制管辖和准自动通过机制，替代了传统以协商一致设立专家组和通过专家组报告的外交式办法。WTO开始出现相对独立的司法性争端解决机制。①

从以外交方式为主导的传统GATT争端解决机制，到以司法方式为主导的WTO争端解决机制，“成员方—GATT/WTO”之间的权力分配发生了明显的变化。在GATT争端解决机制下，各主权国家可以通过否决方式阻止专家组的建立和专家组报告的通过，从而对GATT体制的正常运行构成实质性制约。因此，在争端解决层面上的多边协调管辖方式严重受制于各主权国家的单边意志。而WTO争端解决机制实行“反向协商一致”的决策原则，这意味着任何争端当事国都不可能阻止专家组的建立和专家组/上诉机构报告的通过。DSB的强制管辖权和准自动通过机制，促进了各成员方在WTO层面上建立更为紧密的多边协调管辖方式，并培育和发展了以WTO整体利益为归依的共同体管辖方式的雏形，从而更为有效地消除

① 参见赵维田等《WTO的司法机制》，上海人民出版社，2004，第13～18页。

了任意性国家单边意志的干扰。独立性司法体制的出现，标志着各国在管理世界贸易事务方面，逐渐从一种松散型的“多边协调管辖”模式，过渡到一种更为紧密的 WTO“多边协调管辖”模式。

然而，从实质意义上说，WTO 争端解决机制也远未建立以 WTO 整体利益为依托的“共同体管辖”模式。第一，从 WTO 案件的申诉权来看，只有“利益遭受丧失或减损”的相关争端当事方有权依据 DSU 提起申诉。由于 WTO 条约的主要利益体现为各成员方之间相互平衡的权利和义务，而不是在调整世界贸易事务中体现出来的 WTO 整体利益，因此，除有关当事方外，WTO 以及任何其他第三方都无权就违反 WTO 的行为提起申诉。它表明了 WTO 条约仅建立起成员方之间的互惠性义务，而没有建立起以 WTO 利益为归依的整体性义务。[①] 这种申诉权的设置，体现了 WTO 的主导模式依然是一种成员方用以协调其相互间利益的“多边协调管辖”模式，而不是推动世界经济一体化的“共同体管辖”模式。第二，从案件裁决的执行来看，其强制实施手段通常限于成员方之间的补偿和报复。因此，尽管 DSU 项下的救济措施是以多边方式表现出来，但最终的实施却是由胜诉方单边进行。由成员方以单边方式实施强制措施，其最终效果往往取决于各国之间的经济实力强弱对比。WTO 并没有以独立主体的身份建立起更为有效的多边强制执行手段。可见，DSU 执行机制反映的是各成员方之间为推进相互平衡的利益而在 WTO 层面上进行的多边协调管辖。

四 小结

从 WTO 条约的制定、修改和解释来看，部长会议没有独立的统一立法权，它不能脱离成员方的意志而存在。与此同时，任何国家也无法通过单边意志决定或变更调整世界贸易事务的规则。因此，它反映了各成员方在 WTO 部长会议层面上对世界贸易事务的多边协调立法管辖。从 WTO 条约的实施与执行来看，条约的主要执行权依然掌握在各成员方手中，总理事会仅具有促进执行的辅助性权力。而且从总理事会的决策机制来看，总

---

① 参见〔比〕约斯特·鲍威林《国际公法规则之冲突：WTO 法与其他国际法规则如何联系》，周忠海等译，法律出版社，2005，第 64～103 页。

理事会也不具有独立于成员方的整体意志和权力。从司法性争端解决机制来看，WTO 争端解决机制也并未建立以 WTO 整体利益为依托的“共同体管辖”模式。因此，就世界贸易事务的调整而言，“成员方—WTO”权力结构基本上体现为成员方主导型权力分配模式。[①]

在这种模式中，自由放任的分割化国家单边管辖受到了国际规则的约束，政府在调整世界贸易事务中掌握无限干预权的局面被打破。然而，以世界经济一体化下的整体利益为依托的“共同体管辖”模式并未建立。世界贸易事务的管辖权力在国际国内不同层面进行重新调整和分配。其中，各主权国家在世界贸易体制中依然牢牢占有主导性的支配权和控制权。在一定程度和一定范围内，各国也开始走向有限的多边协调管辖甚至某种程度的共同体管辖，以便协调各国管辖权在世界经济一体化下的潜在冲突。

因此，从总体上看，WTO 体制反映了一种以各成员方为主导的紧密型“多边协调管辖”模式。[②]

第三节　经济全球化与 GATT/WTO 管辖模式的变革

一　从“单边管辖”到“多边协调管辖”：对经济全球化的回应

GATT/WTO 体制的建立与发展，是在 20 世纪以来经济全球化与世界经济一体化加速发展的背景下，各国对传统人类社会“二元分立”法律控制模式的一项重大变革。

第一，在世界贸易事务的调整上，GATT/WTO 体制从根本上否定了以自由放任为特征的传统分割化国家“单边管辖”模式，并建立和深化了一

① 参见本章第一节第三小节所设定的四类基本的“成员方—GATT/WTO”权力结构理论模型及其特征。

② 关于 WTO 管辖模式的成员主导型特征，“八贤人报告”做了这样的描述：“WTO 给人的感觉一直是很奇怪的，它就像一群身披灰袍、神秘的陌生男人，他们躲在紧闭的门后执掌着所有国家的未来。然而，重要的是我们要了解真相，那就是实际上只有各国政府才能执掌该机构，并且对它的所有决定负责。”参见〔英〕彼得·萨瑟兰等《WTO 的未来：阐释新千年中的体制性挑战》，刘敬东等译，中国财政经济出版社，2005，第 103～104 页。

种由国家主导的“多边协调管辖”模式。

为了更好地配置资源，提高劳动效率及增加全社会的普遍福利，经济全球化与世界经济一体化构成人类社会经济组织形式发展的一种必然趋势。然而，从17世纪威斯特伐利亚体制建立以来，人类社会的政治组织形式始终呈现一种平行式的管辖结构模式。这种模式的特征是，以主权为内核的民族国家体制构成国际社会的基本单元，并以边界为限对人类社会的管辖权进行正当的分割。于是，经济上的一体化与政治上的分割化管辖之间蕴含着不可避免的内在矛盾。从本质上说，世界经济一体化的分工与合作活动的直接参与主体是由边界所分割的各国私人主体，而不是传统国际社会的基本主体——主权国家。各国私人主体通过商品、人员、资金和技术的国际流动，将世界经济联结为一个整体。他们作为全球经济的生产者、投资者、贸易商和消费者，积极或消极地参与世界经济一体化活动。然而，在威斯特伐利亚体制下，由于管辖模式呈现平行式和分割化特征，国家拥有对世界经济一体化事务的任意性单边管辖权。

因此，在传统“二元分立”法律控制模式下，世界贸易事务实际上处于一种自由放任状态。传统国内法体制无法对世界贸易事务进行有效管辖，因为其管辖的合法性局限于分割化的国家边界。传统国际法体制也无法对世界贸易事务进行有效管辖，因为国家才是传统国际法的合法主体。传统国际法体制不直接干预以各国私人主体为参与主体的世界贸易事务。于是，作为世界经济一体化参与主体的各国私人主体，其跨国性经济分工与合作活动被置于国家单边任意性管辖之下。这种任意性的单边管辖权严重制约了各国私人主体对全球经济分工与合作活动的参与，阻碍了经济全球化与世界经济一体化的正常发展。

为了缓和世界经济一体化与政治管辖分割化之间的矛盾，各国通过缔结国际条约的方式，建立和发展了GATT/WTO体制，从而对世界贸易事务的任意性国家单边管辖权进行适当的限制和约束。[①] GATT/WTO体制体现

---

① 对此，赵维田教授也指出GATT的主要任务在于消除不合理的政府干预，以恢复世界经济一体化条件下的市场经济秩序。“一般认为，关贸总协定的基本宗旨在于建立一种发挥市场运行机制的国际贸易秩序，把各国政府对跨国界货物流通的干预、限制或阻挠减少到合理的最低限度，力求排除对市场机制的扭曲，即使在允许进行限制的法定限度内，也要尽力做到运行透明，公平合理。”参见赵维田《世贸组织的法律制度》，吉林人民出版社，2000，第162页。

了一种不断发展和深化的成员主导型“多边协调管辖”模式。在这种“多边协调管辖”模式下，各国对本国与世界贸易活动相关的管辖权（表现为国内法律和政策等）进行相互协调与衔接，从而在一定程度上缓和了各国分割化管辖之间可能产生的潜在矛盾。世界贸易活动是世界经济一体化分工的枢纽与核心部分，它将各国私人主体的生产、贸易、投资与消费等经济活动紧密联结在一起。通过 GATT/WTO 体制，各国对本国与世界经济一体化相关的贸易事务管辖权进行了适当的约束，承诺渐进性地开放国内市场和不断消除各种贸易壁垒，从而保障各国私人主体正常参与世界经济一体化分工的需要。这种由成员主导的 GATT/WTO “多边协调管辖”模式，在很大程度上缓解了各国单边管辖可能引发的直接冲突，以间接协调的形式解决了政治分割化与经济一体化之间的矛盾，从而适应了世界经济一体化发展的需要。从实践来看，GATT/WTO “多边协调管辖”模式的建立和不断深化，为推进 20 世纪中叶以来世界经济的辉煌成就做出了重大贡献。

第二，GATT/WTO 体制打破了传统国际法体制与国内法体制相互分立、各自为政的局面，并促使了国际法体制与国内法体制在价值与制度上的潜在衔接与融合。

在传统“二元分立”模式下，国际法体制与国内法体制之间呈现相互分立、各自为政的特征。二者在价值基础和制度结构上存在着明显的差异。从价值基础来看，国内法体制主要以公民本位与权利本位为特征，其核心使命在于保障国内公民平等的自由与权利，并限制政府公共权力的滥用；而国际法体制的基本价值在于保障国家之间平等的主权，维护国家间关系的和平与稳定。国家本位是国际法体制价值结构的基本特征，主权原则构成国际法体制价值结构的基石。从权力结构看，国内法体制表现为一种垂直式等级管辖结构，国家政府在宪法约束下统一行使公共权力，处理国内社会的相关事务；而国际法体制则表现为一种平行式管辖结构，不存在任何凌驾于国家之上的世界政府，各国政府对国际事务都具有平等的管辖权。传统国际法体制与国内法体制之间的相互分立局面，造成了世界贸易事务领域处于一种管辖缺位的自由放任状态。

GATT/WTO 体制打破了传统国际法体制与国内法体制相互分立和相互隔离的局面，并促使了国际法体制与国内法体制在价值与制度上的衔接与融合。其一，GATT/WTO 体制通过导入国际规则的方式，引发和推动了世界各国对传统国内法体制实行的新一轮宪政改革。由于传统国内法体制体现为一种分割化的封闭式管辖体制，它既无力保障本国公民参与世界经济一体化活动的平等自由与权利，也无力约束政府对外经济事务权力的滥用。因此，在经济全球化与世界经济一体化形势下，传统国内法体制开始无法正常履行其既定的宪政功能。为了适应世界经济一体化发展的需要，各国通过 GATT/WTO 体制承担了渐进性开放各国市场和不断消除贸易壁垒的义务，并以多边协调管辖形式对世界贸易事务进行调整。这种多边协调管辖方式尽管并不能直接赋予各国公民参与世界经济一体化活动的权利，但它对传统政府的任意性单边管辖施加了适当的法律约束。国家通过将 GATT/WTO 规则充分地吸收到国内法律体制中，就能够在对外贸易领域实现其保障公民权利和限制政府权力滥用的宪政功能。对此，彼得斯曼教授深刻地指出，GATT/WTO 规则实际上具有国内法意义上的宪政功能。只有在本国法律体制中引入 GATT/WTO 规则，才能够帮助各国在世界经济一体化形势下弥补自身的国内法体制的宪政缺陷。[①] 其二，GATT/WTO 体制对传统国际法体制的价值基础和制度结构也构成一项重大的变革。传统国际法体制通常是以“国家本位”为特征，它的核心使命是保障国际事务中的国家价值。当各国公民开始普遍地、频繁地和大规模地参与世界经济一体化活动时，传统上由国家垄断国际事务的局面逐渐被打破。国际社会开始出现大量以私人为中心的具有跨国性质的利益关系，这些私人间跨国利益关系对传统国际法体制提出新的挑战。应运而生的 GATT/WTO 体制，通过多边协调管辖方式开始着手处理传统上本应由国内法体制所调整的私人问题。GATT/WTO 体制通过对国家施加经济领域的市场准入和消除贸易壁垒等义务，使各国的相关法律与政策协调和统一起来，从而对私人参与世界经济一体化的活动予以间接的法律保障。通过 GATT/WTO 体制，私人活动和私人价值以间接方式开始被引入国际法的调整范围。僵化地以“国家本位”为特征的传统国际法体制逐渐无法适应调整各国私人主体参与世界经济一体化活动的需要。随着 GATT/WTO 体制的发展，国内法体制的一

---

① See E. – U. Petersmann, *Constitutional Functions and Constitutional Problems of International Economic Law*, Switzerland: University Press Fribourg Switzerland, 1991, pp. 421 – 463。中译本参见〔德〕E. – U. 彼得斯曼：《国际经济法的宪法功能与宪法问题》，何志鹏、孙璐、王彦志等译，高等教育出版社，2004，第 532 ~ 582 页。

些传统价值与制度特征开始被引入国际法体制中去。人权、法治、民主化、政治参与和透明度等传统意义上的国内焦点问题，自20世纪90年代以来开始日益频繁地出现在以WTO为代表的国际法体制中，并对WTO体制的发展产生持续的压力和影响。其三，GATT/WTO体制改变了传统“二元分立”模式中国内法体制与国际法体制相互隔离和相互分立的局面，促成了二者在功能和制度上的互动与联结。从功能上说，无论是传统国内法体制还是国际法体制，都不足以保障各国私人主体参与世界经济一体化活动的权利及限制政府权力滥用。GATT/WTO体制将国内法体制保障公民权利的宪政功能与国际法体制约束国家行为的功能进行对接，通过制定国际规则的方式使各国承担市场准入和消除贸易壁垒的义务，从而实现GATT/WTO体制间接调整私人间跨国利益关系的基本功能。从制度上说，国际法体制与国内法体制之间的互动影响成为GATT/WTO体制发展过程中的一个基本特征。国际层面的多边协调决策在很大程度上受制于各国国内社会的政治意愿和公民参与；而国内社会的相关立法和决策也同样受制于GATT/WTO体制及其发展进程。通过促进国际法与国内法在制度和功能上的衔接和配合，GATT/WTO为调整私人参与全球经济分工与合作活动中结成的跨国利益关系提供了一种可行的法律控制途径。

第三，在“多边协调管辖”模式下，GATT/WTO体制以间接调整的方式，实现了对私人主体参与世界经济一体化事务的法律调整。

GATT/WTO体制并没有从根本上否定威斯特伐利亚体制的结构性原则。它是在威斯特伐利亚体制的框架下，各国对传统“二元分立”法律控制模式的灵活调整与创新。GATT/WTO体制体现为一种成员主导型“多边协调管辖”模式，它并没有从本质上改变威斯特伐利亚体制所确立的国家主权原则。GATT/WTO体制并不直接调整各国私人主体参与世界经济一体化的活动，相反，它依然只调整国家间的权利义务关系。正如前文所分析的，GATT/WTO体制并未确立实质意义上的“共同体管辖”模式。无论是规则的制定和实施，还是争端的解决，GATT/WTO体制都体现为典型的成员方主导特征。GATT/WTO体制对私人跨国经济合作关系的调整功能，是通过成员方所承担的权利和义务以间接方式实现的。一方面，GATT/WTO体制以多边协调管辖方式使各国承担市场准入和消除贸易壁垒等义务；另一方面，各国将 GATT/WTO 规则充分地引入本国的国内法体制，从而实现对私人间跨国利益关系的调整。通过国际法体制与国内法体制在价值与制度上的相互衔接与结合，GATT/WTO 体制有力地回应了经济全球化与世界经济一体化所提出的宪政性挑战。GATT/WTO“多边协调管辖”模式既在很大程度上改善了世界贸易事务由国家单边管辖造成的自由放任状态，又承认和维护了威斯特伐利亚体制所确立的国家主权原则，并借助国内法体制间接实现其调整私人间跨国利益关系的功能。

二　现有 WTO 管辖模式存在的宪政性缺陷

从权力结构来看，GATT/WTO 体制基本上体现为一种以成员方为主导的“多边协调管辖”模式。各主权国家通过 GATT/WTO 体制，实现对世界贸易事务中私人间跨国利益关系的联合调整。它表明世界经济一体化事务的管辖权力从单边的国内层面向联合化的国际层面转移。随着 GATT/WTO 体制的发展，各国在多边协调管辖基础上甚至还催生了某种程度上的共同体管辖形式。例如，WTO 秘书处的性质与职能，以及 WTO 争端解决机制的强制管辖权与准自动通过机制等方面，都反映了一种以全体成员方共同利益为依托的“共同体管辖”模式的萌芽。

这种以多边协调管辖为主的成员主导型模式，在一定程度上缓和了法律管辖分割化与经济一体化之间的矛盾，推动了全球经济的发展。然而，随着世界经济一体化的发展与深化，WTO 管辖模式中一些潜在的理论和现实问题也不断暴露出来。这些问题阻碍了 WTO 体制对世界贸易事务中私人间跨国利益关系的有效调整，并可能使 WTO 体制的发展陷入僵局。

1. 国际法体制与国内法体制的衔接问题

从理论上说，WTO 对世界贸易事务的有效调整有赖于国际法体制与国内法体制的充分衔接。通过 WTO 联合决策，各国在国际法层面上确立相互之间市场准入和消除贸易壁垒的权利义务，然而再将其充分吸收进本国的国内法体制中去，从而实现对世界经济一体化私人跨国利益关系的间接调整。如果国际法体制与国内法体制之间出现脱节，则 WTO“多边协调管辖”模式的功能就无法顺利实现。

然而，在现实国际社会中，国际法体制与国内法体制之间的衔接还缺乏稳固的理论共识与法律基础。对于国际条约与国内法的关系，从理论上说，存在着“一元论”和“二元论”两种主张。从立法实践来说，各国的规定也不尽相同。例如，英国、加拿大和澳大利亚等英联邦国家是“二元论”体制的典型代表。在这些国家，国际条约通常都必须转化为国内法才能得到适用。荷兰则是“一元论”体制的典型代表。它明确规定国际条约能够直接适用且效力高于包括本国宪法在内的全部法律规范。美国的情况则介于二者之间，可自动执行的条约被认为可以直接适用，不可自动执行的条约则应转化为国内法才能得到适用。直接适用的条约和联邦法律具有同等的地位，并实行后法优先适用原则。因此，对于美国而言，一项后制定的联邦法律将优先于国际条约。在任何国家，条约在国内法中的地位是一个宪法问题，而不是一个国际法问题。这种缺乏理论共识和国际法基础的状况，使得 GATT/WTO 条约与国内法的关系处于一种潜在的不稳定状态。为此，彼得斯曼教授指出：“自由国际贸易规则的严格实施受到了各种政治与法律不对称现象的损害：其权利正受到保护的那些个人，本身并不是有关国际条约的当事方；而受到有关条约约束应保护个人权利的那些国家政府，又常常对来自国内利益群体的强大保护主义压力做出让步，以换取政治支持。”① 因此，假如 GATT/WTO 条约与国内法的关系不确定，GATT/WTO 规则对私人间跨国利益关系的多边调整功能将可能持续受到主权国家内部多变的政治意愿与任意性单边主义的侵蚀。

GATT1947 体制下的“祖父条款”就是国际法体制与国内法体制未能相互衔接的典型表现。由于 GATT 条约仅是一项国际行政协定，它并未通过各国国内立法机构的批准，② 因此，“祖父条款”规定，任何 GATT 规则的效力都不得高于各国已有的现行立法。尽管各国通过 GATT 体制建立对世界贸易事务的多边协调管辖，然而，GATT 对世界贸易事务的调整依然继续严重受制于各国的单边意志——已有的现行立法。它在很大程度上妨

① See E. - U. Petersmann, *Constitutional Functions and Constitutional Problems of International Economic Law*, Switzerland: University Press Fribourg Switzerland, 1991, pp. 425 - 426。中译本参见〔德〕E. - U. 彼得斯曼《国际经济法的宪法功能与宪法问题》，何志鹏、孙璐、王彦志等译，高等教育出版社，2004，第 537 ~ 538 页。

② 通常，国际条约在经过缔结和签署之后，还需要经过国内立法机构的批准才能正式生效。

碍了GATT多边协调管辖功能的实现。WTO是经过各国立法机构正式批准的国际组织，因此，它彻底消除了GATT1947体制下的“祖父条款”。然而，WTO与国内法的关系依然取决于各国的宪法规定。一方面，各国自愿缔结WTO条约并由此承担WTO义务；另一方面，许多国家的宪法依然继续规定条约的法律地位低于本国法律。因此，在WTO条约义务与本国法律相互冲突时，本国法律具有优先效率。这种状况在美国体现得尤为明显。依据后法优先原则，后制定的美国联邦法律的效力将高于先行制定的WTO条约规则。例如，美国著名的国际经济法学家约翰·杰克逊教授也支持“效率违约”的主张，即认为美国可以根据潜在利益的大小来确定是否遵从WTO条约义务。[1] 这种主张典型地体现了国家单边主义对WTO“多边协调管辖”模式的否定和侵蚀。

WTO“多边协调管辖”模式的实现依赖于国际法体制与国内法体制的密切配合与衔接，需要各国对本国的国内决策与国际的多边协调决策之间内外衔接一致。然而，就目前而言，如何使保障私人主体参与世界经济一体化活动权利的WTO规则在国内法体制中得以有效实现，从而避开国家单边主义的干扰，依然还缺乏充分的理论共识和法律基础。

2. 实施WTO“多边协调管辖”模式的现实困境

从总体上说，WTO管辖模式是一种以成员方为主导的多边协调管辖。这种多边协调管辖体现为各成员方在WTO层面上相互协调主权意志，并就世界贸易事务做出联合决策。因此，WTO管辖的实现取决于各国之间能否就相关世界贸易事务达成妥协一致。然而，由于WTO体制内在的局限性，WTO“多边协调管辖”模式面临着现实的约束和困境，其潜在功能往往无法顺利实现。在现有的法律框架下，WTO可以通过以下三种多边协调管辖的基本途径来处理各类现实问题。

第一，通过WTO部长级会议和各类理事会，谈判新的协定文本或修改现有的协定文本，来改进和完善WTO法律体系，以适应新形势的发展。

这一多边协调管辖方法的使用具有相当大的局限性。首先，在目前大约160个成员之间谈判新的条约是一项非常艰苦的工作，需要经历相当长

---

① See John, H. Jackson & Alan O. Sykes, Question and Comparisons, in John, H. Jackson& Alan O. Sykes (ed.), *Implementing the Uraguay Round*, Oxford: Clarendon Press, 1997, pp. 463, 466.

时间的讨价还价与妥协。从多边贸易体制的发展历史来看，东京回合谈判花费了6年时间（1973～1979年），乌拉圭回合谈判则耗时8年（1986～1994年），WTO多哈回合谈判从2001年开始启动，至今已历时13年，谈判期限一拖再拖，何时能够完成谈判至今仍是个未知数。因此，寄希望于通过谈判来解决WTO面临的大量问题和挑战，缺乏应有的灵活性和有效性，不是一种现实可行的选择。其次，通过修改现有条约的办法来增进WTO多边协调管辖的灵活性和有效性往往也难以实现。WTO条约是一个经过精心谈判而设计的权利义务体系，任何修改都可能破坏已有的利益平衡。因此，乌拉圭回合谈判方在《马拉喀什协定》第10条中对条约的修改进行了严格限制。例如，修改协定条款通常包括两部分程序，一是部长级会议做出修改条款的决定；二是成员方的接受程序。而对于某些特殊条款的修改，必须经所有成员方接受方可生效，包括：《马拉喀什协定》第9条和第10条；GATT1994第1条和第2条；GATS第2条第1款；TRIPS协定第4条等。[①] 诸如此类的限制往往导致修约程序的运用面临重重阻力。在处理灵活多变的现实问题时，修约方法同样不太可行。

第二，运用部长级会议和总理事会的决策机制、义务豁免程序和条约解释的权力来解决WTO面临的各类问题。

但从《马拉喀什协定》第9条决策条款的规定来看，上述任何一种方法都受到很大程度的制约。（1）部长级会议和总理事会通常以协商一致方式做出决策，如无法达成协商一致，则使用多数表决方式。然而，WTO条约的相关规定（《马拉喀什协定》第9.2款、第10.3款、第10.4款和DSU第3.2款）和GATT长期的实践惯例表明，WTO决策不得用以对成员方施加新的义务。[②]（2）使用义务豁免方法来调整成员方的关系是GATT时期用来适应新情况的重要手段，但该方法也有可能造成法纪松弛的严重后果。因此，WTO条约（《马拉喀什协定》第9.3款、第9.4款）对义务豁免进行了严格限制，不仅规定了严格的审查程序，而且限定了豁免期限，并明确规定豁免的终止。（3）由于GATT没有正

① 详见本书第87页。

② See John, H. Jackson, *The Jurisprudence of GATT& the WTO: Insights on Treaty Law and Economic Relations*, Cambridge University Press, 2000, p. 186。中译本参见〔美〕约翰·H. 杰克逊《GATT/WTO法理与实践》，张玉卿等译，新华出版社，2002，第207页。

式的条约解释条款，因而专家组在条约解释方面有较大的回旋余地，可以通过解释方式来发展 GATT 惯例，完善 GATT 体制。但 WTO 条约（《马拉喀什协定》第 9.2 款）设立了正式的条约解释条款，规定通过一项解释的决定必须取得全体成员的 3/4 多数同意。从 WTO 的已有实践来看，由于经常有 1/4 成员不出席各类重要的会议，这使得正式解释程序往往难以发挥作用。①

第三，利用 WTO 争端解决机制来澄清、修正和完善 WTO 条约文本中存在的模糊性和法律漏洞。

这一方式同样受到相当大的制约。GATT 成功的经验之一就是通过不断地审理案件、纠正错误和确立惯例的方式使其自身得以发展。然而，与 GATT 模糊和松散的相关规定不同，WTO 争端解决程序面临更多的硬性约束。DSU 第 3.2 款明确规定：DSB 的建议和裁决不能增加或减少所涉及协议规定的权利和义务。而且，《马拉喀什协定》第 9.2 款将正式解释的专有权力授予部长级会议和总理事会，这也制约了 DSB 在实践中运用司法解释权的空间。因此，利用争端解决机制来制定和发展 WTO 规则的做法缺乏应有的合法性，通过司法解释途径将环境政策、竞争规则和劳工标准等新领域引入 WTO 更是容易引发各种争议，从而损害各成员对 WTO 的信任。即使是那些不涉及成员方权利和义务的程序性问题，WTO 争端解决机制的灵活性也受到较大制约。根据 DSU 第 2.4 款的规定，DSB 应以协商一致方式做出一项关于司法解释的决定。因此，任何一个持不同意见的成员都可能随意地阻止协商一致的实现，这极大地限制了 DSB 在司法解释领域的决策能力。

因此，在现有的“多边协调管辖”模式下，WTO 可能会面临无力处理各类现实问题的困境，并进而陷入发展的僵局。如何从宪政角度思考 WTO 权力结构的完善，改进 WTO 管辖的有效性，是 WTO 未来发展所应解决的重大问题。

3. 缺乏维护 WTO 整体利益的有效机制

从观念上看，GATT/WTO 体制常常被人们视为有别于传统国际公法的

① See John, H. Jackson, *The Jurisprudence of GATT& the WTO: Insights on Treaty Law and Economic Relations*, Cambridge University Press, 2000, p. 186。中译本参见：〔美〕约翰·H. 杰克逊《GATT/WTO 法理与实践》，张玉卿等译，新华出版社，2002，第 207 页。

一个法律领域。[①] 传统国际公法通常只调整以国家为基本主体的政府活动，其价值和制度都体现了典型的国家本位特征。而GATT/WTO法所调整的世界贸易事务，通常是具有私人性质的事务，而不是政府性质的事务。从本质上看，世界经济一体化活动是各国私人主体之间的跨国分工与合作，其主体并不是国家。由政府直接从事的经济活动在市场经济体制下只是一种特例。[②] 然而，GATT/WTO体制又以典型的国际公法形式表现出来，即它直接调整主权国家之间的权利义务关系，而不是任何私人之间的权利义务关系。由于主权原则的支配，GATT/WTO体制下的国家权利义务关系体现为一种互惠性特征，而不是一种共同体特征。[③] 从制度上看，GATT/WTO体制也缺乏用以维护GATT/WTO整体利益的共同体管辖形式。

世界经济一体化事务是各国私人主体所共同参与的跨国经济分工与合作活动。从私人活动的角度而言，各国私人主体在参与世界贸易事务的过程中具有共同的利益基础。这种私人间共同利益基础通过国内压力推动了国家之间的经济合作。[④] 于是，在缺乏世界政府的"共同体管辖"模式前提下，私人间跨国利益关系不得不借助国家利益关系的形式表现出来。国家作为规范私人活动的管辖者转变为GATT/WTO权利义务的直接承担者，并以多边协调管辖形式间接保障私人参与世界经济一体化活动的整体利益。然而，国家利益与私人利益在世界经济一体化活动中的不契合性，常常干扰多边协调管辖的有效性。[⑤] 即GATT/WTO多边协调管辖形式由于受到国家价值的困扰，往往不合理地阻碍了各国私人主体参与世界经济一体化的正当活动。由于国家或其政府并不是世界经济一体化活动的恰当主体，要想确认国家或政府在世界经济一体化活动的共同利益，并进而在此基础上建立共同体管辖形式，

---

① 〔比〕约斯特·鲍威林：《国际公法规则之冲突：WTO法与其他国际法规则如何联系》，周忠海等译，法律出版社，2005，第38页。

② 唐纳德·麦克雷1996年在演讲中指出，"贸易不是，或至少主要不是国家之间的一种活动……而是发生在跨国国界的、个人与个人之间进行自愿交换"的活动。参见〔比〕约斯特·鲍威林《国际公法规则之冲突：WTO法与其他国际法规则如何联系》，周忠海等译，法律出版社，2005，第41页。

③ 参见〔比〕约斯特·鲍威林《国际公法规则之冲突：WTO法与其他国际法规则如何联系》，周忠海等译，法律出版社，2005，第64~103页。

④ GATT/WTO规则要经常进行谈判和实施，常常是作为私人经营者在国内进行游说的直接结果。

⑤ 参见本书第四章第二节的分析。

从理论和实践上看是相当困难的。这也是 GATT/WTO 体制在推进整体利益上缺乏共识，以及表现为一种互惠性体制的深层原因。

在“多边协调管辖”模式下，WTO 体制缺乏共同认可的整体利益，也难以建立维护整体利益的有效机制。WTO 体制以国家合作的形式表现出来，但国家合作却缺乏高度认同的整体利益的指引。于是国家间不必要的经济矛盾与冲突将继续长时间存在，这在很大程度上阻碍了私人主体正常参与世界经济一体化的活动，并制约着 WTO 体制的未来发展。

三　进一步调整和变革 WTO 管辖模式：一些思路和途径

从权力结构来看，WTO 体制依然呈现鲜明的成员主导型特征，这表明主要的管辖权力依然掌控在主权国家手中。只要威斯特伐利亚体系不发生结构性变化，世界贸易体制将继续保持现有以成员为主导的根本特征。这对于世界贸易体制的未来运行、发展与变革构成一项基本约束。因此，对 WTO 管辖模式进行任何调整与变革的设想，必须牢牢建立在这一权力结构的现状基础上。

1. 推动 WTO 体制与国内法体制的紧密衔接

（1）通过条约方式确认 WTO 规则在国内法上的地位。

WTO“多边协调管辖”模式的有效实现，取决于 WTO 规则能否被充分地吸纳到各成员方的国内法体制中去。而 WTO 规则在国内法体制中的不确定地位，在很大程度上助长了国家的单边主义倾向，从而减损了 WTO 规则对各国公民参与世界经济一体化活动权利的间接保障功能。为了更好地实现 WTO 多边协调管辖对世界经济一体化活动的调整，可以考虑通过缔结国际条约方式，明确规定 WTO 规则在各成员方国内法体制中的优先地位。

按照条约法公约的规定，各国不得援引国内法的规则来否认其国际条约义务。可见，从一般国际法的学理来看，国际条约的效力要高于国内法。如果一国国内法的规定与其缔结的国际条约不符，则它有义务修改国内法并使其与国际条约一致，否则将承担由此导致的国际责任。因此，通过条约方式承认 WTO 规则在各成员方国内法体制中的优先性具有稳固的法理基础。这类条约可以明确要求各国政府把特定 WTO 规则融合到国内立法中去，并将此类 WTO 规则运作方面的国内形式与程序加以特定化等。[①] 以条约方式将 WTO 规则的国内实施问题加以专门规定，能够将各国的国内决策与国际多边协调决策统一化，从而减少国内政治过程任意性的干扰，对于有效实现各成员方在 WTO 层面的多边协调管辖具有重要意义。

不过，该项主张也遭到一些学者的反对。如约翰·杰克逊教授就曾明确否定 WTO 法在美国国内法中的优先地位。他认为，就美国的文化传统而言，大部分美国人更加推崇本国的宪法，而不是任何国际组织和国际法。美国人长期的政治传统及在国内宪政方面的丰富经验让他们相信，美国的宪法体系是世界上最完美和最可靠的法律体系。对美国人而言，崇尚国际法在某种程度上甚至是一种危险的做法，因为它可能会潜在干预美国宪法体系中某些更为精良的部分。[②] 他指出，在经济全球化背景下，国际经济形势正在迅速地发生变化。与此相应，用以调整世界经济一体化事务的现行国际法体制仍处于一种相对不发达的状态，国际法体制的民主性、正当性和有效性等问题并没有得到解决，用一种“僵化和落后的”国际法体制去调整灵活多变的世界贸易事务是不可靠的。因此，尽管美国承认接受 WTO 规则的约束，但一旦出现美国联邦法律与 WTO 规则不一致情形，仍应适用后法优先原则。杰克逊教授甚至还将 WTO 条约的法律效力等同为私人契约，并以利益得失的大小来作为一国政府是否应当遵守国际条约的依据。[③] 这种主张实际上将美国宪法置于 WTO 规则之上，严重威胁了 WTO“多边协调管辖”模式的权威性，它在很大程度上催生了反历史潮流而行的美国单边主义政策。

---

① See E. – U. Petersmann, *Constitutional Functions and Constitutional Problems of International Economic Law*, Switzerland: University Press Fribourg Switzerland, 1991, p. 426。中译本参见〔德〕E. – U. 彼得斯曼《国际经济法的宪法功能与宪法问题》，何志鹏、孙璐、王彦志等译，高等教育出版社，2004，第 538 页。

② See John H. Jackson, National Constitutions, Transnational Economic Policy and International Economic Law: Some Summary Reflections, *National Constitutions and International Economic Law*, Meinhard Hilf, Ernst – Ulrich Petersmann (ed.) Deventer: Kluwer Law, 1993, pp. 572 – 574.

③ See John, H. Jackson & Alan O. Sykes, Question and Comparisons, in John, H. Jackson& Alan O. Sykes (ed.), *Implementing the Uraguay Round*, Oxford: Clarendon Press, 1997, pp. 463, 466.

（2）承认部分 WTO 规则在国内法体制中的直接可援引性。

WTO 规则要通过国内法体制才能正常发挥其调整私人参与世界经济一体化活动的功能。WTO 不仅协调各成员方对世界经济一体化事务的管辖权力，而且直接规定私人参与世界经济一体化活动的相关权利。如 TRIPS 就是直接规定各成员方境内公民所具有的跨国经济权利。如果在国内法体制中直接适用 WTO 所有规则的做法尚不可行，可以考虑先承认规定私人权利的 WTO 规则在国内法院中的直接可援引性。

由于协调各成员方管辖权的 WTO 规则从形式上看与传统主权原则依然具有较强的联系，因此，要求各成员方承认这部分 WTO 规则在国内法院的直接可援引性具有较大阻力。然而，规定私人权利的 WTO 规则和国内法规则具有相当大程度的类似性，二者都是以保障私人权利为中心的。尽管反映了国家的权利义务，但 WTO 规则的本质功能在于调整各国私人主体参与世界经济一体化的分工与合作活动。如果能够承认规定私人权利的 WTO 规则在国内法院的直接可援引性，将有助于更好地实现 WTO 体制对各国私人主体参与世界经济一体化活动权利的保障。

2. 促进 WTO“多边协调管辖”模式的有效性

WTO 是一个拥有大约 160 个成员的国际组织，其管辖模式主要体现为成员方主导下的多边协调管辖。WTO 部长级会议和总理事会由全体成员方的代表构成，在缔结、修改条约和做出重大决策方面拥有平等的投票权。传统上，具有众多成员方的国际组织都是通过建立一个由有限成员组成的管理机构来解决这一问题。例如，IMF 和世界银行建立了一个由 24 个成员构成的执行董事会进行决策，而联合国则通过安理会来进行重大决策。但 WTO 内部却没有建立类似的由有限成员构成的组织机构。因此，在约 160 个国情各异的成员之间通过辩论和谈判达成一致意见是相当困难的。

（1）改进 WTO 协商一致决策机制。

从 WTO 体制的实际运行来看，协商一致构成了 WTO 决策的首要原则。无论是 WTO 规则的制定、修改与解释，WTO 规则实施过程的重大事务决策，还是 DSB 的司法解释活动等，协商一致原则都占据了支配性地位。从本质上说，WTO 体制反映了各成员方主导下的多边协调管辖。因此，尊重各国的主权意志构成 WTO“多边协调管辖”模式得以运行的基础。协商一致原则意味着每个参与的成员方都拥有否决权，因此，各成员方在 WTO 层面上达成联合意志往往需要一个艰难的协调过程。这种多边协调的决策模式往往使 WTO 在现实运行中陷入僵局，难以应对灵活多变的世界经济一体化事务。

为了增加 WTO 多边协调管辖的有效性，可以考虑改进既有的协商一致决策机制。WTO 总理事会或 DSB 可以制定一系列关于与某些类型决策有关的协商一致的标准。如果一项决议符合这些标准，各成员方在正常情况下应克制自己，不阻止协商一致的达成。例如，可以参照欧共体的“卢森堡妥协”做法，即规定各成员国通常不会投票反对某项措施，除非该措施涉及其“至关重要的利益”。各国可以通过一项关于“至关重要利益”的声明来阻止协商一致的达成。为了防止随意性，这种声明还可以置于 WTO 其他成员方的质询、辩论和批评之下。对于那些纯粹程序性事项的决策，可以考虑以下方面改革：①用绝对多数的投票机制来代替协商一致，如要求 70% 或 90% 出席会议成员的同意，或贸易量比重占 90% 以上成员方的同意等。②如果拟议中的程序性事项不违背 WTO 基本原则，成员方通常不应阻止其通过。③可以考虑由 WTO 总理事会或 DSB 任命的特别专家小组来评估任何程序性变革事项。特别专家小组由具有专业知识的人士组成，不代表任何国家意志。他们依照专业知识对相关事项进行评估并提出建议，提交 WTO 总理事会或 DSB。①

通过制定相关标准，可以对成员方阻止协商一致的行为进行适当的合理限制。从而改进现有的 WTO 决策功能，使各成员方在 WTO 层面的多边协调努力能够得到更为有效的实现。

（2）从“绿屋会议”模式到 WTO 咨询委员会。

鉴于在大约 160 个成员方之间达成协商一致所面临的困难，WTO 也曾考虑过借鉴 IMF 和世界银行的做法，即选择部分成员作为决策层的核心。为了提高决策效率，1996 年新加坡部长级会议首先采用了“绿屋会议”模式，即由 34 个成员的部长组成内部圈子，负责拟定决议的草案，然后再提交给部长级会议通过。这一决策模式引起了广泛的争议。没有参加“绿屋

---

① See John, H. Jackson, *The Jurisprudence of GATT& the WTO: Insights on Treaty Law and Economic Relations*, Cambridge University Press, 2000, pp. 189 - 191。中译本参见：〔美〕约翰 · H. 杰克逊《GATT/WTO 法理与实践》，张玉卿等译，新华出版社，2002，第 210 ~ 212 页。

会议”的成员纷纷指出，新加坡部长级会议的决策过程是不民主、不公平和不体面的，他们不愿意接受这种将“既成事实”（指已拟定的文本）提供给他们的决策方式。[①] 1999 年西雅图部长级会议和 2001 年启动的多哈回合谈判继续沿用了“绿屋会议”模式。与此同时，这一决策模式也引起越来越多的争议和批评，并使人们开始深入地思考 WTO 决策的透明度、民主化和正当性问题。

从法理上说，WTO 权力源于各成员管辖权力的让渡。依据 WTO 条约，各成员方在 WTO 中享有平等的立法和重大决策权。然而，“绿屋会议”模式排除了多数成员在决策过程中讨论和拟定决策方案的权力，使得多数成员只能被动地选择接受或不接受拟定的方案，从而在很大程度上剥夺了它们的决策权力。因此，“绿屋会议”是一种特权模式，它违反了 WTO 权力运行的平等原则和民主原则。同时，“绿屋会议”模式还存在决策的不透明问题，圈外成员和普通公众无法了解谈判的进程，也无法监督圈内成员对 WTO 权力的行使并防止可能出现的权力腐败和滥用。这种缺乏民主和透明度的决策方式使 WTO 权力运行的正当性受到质疑，从而引发各成员和普通公众对 WTO 的信任危机。

为此，不少学者开始提出建立常设性 WTO 咨询委员会（WTO Consultative Board）来替代“绿屋会议”模式，以提高 WTO 决策的民主化、透明度和正当性。[②] 与绿屋会议类似，WTO 咨询委员会无权做出约束全体成员方的任何决议。它的功能仅限于就有关事项进行咨询、讨论、辨认和谈判，在此基础上提出适当的建议，以供全体成员方批准或接受。和绿屋会议不同的是：其一，WTO 咨询委员会应当是各成员方通过多边贸易谈判而正式建立的常设性机构，在权力来源上具有正当性；其二，WTO 咨询委员会在席位分配上将最大限度兼顾各成员方的平等参与权利，从而排除了以特权为基础的“绿屋会议”决策模式；其三，WTO 咨询委员会的运行是

---

① 参见新加坡部长级会议期间各成员方在就决议草案达成协商一致的最后晚间会议上的发言。详见 Richard Blackhurst and David Hartridge, Improving the Capacity of WTO Institutions to Fulfil their Mandate, E. – U. Petersmann (ed.), *Reforming the World Trading System: Legitimacy, Efficiency and Democratic Governance*, Oxford University Press, 2005, p. 456。

② See E. – U. Petersmann, Challenges to the Legitimacy and Efficiency of the World Trading System: Dcmocrace Governance and Competition Culture in the WTO, *Journal of International Economic Law*, 2004. 7 (585). Section IX.

完全公开和透明的，从而否定了以秘密形式为主的“绿屋会议”决策模式。因此，从长期角度来说，WTO咨询委员会的建立将有助于改进各成员方在WTO部长会议和总理事会中的联合决策，应当将其列入多边贸易谈判的议程。

然而，对于WTO咨询委员会席位的具体分配，各方目前依然存在较大的争议。有的学者主张，那些拥有最大贸易份额的少数WTO成员方应当享有单独的席位，而其余WTO成员方则按特定标准分成不同的小组，每一小组都分摊到一个席位，由组内成员方在轮流基础上共同享有。[①] 这种主张也遭到许多人的反对，理由是以贸易份额作为分配席位的依据，将可能在较大程度上减损发展中国家的参与权利。还有人提出按照地域来划分席位，并使每一个WTO成员方都能够在轮流基础上作为该地域的代表。然而，反对者指出，各方的态度和立场可能随着所涉议题的变化而改变。因此，按照地域标准来划分席位的做法也具有潜在的不合理性。

从本质上说，WTO咨询委员会也是一种各成员方的多边协调管辖方式。它体现的是各成员方的协调意志，而不是WTO整体意志。因此，它也难以最终摆脱多边协调管辖所面临的困境。不过，由于WTO咨询委员会不具有实质性权力，各成员方达成妥协的可能性更大。因此，考虑到推进各成员方联合决策的现实需要，建立WTO咨询委员会的设想依然具有一定的理论意义。

3. 在共同利益基础上发展WTO共同体管辖方式

以多边协调管辖为主的WTO体制是经济全球化与世界经济一体化发展的产物。借助国际法体制与国内法体制的结合，WTO“多边协调管辖”模式在一定程度上保障了各国私人主体参与世界经济一体化分工与合作的权利。然而，对于应对世界经济一体化的挑战，WTO“多边协调管辖”模式也存在着较大的不足。例如，WTO法所调整的内容是私人参与世界经济一体化的活动，但WTO法的权利义务主体却是各主权国家。受到主权原则和各国国内政治的限制，WTO经多边协调的决策常常无法依照私人参与世界经济一体化的真实需要来进行。

---

① See Richard Blackhurst and David Hartridge, Improving the Capacity of WTO Institutions to Fulfil their Mandate, E. – U. Petersmann (ed.), *Reforming the World Trading System: Legitimacy, Efficiency and Democratic Governance*, Oxford University Press, 2005, p. 459.

在威斯特伐利亚体制下，创建凌驾于各国主权之上的WTO“共同体管辖”模式是不现实的。然而，各国在保障私人主体参与世界经济一体化活动中具有共同的利益基础。在WTO多边协调管辖的基础上，适当地发展共同体管辖方式，将有助于推进各成员方在世界经济一体化活动中的共同利益，并可能潜在地改善和促进WTO“多边协调管辖”模式的正当性和有效性。

（1）适当加强秘书处的职能与权力。

秘书处及总干事为WTO日常活动提供各种必不可少的技术与后勤支持，其人员以独立身份出现，不代表任何国家。从性质上说，WTO秘书处是一个用于维护整体利益的机构。

在推进各成员方代表之间的沟通、交流和协商一致方面，秘书处及总干事具有独特的重要作用。“显然，秘书处的职能不仅仅是作为服务于WTO各委员会和理事会而存在的。”① 在确立整体利益的基础上，秘书处能够指导和推动各成员方在WTO体制内达成共识，并进而上升为具体规则与制度。WTO体制体现了各国回应世界经济一体化挑战的共同需要。因此，从整体上捍卫WTO体制的权威性体现了各成员方的共同利益。秘书处的职能类似于WTO体制的“监护人”，从整体上维系和促进世界贸易体制的长期运行。在一个成员主导型“多边协调管辖”模式下，秘书处及总干事的工作往往受到各成员方意志与利益的干扰和影响。② 因此应当强化秘书处及总干事维护WTO整体利益的独立功能。具体做法包括：其一，应当按照《马拉喀什协议》的要求，进一步制定正式规则来明确总干事的独特职能。总干事应当更多地以WTO共同体权威的面目出现，以更好地发挥其维护WTO整体利益的功能。与此相关的一项建议是，应当制定适当的程序和任职条件，以挑选最佳的独立候选人担任WTO总干事。③ 其二，加强秘书处在促进共识和完善WTO制度方面的指导功能。应当加强秘书处在政策研究和政策分析方面的职能，以促进符合WTO整体利益的

① 〔英〕彼得·萨瑟兰等：《WTO的未来：阐释新千年中的体制性挑战》，刘敬东等译，中国财政经济出版社，2005，第112页。

② 〔英〕彼得·萨瑟兰等：《WTO的未来：阐释新千年中的体制性挑战》，刘敬东等译，中国财政经济出版社，2005，第113～114、117～119页。

③ 〔英〕彼得·萨瑟兰等：《WTO的未来：阐释新千年中的体制性挑战》，刘敬东等译，中国财政经济出版社，2005，第113～116页。

规则与制度。秘书处的工作应当尽可能地反映各成员方的共同利益，并以此引导各成员方在 WTO 层面的多边协调管辖。

（2）加强争端解决机构的司法功能。

从整体的制度设计上看，WTO 争端解决机构是总理事会层面的一个分支机构。因此，与总理事会一样，争端解决机构也实行由各成员方代表协商一致的决策机制。从形式上看，争端解决机构也是一个以成员方为主导的多边协调管辖机构。然而，为了克服 GATT 体制下争端解决机制的软弱性，乌拉圭回合谈判方创造性地设置了“反向协商一致”原则，并将其适用于两个关键领域：一是专家组的设立；二是专家组或上诉机构报告的通过。这意味着各成员方将无法运用否决权，以阻止争端解决机构的强制管辖权及独立裁决权。尽管争端解决机构由各成员方的代表组成，但专家组和上诉机构的成员都是由独立的专家组成。这些独立的专家不代表任何国家的利益和意志，并从维护 WTO 条约的整体利益出发，独立地开展工作。由于“反向协商一致”原则的存在，各成员方对争端解决机构的实际影响受到重大限制，而专家组和上诉机构成员的独立意志在很大程度上支配了争端解决机构的决策。在一定程度上，争端解决机构反映了一种以维护 WTO 整体利益面目出现的共同体管辖方式。

这种存在于争端解决领域的局部性共同体管辖形式，对于加强 WTO 法律体制的权威性产生了重大的促进作用。贸易争端的产生源于相互冲突的国家单边管辖，它以国家利益失衡的形式出现在 GATT/WTO 体制中。作为 GATT/WTO 管辖的主要形式，多边协调管辖方式在处理国家间贸易争端方面存在着明显的缺陷。在 GATT 体制下，各缔约方对专家组的成立及报告的通过具有否决权，从本质上制约了 GATT 体制在处理争端过程中所发挥的作用。这种状况使得 GATT 规则的法律权威性受到质疑，并将 GATT 体制引向以各国之间权力斗争为导向的国际政治型体制。以世界经济一体化为代表的各国间共同利益受到了忽视，各国公民参与世界经济一体化活动的权利也未得到认可和保障。为了克服多边协调管辖方式的内在缺陷，乌拉圭回合的谈判方在 WTO 争端解决机构中局部设定了具有共同体管辖效果的“反向协商一致”决策机制，从而为贸易争端的司法解决提供了更为有效的法律控制方式。

因此，在确认共同利益与推动各成员方之间的共识方面，争端解决机构同样可以发挥维护 WTO 整体利益的独特功能。如何进一步促进争端解决机构在克服任意性国家单边意志方面的功能与作用，从整体利益的角度调整各国公民参与世界经济一体化的活动，可能是未来 WTO 管辖模式变革的重要思路之一。

（3）加强透明度与市民社会的参与。

作为私人参与世界经济一体化活动的产物，WTO 体制却以规范国家权利义务的形式表现出来。从实质上看，国家利益与私人利益之间的非契合性影响了 WTO 多边协调管辖的正当性。从形式上看，各成员方依据主权原则潜在具有的否决权制约了 WTO 多边协调管辖的有效性。究其根本，这些都是 WTO 体制仅以间接形式调整世界经济一体化活动所产生的消极后果。世界经济一体化活动主要是由各国私人为参与主体的经济分工与合作，在 WTO 多边协调管辖的基础上，如何促进私人主体对 WTO 的制度性参与，对于纠正和完善现有 WTO “多边协调管辖”模式的先天缺陷具有重要意义。

在增加透明度与市民社会参与方面，WTO 体制已经取得明显的进步。WTO 协议及与之相关的解释性资料开始迅速地公布在 WTO 网站上，并为公众所熟知。市民社会的代表开始越来越多地出席 WTO 理事会和委员会的各类会议。WTO 部长会议也开始吸引越来越多非政府组织代表的参与。[①] 在此基础上，私人对 WTO 规则的创制和争端解决程序的制度性参与也开始被纳入 WTO 的相关研究和实践中。[②] 例如，在私人参与规则创制方面，彼得斯曼教授提出，WTO 可以借鉴欧共体理事会及委员会的做法，设立由市民社会各行业代表组成的咨询性议会机构或“WTO 经济与社会委员会”，以代表市民社会的整体利益，从而弥补国内议会对国际层面的立法参与不足的缺陷，提高国际治理的民主性和正当性。[③] 又如，在私人作为

① 1996 年，共有 108 个 NGO 的 235 位代表参加了新加坡部长会议。2003 年，参加坎昆部长会议的 NGO 共达 795 个，其代表共达 1278 名。参见〔英〕彼得·萨瑟兰等《WTO 的未来：阐释新千年中的体制性挑战》，刘敬东等译，中国财政经济出版社，2005，第 60 页。

② 参见蔡从燕《论私人结构性参与多边贸易体制——对变动着的国际法结构的一种考察》，博士学位论文，厦门大学，2005。

③ E. – U. Petersmann, From Negative to Positive Integration in the WTO: the TRIPS Agreement and the WTO Constitution, Thomas. Cottier; C. Petros. Mavroidis (ed.), *Intellectual Property: Trade, Competition, and Sustainable Development*, Michigan: The University of Michigan Press, 2003, p. 26.

GATT/WTO 争端解决程序的当事方问题上，约翰·杰克逊教授认为可以借鉴 ICSID 和《欧洲人权公约》的做法，在设定某些防止滥诉的过滤机制条件下，允许个人或企业直接诉诸 GATT/WTO 争端解决机制，以确定政府行为是否违背了其根据 GATT/WTO 规则而承担的国际义务。[①] 而私人作为争端解决程序中的法庭之友（amicus curiae），则已经进入 WTO 争端解决机构的司法实践[②]，并引起了各方热烈的讨论与争议。在以成员方主导的“多边协调管辖”模式下，私人主体对 WTO 的制度性参与开始日益受到重视。从一定意义上说，这种现象是 WTO 制度固有的“政府本位”与世界经济一体化活动的“私人本位”之间持续矛盾的产物。加强私人主体对 WTO 体制的参与，是对 WTO“多边协调管辖”模式在调整私人间跨国利益关系方面缺乏正当性和有效性的一种纠正和弥补。

因此，私人参与世界经济一体化活动的需要将对现有 WTO“多边协调管辖”模式产生持续的压力。在成员方多边协调管辖的基础上，促进以保障各国私人主体参与世界经济一体化活动的正当权利为目标的 WTO 共同体管辖方式，将在一定程度上缓解 WTO 间接调整方式所引发的消极后果。

---

① John, H. Jackson, *Implementing the Tokyo Round: National Constitutions and International Economic Rules*, Michigan: The University of Michigan Press, 1984, pp. 208 – 209. And John, H. Jackson, *The World Trading System: Law and Policy of International Economic Relations* (2nd edition), The MIT Press, 1997, p. 135.

② 如美国对虾和虾产品的进口限制案（DS58，1998），欧共体石棉和含有石棉的产品措施案（DS135，2000）及美国对英国产热轧铅铋炭钢产品征收反补贴税案（DS138，1999）等。

第三章

从“权力导向”到“规则导向”

美国著名国际法学权威路易斯·亨金教授在其代表作《国家如何行动》一书中，开篇就是这样一段话：

“就国家间的关系而言，文明的进步可以被看作一种从武力走向外交，再从外交走向法律的历史演化。长期以来，文明人类的希望被寄于国家停止通过武力来谋取它们的利益，并尝试运用谈判以寻求一致。一些人还希望能够从中发展出足够的共识，以便支持那些具有广泛接受性的规范；那时，人类社会可能将就此达成共识：义务感和遵守的习惯，对于其他国家的可靠的期望和信赖，甚至将［期望和信赖］扩及那些旨在促使或强制达成一致性的［国际］制度，我们可以将这些同法律或促进及反映稳定性与秩序的因素关联起来。”①

国际社会文明演化的一般规律同样适用于世界贸易事务的调整领域。经济全球化和世界经济一体化趋势与传统封闭式国家单边管辖模式之间的矛盾，不断地引发国家间的潜在冲突。当国际社会的传统政治和外交手段无力协调这种管辖冲突时，武力成为一种替代手段。两次世界大战爆发的深层原因，恰恰在于传统“二元分立”模式无法提供有效的制度来调整国家间经济政策，尤其是贸易政策的冲突。尽管威斯特伐利亚体制从价值层面上确立了国家间和平相处的共存原则，但在世界经济一体化和国家间管辖冲突加剧的形势下，制度层面的传统政治与外交手段已经难以有效遏制

① Louis Henkin, *How Nation Behave: Law and Foreign Policy* 2nd ed., New York: Columbia University Press, 1979, p. 1.

国家单边意志的肆意扩张。政治和外交手段的短期性、不确定性和妥协性，无法为协调国家间经济政策的频繁冲突提供一个稳定和长期的制度框架。在此背景下，以规则为基础的世界贸易体制应运而生。GATT/WTO 体制的建立和发展，反映了在经济全球化与世界经济一体化趋势下，各国对传统人类社会管辖模式的一种调整与变革。它意味着各国开始用一套更为稳定和统一的制度框架来处理世界经济一体化下的国家间政策冲突。

在一个以规则为基础的世界贸易体制中，具有长期性、稳定性和可预见性特征的法律手段开始受到更多的重视。随着世界贸易体制的发展，法律手段在调整世界贸易事务中的地位与作用日益上升，并不断推动着该体制的法律化进程。在此过程中，世界贸易体制也由一种与主权意志充分妥协的松散型“多边协调管辖”模式，逐渐发展成为一种对主权意志更具约束力的紧密型“多边协调管辖”模式。政治手段与法律手段构成了 GATT/WTO 体制的左膀右臂，共同促成各国之间多边协调管辖的实施。

第一节　早期 GATT 体制的建立和运行：以权力为导向

一　早期 GATT 体制的诞生：一个政治色彩浓厚的法律框架

GATT 体制是政治实用主义的产物。

从 GATT 体制的诞生来看，它是作为 ITO 体制的替代品而出现的。一方面，GATT 体制在一定程度上体现了第二次世界大战后各国对创建具有长期稳定性和强制约束力的国际贸易组织（ITO）体制的基本构想；另一方面，GATT 体制又反映了传统国家主权原则对筹建中的第二次世界大战后“多边协调管辖”模式乃至“共同体管辖”模式的抵制与抗衡。尽管世界经济一体化与传统“二元分立”法律控制模式之间的矛盾已经暴露无遗，但第二次世界大战后的国际社会显然还无法断然接受一个以强制性法律规则为基础的紧密型“多边协调管辖”模式，从而改变自 17 世纪以来封闭式国家“单边管辖”模式的长期历史传统。因此，虽然表面上以一个标准法律体制的面目出现，但 GATT1947 体制在制度设计上却表现出浓厚的政治妥协性。①

从国际立法的技术角度来看，GATT 体制缺乏一个标准和规范的国际条约基础，这从实质上影响了 GATT 体制通过法律方式与国内法体制实现紧密衔接。各国建立“多边协调管辖”模式，是为了克服世界经济一体化趋势与滞后的国家“单边管辖”模式之间的内在矛盾。因此，“多边协调管辖”模式要求将分散化的各国国内贸易立法与政策纳入统一国际法律体制的轨道上来。它意味着世界贸易领域的国内法体制与国际法体制之间紧密衔接，即统一的国际贸易规则能够通过法律方式有效地贯彻到国内法体制中去。然而，GATT 体制却没有以规范的条约形式解决这一问题。从性质上说，GATT 仅仅是各国行政部门之间缔结的一项协定，它没有经过各缔约方立法机构的审批。因此，GATT 体制与各国国内法体制之间的法律关系处于一种不确定的状态。按照传统国内法体制的宪政分权标准，立法机构是一国法律秩序的创建者，行政机构是法律秩序的执行者，而司法机构则是法律秩序的救济者。国家的立法权、行政权和司法权相互独立和相互制衡。因此，行政机构无权脱离立法机构的意志去为国内社会创建新的法律秩序。由于 GATT 体制仅仅是各国行政部门之间缔结的一项协定，从理论上说，除非得到立法机构的认可，以行政部门名义所承担的国家权利与义务根本不能合法地引入国内法律秩序。于是，GATT 体制与国内法体制之间的关系就处于一种不明朗的尴尬状态。从实质上看，GATT 体制仅仅体现了各国行政管辖权之间的联合。一方面，各国政府信誓旦旦地承担 GATT 协定义务；另一方面，GATT 规则并未得到国内立法机构的明确认可。它所造成的后果是，各国政府承诺遵守 GATT 义务仅仅具有国际政治层面的意义，但却缺乏相应国内法体制明确而有力的支持。因为国内政策的制定受制于国内政治过程，而国内政治过程是立法机构、行政机构和司法机构分权与制衡的结果。在缺乏国内法体制支持的情形下，各国严格遵守 GATT 义务只能沦为一种基于诚信和道义的政治性表述。国内政策制定的任意性并没有被明确地置于 GATT 规则的法律约束之下。例如，一旦国内立法机构与行政机构之间出现重大的分歧或矛盾，GATT 规则在国内社

① “GATT 的条文都是用典型的、表述缔约方法律义务的方式写成的，从各方面说均符合《国际法院规约》第 38 条第 1 款表述国际法来源的标准方式，是国际法组成部分的‘国际条约’。”引自赵维田等《WTO 的司法机制》，上海人民出版社，2004，第 5 页。

会的实施就将失去有效保障。

GATT 规则与各国国内法之间在法律衔接上的严重脱节，最典型地体现在 GATT“祖父条款”中。由于 GATT 协定并未经过各国立法机构的正式批准，为避免 GATT 规则与国内现行立法之间的冲突可能引发 GATT 体制在国内社会合法性的质疑，缔约代表们选择了绕道而行。于是，GATT《临时适用议定书》第 1 条（b）款做出了如下规定：“本协定第二部分（即第 2 条至第 23 条规定的实体法规则）仅在最大限度地与现行立法不相抵触的条件下”得以临时适用。用通俗的话说，一旦 GATT 规则与缔约方的现行立法发生冲突，将优先适用缔约方的现行立法。“祖父条款”为 GATT 规则在国内社会的适用埋下了重大隐患。以反倾销规则为例，依照 GATT1947 第 6 条规定，只有在同时认定存在倾销及其对国内产业造成“实质损害”（material injury）情形下，国内当局才可征收反倾销税。而在此之前，加拿大和美国就已经制定了国内反倾销法。依据加拿大 1904 年制定的反倾销法，只要认定存在倾销行为而无须认定“实质损害”，就可征收反倾销税；而依据美国 1916 年或 1921 年的反倾销法，只要倾销对国内产业造成“损害”（而不是更为严格的“实质损害”）即可征收反倾销税。依据“祖父条款”，加拿大和美国在实施反倾销措施时，就有权优先适用本国立法。[①] 因此，“祖父条款”构成某些国家合法规避 GATT 条约义务的一项特权，它在很大程度上破坏了 GATT 规则的法律统一性和权威性。从实质上说，“祖父条款”反映了国家单边主义对 GATT 体制的制约和影响。

正是由于立法上的先天缺陷，通过统一的法律方式实现 GATT 体制与国内法体制之间紧密衔接存在着重大的障碍。尽管 GATT 协定表现为标准的国际规范形式，但是 GATT 体制与国内法体制之间的衔接却不得不更多地借助传统的政治或外交方式。各国通过带有浓厚政治色彩的行政机构承诺形式，建立了一种与国家单边管辖充分妥协的松散型多边协调管辖模式。在这种松散型“多边协调管辖”模式下，与国家单边意志密切相关的政治或外交手段继续占据主导性地位，而与多边协调意志及统一的共同体意志密切相关的法律手段则处处受到限制和排斥。

---

① 参见赵维田等《WTO 的司法机制》，上海人民出版社，2004，第 9 ~ 10 页。

二　早期 GATT 体制的运行：“大国俱乐部”模式

尽管早期构想体现为一个标准的法律框架（ITO 体制的替代物），但各国最终所创立的 GATT“多边协调管辖”模式还是向传统国家单边管辖模式做出了充分妥协。从形式上看，GATT1947 体制具备一个完整法律体制的许多基本特征。例如，它用明确的规则来规定各缔约方之间的权利义务；它有具体的实施制度来保障各缔约方履行义务；它还设立专门的争端解决制度来处理各缔约方之间因为 GATT 条约义务而产生的争端。通过 GATT1947 体制，各国在世界贸易领域成功地建立起一种初步的“多边协调管辖”模式，这是对传统自由放任体制的重大变革。然而，在主权原则的支撑下，传统国家单边管辖方式在第二次世界大战后的国际社会依然具有强大的影响力。它导致了 GATT1947 体制不得不舍弃以法律手段为主的紧密型“多边协调管辖”模式，并最终选择了以政治或外交手段为主的松散型“多边协调管辖”模式。在这种松散型“多边协调管辖”模式下，国家任意性意志继续在最大限度内得到充分尊重，而 GATT 规则的既有法律约束力则大打折扣，并常常沦为政治实用主义的牺牲品。

早期 GATT 体制就像一个由 23 个原始缔约方所组成的“大国俱乐部”（club）。[①] 这个俱乐部的主要任务就是不断推动多边关税减让谈判，以便在互惠基础上增加成员们各自的贸易利益，并维持缔约方之间既有协议的利益平衡。在第二次世界大战后相当长的时间里占支配地位的流行观念是，GATT 并不是一项严格的国际法律体制，而仅仅是一项缔约方之间关于减让关税的“契约”（contract）。[②] 在这种 GATT“契约说”的影响下，缔约方之间利益平衡的政治需要得以凸显，而权利义务的法律观念则被明显弱化。从务实主义角度出发，第二次世界大战后贸易合作的基础并不取决于一个强有力的国际法律体制，而取决于各国合作的自主政治意愿。由于主权原则的存在，这种合作意愿难以通过法律规则的刚性约束而得以保障。相反，通过灵活的政治调整，维持各国之间减

① See Robert E. Hudec, *Enforcing International Trade Law: The Evolution of the Modern GATT Legal System*, Salem, N. H.: Butterworth Legal Publishers, 1993, p. 11.

② 参见赵维田《世贸组织的法律制度》，吉林人民出版社，2000，第 15～16 页。

让利益的互惠平衡并促进各国贸易利益的现实增长，成为激励和强化各国贸易合作意愿的主要动力。因此，维系 GATT 体制的动力并不在于各国对法律规则的抽象的尊重，而在于维持以关税减让平衡为核心的具体的政治与经济需要。[①]

（一）GATT 规则自身的弹性

早期 GATT 体制的运行犹如一个“大国俱乐部”，首先源于它在设定缔约方的权利义务规则方面所表现的巨大弹性。正如 GATT 谈判历史所显示的，制定 GATT“一般条款”的直接目的是保障 1947 年日内瓦会议多边关税减让协议的顺利实施。因此，在实用主义观念支配下，互惠性关税减让承诺构成了 GATT 谈判的重心。为了保持这种动态的互惠性关税减让平衡，就不能过于倚重“僵硬的”法律规则，而应当依赖灵活的政治谈判和外交协商，从而建立一种能够应对复杂多变的贸易问题的调整和补偿机制。在这种指导理念支配下，GATT 协定所设定的关税减让权利义务呈现明显的弹性，从而在很大程度上减损了 GATT 规则在法律上的明确性、稳定性和可预见性。

为了维系一种动态的贸易利益平衡，GATT1947 中设定了为数众多的有关缔约方收回或中止减让承诺，或者对条约义务进行修改或重新谈判的规定。[②] 这些可以通过外交手段加以灵活调整的 GATT 规则包括：①第2 条第 5 款规定，如果任何缔约方认为一产品未从另一缔约方获得其认为依 GATT 减让表可预期的待遇，则前一缔约方可以和后一缔约方及任何其他有实质利害关系的缔约方展开进一步的谈判，以便做出补偿性调整。②第 12 条第 4 款规定，如果任何缔约方认为某一特定缔约方所采取的限制措施与第 12 条“为保障国际收支而实施的限制”、第 13 条“数量限制的非歧视管理”，以及第 14 条“非歧视原则的例外”的规定不一致，且其贸易因此受到不利影响时，可以提请缔约方全体与实施限制的特定缔约方进行磋商。如果缔约方全体做出撤销或修改有关限制的

---

① See Joost Pauwelyn, The Transformation of World Trade, *Michigan Law Review*, October , 2005: 12 - 13.

② 参见 John, H. Jackson, *World Trade and the Law of GATT*, New York: The Boobs - Merrill Company, Inc. , 1969, p. 165。

建议，而该特定缔约方未能在规定时间内完成整改，则缔约方全体可以授权承受不利影响的任何缔约方解除对实施限制的缔约方所承担的程度相当的义务。③第 18 条第 7 款规定，为促进一特定产业的建立，最不发达的缔约方[①]可以修改或撤销 GATT 减让表所包含的特定减让，并就此与具有实质利害关系的其他缔约方达成补偿性协议。即使双方未能达成补偿性协议，且缔约方全体认为补偿性调整不充分，该缔约方仍有权继续进行此种修改或撤销。因此遭受不利影响的任何其他缔约方也有权修改或撤销最初与已经采取行动的缔约方谈判达成的实质相等的减让。与此类似，第 18 条第 21 款规定，为了促进一特定产业的建立，最不发达的缔约方可以采取除协定规定之外的影响进口的措施，并将拟议措施通知缔约方全体。即使缔约方全体在 90 天审议期内未能同意该措施，则该缔约方仍可在履行通知义务后采取拟议措施。因该措施而遭受不利影响的任何缔约方也有权对该缔约方中止实施实质相等的减让或其他义务，只要缔约方全体对此不持异议。④第 19 条第 3 款规定，如果一缔约方因进口产品数量剧增且对国内产业造成严重损害时拟采取或采取了紧急限制措施，遭受不利影响的任何缔约方可以要求与之磋商。即使双方磋商未果，特定缔约方仍有权采取或继续采取该项紧急措施。而遭受不利影响的缔约方也可对该缔约方中止实施与上述影响实质相等的减让或其他义务，只要缔约方全体对此不持异议。⑤第 23 条规定，如果一缔约方认为由于另一缔约方的不履约或其他非违约行为，它在 GATT 协定项下直接或间接获得的利益遭到丧失或减损，可以要求与另一缔约方进行磋商，并就此达成补偿性调整。若双方未能达成调整协议，则该事项可提交缔约方全体，由缔约方全体提出适当建议或做出裁定。如缔约方全体认为情况足够严重，可授权一个或多个缔约方对任何其他一个或多个缔约方中止实施在 GATT 协定项下承担的程度适当的减让或其他义务。⑥第 27 条规定，如果任何缔约方确定一政府未成为或不再成为缔约方，则该缔约方有权随时全部或部分停止或撤销与该政府最初谈判的、GATT 协定所附有关减让表中规定的任何减让。在采取此项行动时，缔约方应通知缔约方全体，并

---

① 指经济只能维持低生活水平且经济处于发展初期阶段的缔约方，参见 GATT1947 第 18 条第 4 款的规定。

应要求与其他有实质利害关系的缔约方进行磋商。⑦第 28 条第 3 款规定，在每一个三年期的第一天，一缔约方可以提议修改或撤销 GATT 协议有关减让表中包含的一项减让，并与最初谈判此项减让的任何缔约方和缔约方全体确定的拥有主要供应利益的任何其他缔约方就补偿性调整进行谈判。即使主要有关缔约方在既定期限内未能达成协议，申请缔约方仍有权修改或撤销特定的减让。遭受不利影响的任何其他缔约方也可以撤销与申请缔约方最初谈判的实质相等的减让。如果主要有关缔约方在既定期限内达成了协议，但拥有实质利益的任何其他缔约方不满意，此类缔约方也有权撤销与申请缔约方最初谈判的实质相等的减让。与此类似，第 28 条第 4 款规定，缔约方全体可随时在特殊情况下，授权一缔约方进行谈判，在遵守特定程序和条件前提下，修改或撤销 GATT 协定有关减让表中包含的一项减让。即使主要有关缔约方之间未能达成满意的调整协议，申请缔约方仍有权修改或撤销减让，除非缔约方全体确定申请缔约方不合理地未能提供足够的补偿。由此而遭受不利影响的缔约方也可以修改或撤销与申请缔约方最初谈判的实质相等的减让。

此外，还有两项重要规定也在很大程度上影响了 GATT 规则的法律约束力。其一是前述的 GATT《临时适用议定书》第 1 条（b）款中规定的“祖父条款”，它使得 GATT 规则的法律效力低于各国的现行立法，从而为各国逃避 GATT 义务提供合法理由。其二是 GATT 体制特设的“免除条款”，即根据第 25 条第 5 款规定，在例外情形下，GATT 缔约方可以通过联合行动或 2/3 多数投票表决机制，免除特定缔约方的任何一项 GATT 义务。例如，美国就曾经利用过这一条款规避 GATT 义务，从而最终导致农产品贸易长期游离于 GATT 法纪之外。①

因此，尽管 GATT 规则为各缔约方设定了众多关税减让的权利与义务，这些权利与义务的规则本身就充满巨大的弹性。对于缔约方而言，具体的贸易利益重于抽象的规则，对规则的取舍和运用就取决于如何平衡政府间利益。为了适应复杂多变的国际与国内政治经济形势，GATT 规则不能“过于僵化”，以便为各缔约方之间随时可能灵活进行的外交谈判，以及随之而来的权利义务变更与调整留下充裕的空间。

---

① 参见赵维田等《WTO 的司法机制》，上海人民出版社，2004，第 2 页。

（二）GATT规则实施的灵活性

与GATT规则自身的弹性相适应，GATT强制实施机制同样也是为保持缔约方之间一种动态的利益平衡状态服务的。为了适应复杂多变的未来形势，规则的硬性实施让位于外交谈判的灵活调整。以报复威慑为基础的GATT强制实施机制，并没有像一个独立的司法体制那样谋求客观、公正和绝对地保障GATT规则的实施，而是保持了一种相当灵活的姿态。在实际运行中，GATT通常不是通过硬性的法律手段来制裁缔约方违反GATT义务的行为，而是通过灵活的外交谈判来调整由此造成的利益不平衡。

第一，从GATT第23条规定来看，GATT争端解决程序的出发点不是对GATT协定义务的违反，而是缔约方依据GATT协定所预期利益的丧失与减损。在早期GATT体制的运行中，“利益的丧失与减损”是一个含糊不清的术语，它没有表明是否需要认定缔约方“违反义务”的情形。因此，GATT实施机制的重心不在于制止缔约方的“违法行为”，而在于调整和维护既定协定利益的平衡。

第二，GATT协定所提供的救济手段主要包括补偿或报复。前者体现为争端各方就丧失与减损的利益达成补偿性调整的后续协议；后者则体现为利益受损的缔约方有权“中止程度相当的减让或其他义务”，以维持利益平衡关系。从本质上说，这两种救济手段都没有特别强调对GATT规则的强制实施和GATT义务的实际履行，其救济结果既没有纠正违反GATT规则的不当行为，也没有突出GATT规则所具有的法律权威。

第三，缔约方可以轻易地违反缔约方全体的决议而不会受到太多惩罚。即使是缔约方全体做出的决议，也是以保持利益平衡为出发点的。如果一缔约方不遵守GATT规则，缔约方全体也只能授权程度相当的中止和减让义务，而不能制裁违约方或强制其履行GATT义务。尤其是如果持反对意见者是一个具有相当影响力的贸易大国，则GATT缔约方全体在实践中的做法是不断地进行协商，直到最后达成一致意见。在这里，合法与非法显得并不重要，重要的是缔约方之间保持了以互惠为主导的动态利益平衡，并由此激励了缔约方的贸易合作意愿。相反，规则的硬性实施反倒可能使GATT体制无法适应复杂多变的政治与经济形势，并破坏政府间利益的动态平衡状态，从而抑制缔约方的合作意愿。

第四，GATT1947 设立了相当便捷的退出机制。只要提前 60 天向缔约方全体提交书面通知，缔约方即可自行退出 GATT 体制。对此，杰克逊评论说："假如一个国家坚决反对缔约方全体所做的一项决议，只要它认为通过 GATT 所获得的利益不足以抵消由于该特定决议所遭受的损失，它就可以便捷地退出 GATT。"① 这种便捷的退出机制进一步反映了 GATT 体制在法律约束性上的软弱无力。

（三）缔约方全体的调解员角色

在制度设计上，GATT 缺乏一个正常的组织机构基础。如前所述，GATT 的诞生是政治实用主义的产物。作为 ITO 的临时替身，为了迅速实施多边关税减让协议，GATT 体制草草设计并几经修改。各谈判方本拟以即将成立的 ITO 筹备秘书处为依托，成立一个"临时委员会"（Interim Commission）来监督 GATT 协定的实施。然而，这一隐含"组织性"内容的方案很快遭到美国国会的反对，批评者认为"临时委员会"的设立超出了 1945 年《延长互惠贸易协定法》对谈判的授权范围。于是，谈判代表们又将 GATT 体制中有关"组织性"的条款统统删去，并以全部用英文大写字母的 CONTRACTING PARTIES（缔约方全体）来代替"临时委员会"。根据 GATT1947 第 25 条规定，缔约方全体是指采取联合行动的全体缔约方，它并未构成任何形式的国际组织。根据 GATT 所做出的多边决定均以"缔约方的联合行动"来表示，而不以任何独立的组织机构形式出现。缺乏正式的组织机构，决定了早期 GATT 体制在条约管理上的松散性。

GATT 成立之后，缔约方全体以"缔约方的联合行动"名义，承担起拟建中"临时委员会"的基本职责。尽管缔约方全体以第三方的身份出现，但早期 GATT 体制并没有设立独立的司法性裁决机构，也不具备完善和有效的手段来强制实施条约规则。GATT 规则的实施和争端解决，主要还是依靠缔约方之间的外交和谈判手段来进行。缔约方全体更多的是扮演了一个调解员的角色，而不是一个具有强制管辖权和裁决权的条约管理机构。

---

① John, H. Jackson, *World Trade and the Law of GATT*, New York: The Boobs – Merrill Company, Inc., 1969, p. 127.

从早期实践来看，GATT 缔约方全体的运作表现为一种以权力为导向的“大国俱乐部”模式。第一，从组织结构的特征来看，在 20 世纪 60 年代以前，GATT 依然只是一个规模相当小、成员性质单一、政策目标一致和富有凝聚力的“大国俱乐部”式组织。1947 年 GATT 创立时共有 23 个初始缔约方，到了 20 世纪 60 年代初，GATT 缔约方仅仅扩展为 37 个。[①]在人员组成上，各缔约方在 GATT 的外交代表绝大部分依然是 1946 ~ 1948 年致力于 ITO 宪章和 GATT 谈判的那批人。即使是后来成立的 GATT 秘书处，它的规模也很小，其组成人员也大多来自早期从事 ITO/GATT 谈判的贸易专家。因此，早期 GATT 机构人员基本上是由一群具有共同的谈判经历、相近的价值观念和目标的各国外交和贸易专家所组成，这使得 GATT 缔约方在贸易政策上具有较高程度的共识。这一切保证了 GATT 缔约方全体能够充分利用外交和谈判实现其政策目标，并协调缔约方之间的贸易争端与冲突。第二，从决策方式来看，GATT1947 第 25 条为“缔约方的联合行动”设立了表面上的多数投票机制，但在实践中，缔约方全体基本上采用协商一致方式进行决策。由于早期 GATT 缔约方的数目较少且性质单一，协商一致方式在缔约方全体的决策中取得了良好效果。然而，由于严重依赖于大国意志，协商一致方式也可能使 GATT 规则的强制实施受到实质阻碍。因此，缔约方全体的决策依赖于“大国俱乐部”成员内部的政治凝聚力。第三，从争端的解决来看，GATT 缔约方全体所发挥的独立性司法作用也相当有限。依据 GATT1947 第 23 条第 2 款，在贸易争端的解决中，缔约方全体的职能包括：①迅速调查向其提交的有关争端事项，并向有关缔约方提出适当建议，或酌情就该事项做出裁定。②在必要情况下，缔约方全体可与缔约方、联合国经社理事会及任何适当的政府间组织进行磋商。③如果情况足够严重，缔约方全体可以授权一个或多个缔约方对任何其他一个或多个缔约方中止实施在这种情况下它们认为适当的在 GATT 协定项下承担的减让或其他义务。可见，在缔约方违反 GATT 规则的情形下，缔约方全体并没有设立适当的机制纠正此种违反行为，从而维护规则的权威性。缔约方全体所依赖的唯一强力手段就是授权中止，这实际上只是一种

---

① Robert E. Hudec, *Enforcing International Trade Law: The Evolution of the Modern GATT Legal System*, Salem, N. H.: Butterworth Legal Publishers, 1993, p. 11.

经认可的报复。从最终效果来看，这种报复的结果只是使各缔约方均受到损害，甚至最终将某一缔约方排斥于 GATT 体制之外，从而对多边贸易体制本身造成严重的损害。因此，授权中止的真正目的并不是通过制裁违反规则的缔约方来维护 GATT 体制的权威，而是通过潜在报复的威慑来促使缔约方履行 GATT 义务。这种报复威慑机制严重地依赖大国的权力意志，它显示了 GATT 缔约方全体在制约单边主义方面的软弱无力。不仅如此，GATT1947 并没有为争端解决程序另行设立独立的决策机制。因此，缔约方全体在争端解决过程中通常也采用协商一致进行决策，这种“自己的官司自己判”模式使得各国能够通过否决权，阻止缔约方全体采取任何不利于其自身的行动。即便是 20 世纪 50 年代中期出现了更为技术化的专家组程序，也没有改变缔约方全体缺乏独立司法管辖权的局面。早期 GATT 专家组程序往往是非正式的，其组成人员基本上是外交人员而不是法律专家；而其法律裁决通常以一种宽松的、含糊的外交方式做出，并以一些共同的经历和不可言表的推断作为证据基础。尽管这一时期缔约方对于此类含糊的法律裁决的服从率相当高，但它并非源自缔约方全体的法律权威，而是由于 GATT 内部的政治凝聚力和政策的高度一致性①。

三　早期 GATT 体制的“权力导向”特征

在以松散型多边协调管辖为特征的早期 GATT 体制中，政治手段或外交手段占据了上风。在实用主义观念支配下，规则的稳定性和可预见性显然屈居次要地位，而灵活地适应政治与经济现实的需要才构成问题的关键。尽管包含了对创建第二次世界大战后世界贸易体制的法律构想，但 GATT 体制基本上是各国为适应现实需要而做出的一项临时性妥协。这种妥协性典型地表现在，尽管各国通过 GATT 协定在世界贸易领域建立起一种初步的多边协调管辖模式，但依然对国家单边意志做出了充分的退让。其背后的原因，一方面来自传统主权原则的影响力；另一方面来自世界贸易事务固有的复杂性和多变性。在第二次世界大战后初期的国际社会里，

① Robert E. Hudec, *Enforcing International Trade Law: The Evolution of the Modern GATT Legal System*, Salem, N. H.: Butterworth Legal Publishers, 1993, p. 12.

显然还缺乏一套具有支配地位的宪政价值观念，以此来引导建立一个具有稳固正当性基础的世界贸易法律体制。追求互惠性的贸易利益增长，构成GATT体制下各国政府间合作的主要动力。

早期GATT体制表现出明显的“权力导向”特征。第二次世界大战后的贸易合作并不是建立在对一套规范的宪政性权利义务规则的认同之上，而是立足于各国在推进本国公民参与世界经济一体化合作中的现实国家利益。因此，贸易合作的基础不在于能否建立和维护一个强有力的国际法律体制，而在于能否推进和巩固各国合作的政治主观意愿。传统主权原则与法律规则的刚性约束之间的矛盾，促使GATT1947体制在多边协调管辖与单边管辖之间做出平衡的安排。一方面，该体制为缔约方规定了一整套减让关税的权利义务规则；另一方面，该体制又为缔约方设立了众多规避严格规则义务的合法途径。在现实运行中，GATT体制精心构筑了一个缔约方之间贸易利益的动态平衡体。为利益平衡的需要，缔约方之间频繁的谈判与磋商形成了GATT运作的基本手段。缔约方全体虽然体现了一种各缔约方多边协调管辖的方式，但它受制于协商一致的决策原则。充分地尊重传统的国家主权意志，构成缔约方全体决策的前提，即使是在争端解决这一特殊领域也不例外。于是，国家的权力意志贯穿于GATT1947体制运行的始终。遵守规则与否显得并不重要，尊重各国的政治意愿并增进其合作的积极性，才是GATT所考虑的重点。因此，GATT1947不仅在规则设定方面表现出显著的弹性，而且在规则实施方面也表现出巨大的灵活性。尽管“俱乐部有规则，但它的成员可以决定豁免它们，或者装作没有看见违规行为”。① 作为条约实施的监督和管辖机构，缔约方全体并没有致力于严格地维护规则的权威性，通过创立或解释贸易规则以达成对世界贸易事务的一般性调整；而是充当促进贸易利益平衡的“调解员”，为缔约方之间进行利益平衡的政治和外交谈判提供便利。

由于早期GATT体制的基点在于维护贸易利益的动态平衡，严格遵守GATT规则的主张反倒被主流观点驳斥为脱离现实的“法律教条主义”（legalism），并被指责可能危害GATT体制在现实中的正常运转。从第二次

---

① 参见〔英〕伯纳德·霍克曼、迈克尔·考斯泰基《世界贸易体制的政治经济学：从关贸总协定到世界贸易组织》，刘平等译，法律出版社，1999，第XI页。

世界大战后主导观念来看，GATT 体制本身只是一个贸易利益的平衡体系，而不是一整套具有正当性基础的法律权利义务安排。假如 GATT 规则本身缺乏足够的正当性，那么要求各国严格遵守规则是不可想象的。因此，GATT 规则的约束力和权威性不得不让位于各国之间贸易利益交换与平衡的政治需要。用严格的规则来限制各国之间灵活的贸易平衡手段——政治谈判，反倒被视为不务实，并可能妨碍和破坏 GATT 贸易合作的基础——维护缔约方之间利益的动态平衡。正是在这种背景下，崇尚法律的观念在 GATT 中受到冷落和排斥，而擅长灵活谈判、调整与妥协的贸易与外交精英们则掌控了 GATT 大权。

第二节 第二次世界大战后世界贸易体制的法律化：以规则为导向

早期 GATT 体制半个世纪以来的发展轨迹和走向，大体上反映了两个基本阵营不同主张之间的争论及其势力消长。第一个基本阵营是“尊法派”，其基本主张包括：GATT 协定是各缔约方所缔结的一套具有强制约束力的权利义务“法律”体系；各缔约方必须严格地遵守 GATT 规则，以便维护 GATT 协定所确立的权利义务体系；违反 GATT 协定而导致的贸易争端，应当主要由缔约方全体依据 GATT1947 第 23 条规定，以“规则导向型”第三方司法裁决方式加以解决，从而严格维护 GATT 规则的法律权威性。第二个基本阵营是“务实派”，这一派的观点是：GATT 协定并不是具有强制约束力的“法律”，而仅仅是各缔约方为推进互惠性贸易利益而缔结一项“契约”（contract）；尽管 GATT 制定了一套权利义务规则，但缔约方可以不严格遵守。“GATT 不过为共同贸易政策画了个大框框，不宜拘泥于它的具体条文或规则。作为一种外交往来，一切要视实际需要并经当事方谈判磋商后做出妥协和变通，灵活处置。”① 由 GATT 协定而产生的贸易争端，应当主要由缔约方依据第 22 条的磋商与调解机制，通过“权力导向型”政治谈判和外交手段加以解决。作为多边协调管辖的组织形式，缔

① 赵维田：《世贸组织的法律制度》，吉林人民出版社，2000，第 18 页。

约方全体只能扮演一个非强制性的“调解员”（mediator）角色。

这两个阵营的形成，反映了第二次世界大战后GATT多边协调管辖体制在选择政治方式与法律方式方面的矛盾心态。一方面，各缔约方希望通过GATT体制对任意性国家单边主义施加合理的约束，以防止其侵害世界经济一体化下的贸易合作。为此，法律手段无疑是一种可供选择的适宜手段。另一方面，各缔约方又不希望GATT体制过多地凌驾于主权意志之上，以阻碍各国的贸易合作意愿。为此，政治手段自然成为各缔约方青睐的首选方式。第二次世界大战后世界贸易体制的发展历史，正是这两个阵营和两种观念相互斗争、此消彼长的结果。从总体上说，GATT/WTO的发展与演变，见证了世界贸易体制从一个“权力导向型”体制逐渐转变为一个“规则导向型”体制的演化过程。在这个过程中，争端解决机构的组织和功能得到突破性的发展与完善，并逐渐获得强制性的司法管辖权和裁决权；而且，更为明确的“条约规则”标准开始逐渐替代早期含糊的“利益的丧失与减损”标准，成为GATT/WTO体制条约实施和争端解决的主要依据。从权力分配的变化看，GATT/WTO争端解决机构被授予了更多独立于主权意志的司法管辖权力，并对任意性国家单边主义产生更为强大的法律约束力。

一 世界贸易体制法律化的第一阶段（20世纪50～60年代）

（一）从工作组程序到专家组程序

1. 工作组程序的设立

在早期GATT文本中，争端解决程序是GATT政治结构内在的一部分。根据第23条第2款，GATT缔约方全体可以就争端解决向有关缔约方提出适当建议，并在适宜时做出裁决。从GATT条文本身来看，缔约方全体并不是GATT的组织机构，而是指全体缔约方根据GATT第25条所采取的联合行动。早期GATT的缔约方数目很少，发生争端的案件也很少。在GATT成立的早期阶段，通常由每年召开一两次且会期仅有几天的缔约方全体会议来讨论解决有关争端。当时出席缔约方全体会议的代表，大都参加了哈瓦那宪章和GATT的起草工作，他们对每个条款的内容和立法旨意都了如指掌。因此，争端案件通常只需要提交缔约方全体会议加以讨论，再由会议主席凭个人权威当场做出裁定即可。

然而，随着时间推移，GATT 缔约方的数目逐渐增加，GATT 争端的数量随之迅速增长，且争端的内容也日益复杂。于是，仅靠缔约方全体每年一两次的正式会议，已经开始无法承担日益繁重的争端解决任务。于是，缔约方全体开始授权一个由内部成员组成的“斡旋委员会”来专门负责处理争端案件。随后，缔约方全体又决定将争端案件委托给专门成立的工作组来审议，并将其审议报告提交缔约方全体会议通过。工作组成员由很小规模的缔约方代表，通常包括主要争端国家及有利害关系国家指定的代表，以及一个中立方的代表组成。工作组成员可以就争端展开讨论、磋商、谈判，甚至就问题展开表决，直到他们达成某种一致的意见或表决决议，并向 GATT 缔约方全体提出建议，还可以根据第 25 条多数投票规则来采纳或否决该项建议。在实践中，缔约方全体通常以协商一致方式做出决议。随着实践的发展，工作组内部中立方代表的数目很快就超过了利害当事方的数目。于是，工作组程序开始从一个纯粹的外交程序，逐渐演变为一个准第三方裁决模式。①

通过设立专门的工作组，GATT 逐渐将其争端解决程序的核心部分从主要的决策机构（缔约方全体）中分离出来，并相对独立地运转。一旦发生争端，GATT 缔约方将不再是通过外交程序实行“自己的官司自己判”，而是根据第 23 条向专门的工作组提交申诉。而工作组准第三方裁决模式的出现，进一步为早期司法性争端解决机制的产生奠定了基础。

2. 专家组程序的产生

从 20 世纪 50 年代中期开始，GATT 开始出现更为技术化的专家组程序。② 在当时的 GATT 总干事怀特的推动下，缔约方全体决定特别任命一

---

① 在这方面，以智利为申诉方的澳大利亚补贴案具有重大的转折意义。See Report Adopted by the CONTRACT PARTIES, Australia – Subsidy on Ammonium Sulphate（Apr. 3, 1950）, GATT B. I. S. D.（2d supp.）at 188（1952）。

② 从 1954 年 5 月“意大利诉瑞典反倾销案”开始，出现了由第三方组成的“诉讼专家组”（Panel on Complaints）调查审理的方式。该专家组凭借职业技能做出的公正客观调查和周密的法律分析，赢得了高度赞扬和评价。由此演化出由非争端当事方的第三方人士以个人身份独立办案的专家组程序模式。引自赵维田《世贸组织的法律制度》，吉林人民出版社，2000，第 449 页。

个由 3 ~5 名成员构成的专家组来审理案件。这些专家组成员无须服从任何国家政府的指令，而是以中立身份对争端案件展开调查和分析，并向缔约方全体提交裁决报告。经缔约方全体审议通过后，专家组报告将对争端当事方产生明确的法律约束力。此后，专家组程序逐渐替代了工作组程序，成为根据第 23 条第 2 款解决争端的一种习惯模式。①

专家组程序的出现，标志着早期司法性争端解决机制的诞生，对于 GATT 体制的发展具有重要的意义。对此，著名 GATT 专家杰克逊教授评论说：“在处理争端问题上，从工作组迈向专家组的步伐表面看似平平无奇，实际上却具有非凡的意义。它代表了从国家间政治交易的纠缠中摆脱出来，朝向更加尊重客观国际法律义务所迈出的重要一步。专家组更具特色的地方在于，它更像一个不对任何国家负责的独立运作的国际法院。”②

在 20 世纪 50 年代的 10 年间，依第 23 条成功处理的 36 个案件中，经专家组程序裁决的案件占到了 11 个。这些以准司法方式解决争端的专家组审理实践，为后人解释与适用 GATT 实体法规则，弥补 GATT 规则的缺陷，提供了重要的参考价值。从工作组程序到专家组程序，打破了 GATT 以政治谈判作为主要争端解决方式的局面，标志着一种准司法性争端解决机制雏形的出现。在政治实用主义观念的重重阴影下，这一发展显示了法律方式在促进 GATT 多边协调管辖过程中所具有的独特作用和魅力，从而为推动第二次世界大战后 GATT 体制的法律化，跨出了具有重要历史意义的一步。

（二）20 世纪 60 年代的挫折

到了 20 世纪 60 年代，由于世界经济形势的变化及务实主义观念的抬头，GATT“契约说”再度占据了上风，法律规则的地位被贬低，而带有准司法性质的专家组程序则遭受彻底否定。自 1959 年始，在其后的 10 余年时间里，几乎所有贸易纠纷或争端都依靠第 22 条规定的磋商和调解方式

① Ernst - Ulrich Petersmann, *The GATT/WTO Dispute Settlement System: International Law, International Ognizations and Dispute Settlement*, London: Kluwer Law International Ltd, 1997, p. 71.

② John, H. Jackson, *World Trade and the Law of GATT*, New York: The Boobs - Merrill Company, Inc., 1969, p. 174.

来解决；第 23 条所包含的专家组程序则基本上被束之高阁。由此，GATT 体制的法律化进程也被迫中断，甚至出现严重的倒退。

20 世纪 60 年代 GATT 体制法律化进程的倒退，其主要原因还在于 GATT 规则体系本身存在的漏洞。GATT 体制本身是政治实用主义的产物，它并未从宪政角度来完整设计其权利义务体系，也不具有正式的国际条约基础。相反，它仅仅是为实施多边关税减让协议的现实需要而临时适用的产物。从整体思路来看，GATT 表现为一套用以维护缔约方既有协定利益之间动态平衡的多边协调管辖体制。因此，GATT 规则本身充满巨大的弹性，也缺乏有力的强制实施机制保证各缔约方的严格遵守。从 20 世纪 50 年代以来，GATT 规则体系的先天缺陷导致了许多严重的后果：由于 1953 年美国援引第 25 条免除义务条款，导致农产品贸易开始长期游离于 GATT 规则之外；欧共体大量缔结不符合 GATT 第 24 条的特惠式“联系协定”，但缔约方全体却无力纠正，使大批“关税联盟和自由贸易区”作为最惠国例外，从而动摇 GATT 体制的基础；缔约方全体对纺织品贸易做出了“市场破坏”变通，从而违背了第 19 条保障措施的原意，使其具有“选择性”，它不仅使纺织品贸易半游离于 GATT 体制，而且推动了“灰色区域措施”的滋生。[①] GATT 规则体系的混乱严重打击了“尊法派”的主张，也迫使带有准司法性质的 GATT 专家组程序遭到弃用。

与此同时，“务实派”阵营的理论和主张在 GATT 中占据了绝对优势。“务实派”认为，由于国家的贸易政策事关国家主权，各国均不愿意将其置于强制性的国际司法审查之下。因此，在 GATT 中使用法律方法解决争议，并不能保证主权国家之间的合作，反而会破坏合作的意愿。而且，GATT 本质上只是一个各国之间互惠性利益平衡的体制，而不是一个严格的国际法律体制。在国际贸易领域，解决争端的目的不是分清谁是谁非，而是为了保持缔约方之间业已达成的利益平衡。因此，法律方式往往不能很好地解决复杂多变的国际经济问题。既然 GATT 不是一个严格的法律规则体系，那么争端的解决自然不能依照司法方式进行，而应回到“权力导向”的外交轨道上来。因此，第 22 条的磋商与调解方法才是妥善解决 GATT 贸易争端的正确方法。对此，时任 GATT 总干事的奥里弗·隆指出：

---

① 参见赵维田《世贸组织的法律制度》，吉林人民出版社，2000，第 450 页。

“随着 GATT 秘书处越来越倾向于实用主义政策，以及所有缔约方也日渐认同法律教条主义（legalism）无助于促进贸易自由化，GATT 开始把重点从原先作为第三方仲裁人的正式作用，转向为争端当事方自行解决争端提供帮助的非正式作用。”①

二　世界贸易体制法律化的第二阶段（20世纪70~80年代）

（一）对专家组程序的恢复和完善

20 世纪 60 年代以来在“务实派”思潮的影响下，具有准司法裁决性质的专家组程序被搁置一旁。与此同时，各缔约方大量而频繁地运用例外情形，规避或随意变更 GATT 实体法规则，从而导致 GATT 逐渐陷入法纪废弛的境地。依照 GATT 建立起来的，以国际贸易领域“市场准入和消除贸易壁垒”为中心的政府间权利义务体系遭到严重破坏。国家单边主义再度盛行，并对第二次世界大战后 GATT“多边协调管辖”模式构成了严重的威胁。这一时期，GATT 几乎陷入四面楚歌、朝不保夕的危险境地。

1973~1979 年东京回合上，“尊法派”与“务实派”展开激烈的交锋，并最终再度肯定了专家组程序的重要地位和作用。除制定 9 个约束非关税措施的守则（code）外，东京回合还达成了一项《关于通知、磋商、解决争端和监督的谅解》（以下简称《东京回合谅解》）。该谅解专门列有一个附件《对总协定解决争端习惯做法的约定表述》，对 20 世纪 50 年代以来专家组审理案件的习惯规则加以肯定，并将其归纳总结为成文的规则。根据《东京回合谅解》第 7 条的规定，“附件中所表述的 GATT 在争端解决领域习惯做法，经以下的改进后，应当在未来得以继续采用”。

为了更好地发展和完善专家组审理案件的程序，《东京回合谅解》特别分析归纳了专家组模式与工作组模式之间的重大区别：第一，工作组一般负责处理具有较强政治因素的争端，其成员向所有对争端感兴趣的缔约方开放，通常由 5~20 人组成。争端当事方代表是工作组的当然成员，并

① Oliver Long, *Law and Its Limitations in the GATT Multilateral Trade System*, Boston: Kluwer, 1985, p. 75。转引自：John, H. Jackson, *The World Trading System: Law and Policy of International Economic Relations*, 2nd ed., Massachusetts: The MIT Press, 1998, pp. 112-113。

享有与其他成员同等的地位；专家组主要适合处理带有法律性质的贸易争端，通常由第三方国家的 3 ~5 名专家组成。争端当事方的公民，不宜作为该争端的专家组成员。第二，工作组是受缔约方全体委托的官方机构，其成员由各缔约方指定的政府代表组成，他们以官方身份出现，并服从本国政府的指令；而专家组是由具有独立身份的专业人士组成，他们通常具有丰富经验和专业知识技能。专家组成员是以个人身份参与案件审理工作，他们不是任何政府或组织的代表。因此，各缔约方政府不得向专家组成员施加任何指令。第三，工作组主要利用谈判和磋商方式来促进缔约方之间争端的解决，促进政治妥协构成工作组的主要职责；而专家组的主要职责是讨论“有争议的事实和可适用的总协定条款”，从而对争端做出客观评价，并提出明确的“裁决与建议”意见。专家组程序主要表现为以法律方式解决争端的第三方裁决模式。

由于早期专家组通常由不熟悉法律的贸易和外交人士组成，专家组报告的法律质量难以得到保证。部分专家组报告由于存在着一些明显的法律缺陷而备受批评，并被 GATT 理事会退回。随着争端解决的重点日益放在对规则的客观适用上，而不是处理变化无常的政治敏感性问题，法律技术受到 GATT 更大程度的重视。为了配合专家组的法律审理工作，GATT 秘书处从 1981 年起开始招募法律领域的专业人才，并筹划成立“法律事务办公室”（Legal Office）。[①] 1982 年，缔约方全体决定在 GATT 秘书处正式设立“法律事务办公室”，它的主要任务是为专家组提供法律专业知识、法律咨询并负责代为起草专家组报告的文稿。“法律事务办公室”的设立，有助于专家组更好地阐释 GATT 争端中的法律观点，使报告本身变得更为严密、更具法律推理性和证据意识。由于秘书处和专家组都是以独立身份从事工作，秘书处对专家组提供的法律协助与配合，很大程度上促进了专家组程序以法律方式处理争端的准司法模式。此后，越来越多的法律专家开始介入 GATT 专家组程序，并在争端解决中发挥越来越重要的作用。

（二）从“利益的丧失或减损”标准到“违反协定义务”标准

在以关税减让利益为核心的实用主义观念影响下，GATT 第 23 条第 1

---

① Robert E. Hudec, *Enforcing International Trade Law: The Evolution of the Modern GATT Legal System*, Salem, N. H.: Butterworth Legal Publishers, 1993, p. 129.

款把申诉条件设定为一个含糊的“利益的丧失或减损”标准，而非明确的“违反协定义务”标准。这在很大程度上干扰了 GATT 规则的法律权威性。“利益的丧失或减损”是一个非常含糊的概念，在实践中，一缔约方想要证明另一缔约方的行为或措施造成其依协定享有利益的丧失或减损，将是相当复杂和困难。同时，缔约方全体要裁决一项行为或措施是否导致缔约方之间 GATT 协定利益的失衡，以及采取恰当的救济措施来重新达成平衡，也是相当困难的。这也是早期 GATT 体制不得不倚重政治方式来解决缔约方之间贸易争端的重要原因之一。

对于利益的丧失或减损，GATT 早期审理的“澳大利亚化肥案”（1950～1955 年）做出了如下界定：一缔约方损害了另一缔约方的贸易利益，并且这是受损方在关税谈判做出减让时“所不能合理预见的”。[①] 这一案件所确立的“合理预期”标准，成为后来许多同类案件广泛援引的先例。然而，“合理预期”也依然是一个契约性质的含糊概念。为此，GATT 早期工作组或专家组试图寻找一些变通办法，以解决标准的含糊性给案件审理造成的困难。

1961 年，专家组受理了乌拉圭提出的一项针对 15 个发达国家的重要申诉。[②] 在申诉文件中，乌拉圭政府列举了这些发达国家针对从乌拉圭出口产品所采取的各种非关税措施，但并没有说明这些措施是否符合 GATT 规定，也未提供对其贸易造成损伤的任何资料。尽管第 23 条要求将利益的丧失或减损作为申诉依据，但专家组决定超越该条表述来推动审理实践。在报告中，专家组认定任何违反 GATT 协定义务的做法，都将被视为造成利益丧失或减损的“表面证据”。因此，凡是违反 GATT 规则的措施，均可推定为损伤了申诉方的利益。这就反过来要求抗辩方承担举证责任，以证明不存在利益的丧失或减损。表面证据原则的确立，导致案件审理的焦点转向更为明确的 GATT 协定义务。在后来的 GATT 实践中，这起案例所确立的“表面证据”原则被多个专家组认可和遵循，从而使 GATT 案件的审理活动越来越多地倾向于“规则导向”方法。

---

① BISD11/188；BISD3s/224.

② Uruguay v. [15 Developed Countries]: Recourse to Article XXIII, See Robert E. Hudec, *Enforcing International Trade Law: The Evolution of the Modern GATT Legal System*, Salem, N. H.: Butterworth Legal Publishers, 1993, pp. 445 – 447.

到了1987年“超级基金案”[①]，专家组所做的报告把“表面证据”原则这一概念又向前推进了一步。在该案中，欧共体、墨西哥和加拿大投诉美国依据1986年税法对进口石油产品征税所造成的影响。由于1986年税法允许对进口产品征收比国内产品更高的税率，所以美国并不否认它违反了GATT第3条国民待遇义务。但是，美国接着用贸易统计数据来表明这种小额税收没有对贸易流量造成任何影响，以此证实美国的行为没有导致上述国家“利益的丧失或减损”。然而，专家组拒绝评估这种举证，它指出，“在GATT历史上的任何案例中，没有一个缔约方能够成功地反驳‘一项违反义务的措施导致了利益的丧失或减损’这一假定”。接着它还指出，“尽管缔约方全体不曾明确决定该假定……能否被反驳，但实践中，该假定是一项不可反驳的假定”。专家组称，第3条第2款第一句“使缔约方有义务在进口产品和本国产品之间建立起确定的竞争环境。与GATT的其他规定不同，这里没有提到贸易影响……因而，与那项规定相反的、竞争关系的改变必须被认为事实上（ipso facto）使其他缔约方在GATT下享有的利益丧失或减损”。因此，专家组的结论是，一项措施与第3条第2款第一句不一致，但没有造成任何实质性影响，“在专家组看来，即使原则上允许做这种反驳，也并不足以证明其他缔约方享有的GATT利益没有遭受丧失或减损”。在该案件中，专家组对GATT第23条的条文做了进一步的突破性解释，即对协定义务的违反在事实上必然导致“利益的丧失或减损”。由此，专家组的关注重心便从含糊的“利益的丧失或减损”标准戏剧性地转向了明确的“违反协定义务”标准。[②]

通过专家组在一系列案件审理实践中的大胆解释和突破，缔约方的注意力开始被更多地吸引到明确和抽象的GATT规则本身，而不再局限于含糊和具体的贸易利益得失。由于对规则的认可与尊重，法律方法在GATT多边协调管辖中的地位与作用得到了迅速提升，这进一步推动了专家组程序下准司法裁决模式的发展与完善。

---

① U. S. —Taxes on Petroleum and Certain Imported Substances, BISD 34s/136。通称为“The Superfund Case”。

② John, H. Jackson, *The Jurisprudence of GATT& the WTO: Insights on Treaty Law and Economic Relations*, Cambridge University Press, 2000, p. 176。中译本参见〔美〕约翰·H. 杰克逊《GATT/WTO法理与实践》，张玉卿等译，新华出版社，2002，第197~198页。

三　世界贸易体制法律化的第三阶段（20世纪90年代以来）

（一）DSB 决策机制的重大变革

GATT 争端解决机制所面临的最重要难题之一，是决策的“协商一致”原则对争端解决程序可能产生的阻断效果。尽管 GATT1947 第 25 条明文规定，缔约方全体应当按照一国一票多数表决制进行决策，但在多年的实践中，GATT 缔约方全体总是尽量避免严格的表决方式，而是努力通过协商一致方式做出决议。协商一致原则通常表示，对于一项决议的通过，没有任何与会的缔约方代表持明示的反对态度。这就意味着在决策之前，缔约方全体会议需要进行广泛的磋商和谈判，以征得所有缔约方的认可或同意。在 GATT 争端解决程序中，任何专家组的设立及专家组报告的通过，都需要缔约方全体或理事会以协商一致方式做出决议。这实际上相当于授予任何缔约当事方对争端决议事项的否决权，由此造成的两项潜在后果是：其一，任何争端案件中的被诉方都可能阻止专家组的成立，从而使争端解决不得不重回外交妥协的轨道。其二，即便专家组成立并做出裁决，败诉方也可能通过持反对意见来阻止专家组报告的通过。1979 年东京回合许多协议设立了各自的争端解决程序，从技术上说，这些争端解决程序多数容易受到阻断。①

为了扭转这种局面，乌拉圭回合谈判对争端解决的决策机制做出了重大的变革。《关于争端解决规则与程序的谅解》（DSU）首先正式认可了传统 GATT 协商一致决策的习惯做法。DSU 第 2 条明确规定：“凡本谅解的规则与程序规定由 DSB 做出决定，均应以协商一致方式做出。”然而，在专家组的设立及专家组/上诉机构报告的通过等关键事项上，DSU 对传统协商一致方式做出了一项重大的变革，即确立了“反向协商一致”（negative consensus）决策方式。DSU 第 6 条第 1 款规定：“如起诉方提出请求，则专家组最迟应在该请求首次列入 DSB 会议议程的下一次会议上设立，除非

---

① John, H. Jackson, *The Jurisprudence of GATT& the WTO: Insights on Treaty Law and Economic Relations*, Cambridge University Press, 2000, p. 123。中译本参见〔美〕约翰·H. 杰克逊《GATT/WTO 法理与实践》，张玉卿等译，新华出版社，2002，第 138 页。

在该会议上 DSB 以协商一致方式决定不设立专家组。”第 16 条第 4 款则规定：“在专家组报告散发各成员之日起 60 天内，该报告应在 DSB 会议上通过，除非一争端方正式通知 DSB 其上诉决定，或 DSB 经协商一致决定不通过该报告。”第 17 条第 14 款规定：“上诉机构报告应由 DSB 通过，争端各方应无条件接受，除非在报告散发各成员后 30 天内，DSB 经协商一致决定不通过该报告。”对此，有学者评论说：“因为请求成立专家组的成员永远不会不同意成立专家组，一般说，这种一致否定（反向协商一致）是无法达成的。因此，专家组的设立几乎是自动的。”“这种（对专家组或上诉机构报告）一致否定实际上是不可能的，因为这需要得到甚至是受益方（胜诉方）的同意。因此，报告的通过实际上也是自动的。”① 通过以上两项准自动（quazi - automatic）通过程序，DSB 及其专家组和上诉机构已经实质上拥有了审理案件的强制性管辖权（compulsory jurisdiction）。②

“反向协商一致”决策方式的确立，使 DSB 的运行开始具有某些共同体管辖方式的特征。在司法管辖权的分配上，传统上由任意性国家单边主义占据支配地位的局面发生了重大逆转。由于任何成员国家都不可能阻止 DSB 的重大决策（专家组的设立及专家组/上诉机构报告的通过），权力的天平开始倒向以独立身份出现的专家组和上诉机构。尽管 DSB 表面上是一个由成员方政府代表组成的机构，并体现了各国政府之间的联合意志，然而，DSB 决策已经从事实上将实质上的司法管辖权交付具有独立意志的专家组和上诉机构。于是，专家组和上诉机构的工作开始得以摆脱任意性国家单边意志的控制，并在争端解决领域培育和发展了以 WTO 整体利益为归依的独立性司法管辖权。这种独立性司法管辖权的出现，标志着 WTO 体制从一种以外交谈判为主的松散型“多边协调管辖”模式，发展成为一种更具法律约束力的紧密型“多边协调管辖”模式。

（二）两级准司法审理制度的建立

在 GATT 松散型“多边协调管辖”模式下，争端解决程序的管辖权明显倾向于国家的单边意志层面。通过缔约方全体协商一致的决策形式，缔

---

① 〔印度〕巴吉拉斯·拉尔·达斯：《世界贸易组织协议概要：贸易与发展问题和世界贸易组织》，刘钢译，法律出版社，2000，第 117 ~ 118 页。

② 参见赵维田《世贸组织的法律制度》，吉林人民出版社，2000，第 467 页。

约方几乎控制了争端解决的整个过程。因此，无论是由缔约方全体召开会议直接处理争端，还是委托工作组或设立专家组审理案件，国家单边意志的任意性始终是一个难以回避的问题。这也导致了 GATT 争端解决程序反复徘徊于政治方式和法律方式之间，难以建立具有明确法律约束力的独立性司法裁决机制。为了确立一个更具明确性、稳定性和可预见性的权利义务体系，乌拉圭回合谈判尝试建立了一套相对独立的司法制度——两级准司法审理制度。[①]

从机构设置来看，WTO 协定有意识地设计了在总理事会一级的权力分立模式。[②] 尽管从形式上看，DSB 仅仅是总理事会同一机构的另一番面目，二者在组成人员上完全重合，但 DSB 具有独立的职能且另设自己的主席，更为重要的是，真正的司法大权掌握在进行独立审判的专家组——上诉机构手中。[③] 因此，实际上 DSB 具有独立履行司法职能的全部权力。[④] 独立司法制度的建立，改变了传统 GATT 体制将政治机构与司法机构混为一体的局面，也使 DSB 能够另行采取有别于传统政治机构的“反向协商一致”决策方式，有力地确立了法律方式在争端解决机制中的支配性地位。不仅如此，WTO 协定还确立了一个相对完整的两级准司法审理制度。专家组负责争议案件的一审程序，其职责包括审查具体的事实问题和相关涵盖协定（the covered agreements）的适用问题，并提出解决争端的建议或意见。[⑤] 在引入“反向协商一致”决策方式后，专家组报告将根据“准自动程序”通过。如果争端当事方没有提出上诉，则专家组报告将作为 DSB 决议自动生效。由于专家组报告是自动通过的，一旦专家组出现错误的判决，这种判决也会自动生效。为防止这种情形的发生，WTO 协定又专门设立了一个

---

① 关于两级准司法审理制度的提法，来自赵维田教授的相关主张：“……WTO 司法机制的另一个重要特征是，相对独立行使司法权的两级审案制。”赵维田等：《WTO 的司法机制》，上海人民出版社，2004，第 49 页。

② 参见赵维田《世贸组织的法律制度》，吉林人民出版社，2000，第 35 页。

③ 参见赵维田等《WTO 的司法机制》，上海人民出版社，2004，第 51 页。

④ DSU 第 2 条第 1 款规定：“特此设立 DSB，负责管理（本谅解中）规则与程序以及各涵盖协议中磋商与争端解决的规定……因此，DSB 有权设立专家组，通过专家组与上诉机构报告，监督裁决与建议的执行以及授权中止涵盖协议中减让及其他义务。”

⑤ DSU 第 11 条规定：“专家组应对其审议的事项做出客观评估，包括对该案件事实及有关涵盖协定的适用性和与有关涵盖协定的一致性的客观评估，并做出可协助 DSB 提出建议或提出涵盖协定所规定的裁决的其他调查结果。”

上诉审程序，以审查专家组报告中涉及的法律问题和专家组所做的法律解释。[①]上诉机构在审理程序中，可以维持、修改或撤销专家组的法律调查结果和结论。[②] 上诉机构报告中所做的裁决具有终局性。上诉机构的设立，大大强化了 WTO 争端解决的司法裁决模式。上诉机构的 7 名成员都是精通贸易、法律和 WTO 协定的权威人士，他们得以摆脱各种更具政治色彩的事实性争端，并专门负责处理 WTO 协定中的法律问题。通过精确的法律推理和创造性的司法解释，上诉机构的运行对 WTO 争端解决机制的司法化产生了重要的推动作用。两级准司法审理制度的建立，在很大意义上突出和强化了法律方式在 WTO 争端解决中的主导地位，并将传统的政治方式也纳入了法律轨道。

第三节　推进 WTO 体制的法律化：目标及其限度

一　从“权力导向”到“规则导向”：对经济全球化趋势的回应

从根本上说，经济全球化和世界经济一体化活动表现为各国私人主体普遍地、频繁地和大规模地参与世界性的经济分工与合作。由于传统“二元分立”模式的约束，私人主体参与世界经济一体化活动中的利益关系不得不以国家间关系的形式表现出来。各国通过缓和政府对外经济事务管辖权之间的相互矛盾与冲突，达成间接调整私人跨国利益关系的目的，以适应世界经济一体化的发展需要。

假设在国内保护主义利益集团的推动下，A 国政府采取了某种限制进口产品的不当措施，从而对 B 国特定产业的出口利益造成严重损害。[③] 为维护本国受损产业的利益，B 国以政府名义要求 A 国政府取消不当措施或做出补偿。于是，私人主体参与世界经济一体化活动中的利益冲突以国家

---

① DSU 第 17 条第 6 款。

② DSU 第 17 条第 13 款。

③ 事实上，一国采取不恰当的贸易保主义措施，不仅会损害其他国家相关产业的出口利益，也会损害本国内部的特定产业或消费者的利益。在此仅分析一国不当措施对他国造成的不利后果及解决办法。

间贸易争端的形式表现出来。在国际社会中，A 国政府和 B 国政府可能采取两种不同的争端解决方式。

第一种方式是传统的政治和外交方式，即双方就贸易争端展开谈判并达成妥协方案。它的优点在于充分尊重国家的主权意志，具有较大的灵活性并容易实现短期的利益平衡。但这一方式也存在着许多明显的缺陷。从国际层面上说，在解决争端的谈判过程中，大国比小国占据了更为有利的地位。大国可能通过派遣军队进行威慑、取消对小国的经济援助或者对其他产品实施进口限制以进行报复等方式，来迫使小国做出妥协和让步。而小国由于实力有限，在谈判中处于明显的被动地位，往往不得不做出更大的牺牲和让步。双方之间实力的悬殊经常会导致争端解决的结果显失公平，从而导致国际层面上的弱肉强食，并往往引发更深层次的国家间冲突甚至战争。从国内层面上说，以传统的政治和外交方式来解决国际争端，通常还具有秘密性，它一般不需要经过国内立法机构的审查和公民参与。在此过程中，政府和外交部门拥有相当大的自由裁量权。因此，那些在国内具有特殊利益的群体容易通过影响政府和外交部门的对外决策，以牺牲国内普遍福利的方式来获取它们的特殊利益。在国内层面上，它更容易引发政府权力的滥用。从私人主体参与世界经济一体化活动的需要来看，以政治和外交方式来解决贸易争端往往具有有任意性和临时妥协性，无法为私人主体做出合理的经济决策提供长期性指引。

第二种方式是法律方式，即双方事先就一般适用的权利义务规则展开谈判（如一国是否有义务允许另一国的特定产品在特定条件下自由进入本国市场），并就规则实施和争端解决的方式达成协议。当双方进行贸易交往时，任何一方能够依据规则预测对方的行为或可能的反应。假如发生争端，双方就争议的事项展开初步的政治磋商和外交谈判时就明确地知道，一旦谈判不成，任何未解决的争端最终将交由一个中立的第三方根据事先约定的规则进行裁决。因此，双方都会根据各自对裁决结果的预测行事，这就在很大程度上排除了某一方在谈判中运用武力威胁或报复威胁的可能，增加了贸易规则和政府行为的明确性和可预见性。同样，这种方式对国内政府权力的潜在滥用也构成了限制。由于规则更透明，能够发挥长期的规范作用，使秘密谈判和短期利益交换变得更加困难。国内立法机构的介入和公民参与程度的增加，会推动政府措施的公开性和公正性，从而防止特殊利益集团通过影响政府的秘密对外决策来损害国内公民的普遍福利，以谋求局部的保护主义利益。从私人主体参与世界经济一体化活动的需要来看，通过国家间的规则来调整世界贸易事务，以法律方式来解决国家间贸易争端，能够使私人主体在参与世界经济一体化活动中结成的跨国利益关系更具有长期性、稳定性和可预见性，从而有利于私人主体做出正确的经济决策。

建立和发展世界贸易体制，是各国通过“多边协调管辖”模式来回应经济全球化与世界经济一体化需要的一项重大实践。GATT/WTO 体制对世界贸易事务的调整，既不是一种纯粹的政治或外交方式，也不是纯粹的法律方式，而是二者的结合。早期 GATT 体制是向国家单边意志充分妥协的产物，为实现一种松散型的“多边协调管辖”模式，政治或外交方式无疑成为 GATT 可供选择的最佳方式，法律方式则屈居其下。以政治方式为主导的 GATT 多边协调管辖模式通常被人们称为“权力导向型”体制。在这种体制下，尽管存在着一个基本的法律框架，但国家权力和意志在世界贸易事务的调整中依然占据支配地位。无论是推动互惠性贸易利益平衡的协定谈判，还是贸易争端的解决，都严重依赖于谈判、磋商和调解等传统国家间政治与外交方式。互惠性的政府间利益平衡，构成了贸易合作的主要动力。因此，只要不破坏协定贸易利益的平衡，国家就可以不必严格地遵守规则。作为条约的管理机构，缔约方全体并不具备任何用以维护世界经济一体化活动整体利益的独立意志。第二次世界大战后 GATT/WTO 体制的演化，见证了它从一个“权力导向型”体制到一个“规则导向型”体制的发展趋势。争端解决机制的发展，塑造了一个以法律手段为中心的准司法管辖体制。从接受各国政府指令的工作组程序，到相对独立运转的专家组程序；从含糊的“利益的丧失或减损”标准，到明确的“违反协定义务”标准；从缔约方对专家组程序的“阻断”权力，到 DSB 的强制管辖权和两级准司法审理制度，GATT/WTO 争端解决机制的渐进性突破与发展，不断将“规则”推向一个前所未有的中心地位。[①] 在争端解决机制的推动下，GATT/WTO 的法律框架得以不断完善和发展，并逐渐塑造了一个以规则为

---

① See John, H. Jackson, *The Jurisprudence of GATT& the WTO*: *Insights on Treaty Law and Economic Relations*, Cambridge University Press, 2000, p. 124。中译本参见〔美〕约翰·H. 杰克逊《GATT/WTO 法理与实践》，张玉卿等译，新华出版社，2002，第 139 页。

中心的国家间权利义务体系。乌拉圭回合谈判巧妙地平衡了政治手段和法律手段之间张力：一方面，它通过尊重国家意志的政治机制来推进条约谈判，以发展和完善规则体系；另一方面，它建立了相对独立运转的两级准司法审理体制，有力地促进条约规则的实施和争端解决。由此，WTO 体制建立起一个兼顾政治手段与法律手段，并将政治手段纳入法律轨道，以“规则导向”为特征的紧密型“多边协调管辖”模式。

GATT/WTO 体制从“权力导向”到“规则导向”的发展，从一定意义上回应了世界经济一体化所提出宪政性挑战。GATT/WTO 体制形式上表现为国家间的权利义务关系，但其实际目的在于，通过建立一种国家间“多边协调管辖”模式，间接调整私人参与世界经济一体化的跨国利益关系。对于世界经济一体化活动而言，“规则导向”方法在以下几个方面将产生潜在的积极影响：（1）“规则导向”方法有助于在不同国家间建立一个相对稳定的世界贸易秩序，从而为私人参与世界经济一体化活动提供一个基本的制度框架。在权力导向型体制下，某些强权国家更有可能凭借强大的贸易实力，甚至利用其他政治或军事筹码，来压制弱小国家，从而干扰正常的世界贸易事务。因此，“权力导向”方法很容易引发国家间的弱肉强食局面，从而在世界贸易领域形成扭曲的、不公平的秩序。而“规则导向”方法以尊重国家主权意志的方式，建立相对公平的国家间权利义务体系，从而为私人的跨国经济活动提供了一个基本的世界贸易秩序。如果各国政府严格按照既定的规则来实施其管辖活动，则世界经济一体化中的分散决策者们——散布世界各地的生产者、投资者、贸易商和消费者等就能够根据一个相对稳定的、明确的和可预见的规则体系，来决定其长期的商业战略。[①] 相反，如果世界贸易事务受到任意性政府意志的左右，则私人主体从事世界经济一体化活动将面临巨大的风险。（2）“规则导向”方法倾向于用具有透明度的法律方式来实现对世界贸易事务的调整，有助于各国公民在国内法体制中有效地监督和控制政府滥用权力的行为，维护国内宪政体制下的平等自由和权利。在“权力导向型”体制下，规则的制定、实施和争端的解决往往都是以秘密的政治或外交方式进行，国内社会

---

① See John, H. Jackson, *The World Trading System: Law and Policy of International Economic Relations*, 2nd ed., Massachusetts: The MIT Press, 1998, p. 111.

的公民无法对政府权力的滥用进行有效监督。如 GATT 协定就未经各国国内立法机构的审批；而各国政府运用不透明的政治或外交手段实施 GATT 规则及解决争端，都未能受到国内社会的监督。于是，国内保护主义利益集团就很容易通过影响和控制以秘密方式行使的政府权力，左右本国对外贸易政策的制定和实施。[①] 在“规则导向型”体制下，规则的制定、实施和争端解决都基本上纳入了相对透明的法律轨道。如 WTO 条约的制定需要经过国内立法程序的讨论和批准，WTO 争端的解决通常适用以“规则”为中心的司法审理体制等。这就为国内立法机构和国内社会的公民监督政府权力的行使提供了基础。因此，“规则导向”方法有助于推动世界经济一体化形势下国内法体制的宪政化变革，即在对外经济贸易领域更好地监督政府权力的行使，及保障公民的平等自由与权利。[②]

二　政治方式和法律方式的平衡：法律化的限度

政治方式与法律方式构成了 GATT/WTO 体制的两种主要管辖形式。在不同的历史时期，二者既相互配合，又相互制约，共同促成各国对世界经济一体化事务的多边协调管辖。从二者的作用来看，政治方式有助于推进

---

① “权力导向方法……的目标是为了具有权势的利益主义集团，通过对国内公民的平等自由与财产权利施加歧视性关税和限制，来达到重新分配收入的目的。” Ernst - Ulrich Petersmann, *The GATT/WTO Dispute Settlement System: International Law, International Orgnizations and Dispute Settlement*, London: Kluwer Law International Ltd, 1997, p. 66。

② 对于规则导向方法的潜在意义，彼得斯曼教授曾经做过如下的一段分析总结：“规则导向”方法表明了政府或个人之间在阐释和遵守所有的参与者都自愿接受的一般行为规则方面的谈判，因为这些规则调和了它们冲突的短期利益，以一种互惠方式推进其共同的长期利益，例如，像 WTO 一样的自由贸易规则由于下述优点而为政府所支持：（1）它使政府政策具有更大的可预测性（如市场准入），并由此降低国际交易成本；（2）它禁止使用具有消极外部效应的相互损害的政策措施（如歧视性贸易数量限制措施），并由此降低了国家间冲突以及国内的冲突（如在竞争的进口者之间）；（3）它扩大和保护了个人跨越国境的自由和财产权（如进入外国市场和获得外国产品的自由），并由此增加了非中心化（decentralized）、福利增加型决策（如在国际劳动分工背景下的专业化）；（4）它推动了不受歪曲的竞争（如作为一种自发的分配、协调和制裁机制），并由此使经济活动非政治化（depoliticized），并限制对私人权力的潜在滥用与“市场失灵”（如私人卡特尔）；（5）它使政府承诺不论追求何种贸易政策目标，都要使用透明、非歧视和成比例的政策工具，并由此限制了对公共政府权力的潜在滥用。（如贸易保护主义“灰色区域贸易限制”和其他类型的“政府失灵”）Id.，p. 66。

各国对 GATT/WTO 多边协调管辖体制的认同和支持，它保障了该体制在国际法上的正当性（传统的主权平等和互惠原则）；法律方式则有助于推进 GATT/WTO 多边协调管辖体制运行的稳定性和效率，它保障了该体制在国际法上的有效性。

从 GATT/WTO 体制的发展历史来看，政治方式与法律方式是相辅相成，互相适应的。

如前所述，早期 GATT 体制表现为一种以“权力导向”为特征的松散型“多边协调管辖”模式。尽管 GATT1947 为各缔约方行使世界贸易事务的管辖权设定了一个基本的法律框架，然而 GATT 规则及其实施制度体现了一种较低水平的法律约束力。从规则的内容来看，GATT 协定中包含了宽泛的实体性例外（如第 12、18、20、21 条等）；设立了众多有关缔约方收回或中止减让承诺，或者对条约义务进行修改或重新谈判的弹性条款；GATT 临时适用议定书还规定了“祖父条款”。从规则的实施来看，争端解决程序的出发点不是“违反协定义务”，而是“利益的丧失与减损”；GATT 救济手段主要包括补偿或报复，二者都没有强调对 GATT 规则的强制实施；GATT1947 设立了相当便捷的退出机制等。[①] 与此相应，早期 GATT 体制的政治参与也处于一种低水平状态。GATT 基本上为一群从 ITO/GATT 谈判中走出来的贸易和外交精英所掌控，国家及国内社会的政治参与处于一种较低水平。首先，GATT 协定没有经过国内立法机构的批准，这使该体制的运转基本上脱离了国内议会及其公民的政治监督。其次，缔约方全体具有为 GATT “促进运转和实现目标”的宽泛权力，并根据一国一票多数表决制进行决策（第 25 条）。这种硬性投票机制限制了各缔约方政治意志的充分表达。

从早期 GATT 体制的发展需要来看，低约束力的法律方式和低水平的政治参与是相互适应的。为了促使各缔约方做出更多的让步和承诺，GATT 体制需要建立一个低约束力的法律框架。只有在一个相对宽松的法律框架中，主权国家才有可能将本国的对外经济事务管辖权纳入 GATT 多边协调管辖之下。[②] 由于 GATT 规则的低约束力，各缔约方可以将精力更多地放

① 参见本书本章第一节第二小节的分析。

② ITO 的流产，恰恰从反面证明了一个严格的法律框架将严重阻碍各国的贸易合作意愿。

在维护政治和贸易利益的平衡上，而无须严格地遵守规则。既然GATT规则无须严格遵守，那么规则的管理者——缔约方全体的功能和地位也随之大大降低（如仅充当“调解员”角色），而硬性投票机制对缔约方的实际约束力也就相当有限。这又反过来为各国政府、议会及公民对GATT维持一种低水平的政治参与提供了前提。在松散型“多边协调管辖”模式下，GATT规则与国内法的关系含糊不清，它使国内议会和公民的政治参与不具有紧迫性和必要性；而各国政府又可以直接采用谈判和磋商等政治方式来维持利益平衡，避开规则的硬性约束，它无须通过在缔约方全体的政治参与来表达意志。低水平的法律约束和低水平的政治参与，最终导致了各缔约方政府主导下的谈判磋商等政治方式成为实现GATT多边协调管辖的主导方式。

第二次世界大战后GATT体制的发展，同样体现了政治方式和法律方式的相互平衡。随着GATT多边协调管辖范围的不断扩展及规则约束力的不断加强，各国政府及国内议会和公民的政治参与要求也在不断提高。随着贸易合作的不断深入，GATT体制开始将更具政治敏感性的国内规章和措施等非关税壁垒纳入规制的范围。与此同时，GATT争端解决机制也从以政治方式为主的工作组程序，逐渐发展为以“规则”为中心的更具法律色彩的专家组程序。法律约束力的加强，要求GATT政治参与的水平也随之提高。无论是日常重大决策，还是贸易争端的解决，缔约方全体都开始尽量避免采用硬性的投票表决机制，并在实践中发展出一套“协商一致”的习惯模式。协商一致模式使各国在缔约方全体决策中拥有了事实上的否决权，从而使各国能够在更高水平的法律约束中保持政治灵活性。从一定意义上说，第二次世界大战后GATT体制的法律化进程，与协商一致模式下政治参与水平的提高是相互呼应的。

WTO体制的建立，是世界贸易体制法律化的一个重要里程碑。WTO规则的法律约束力得到显著加强。WTO不仅将传统的农产品、纺织品等问题重新纳入法律框架，把规制的范围从货物贸易领域扩展到服务贸易、知识产权等领域，而且还有意识地在总理事会一级尝试建立分权机制，从而构筑了一个具有独立司法权的争端解决机制。“反向协商一致”原则，使DSB获得事实上的强制管辖权和独立司法裁决权，有力地保障了WTO规则对成员方的法律约束力。可见，法律方式在WTO多边协调管辖运用中得到相当充分的发展。然而，WTO并没有由此排斥政治方式而走向一个法律化的极端。在WTO体制下，政治方式同样得到了巩固和加强。首先，WTO条约需要经过国内立法机构的批准，这使得用以规制各国对外经济事务管辖权的WTO规则被置于国内议会和公民的民主审议和监督之下。由此，国内社会的意志和需要能够在WTO联合立法和决策中得到适当的政治表达。其次，WTO总结了GATT发展协商一致模式的实践，以明文方式规定了部长会议和总理事会等政治机构决策中的协商一致规则。同时，WTO还大幅提高了投票表决机制的门槛条件[①]，从而使利用投票机制的潜在可能性大大下降。[②] WTO机构的决策方式，继续表现出对主权国家的充分尊重。再次，由于WTO规则开始涉及人权、环境、健康等与贸易有关的社会议题，引起了包括NGO在内的国际与国内市民社会代表的广泛关注。WTO也提供了适当的机制以保障NGO等组织及其代表的政治参与。最后，由于加强政治参与的需要，WTO的透明度、正当性和民主性等传统国内法上的问题也开始不断引起人们的关注，从而对WTO体制的未来发展产生持续的压力。因此，在WTO体制中，法律纪律的加强必然要求政治参与水平的相应提高。极端的法律化或极端的政治化都是不可取的。前者会极大地削弱主权国家的合作意愿，从而使WTO失去其成员的政治支持；[③] 后者会严重降低WTO多边协调管辖的有效性，从而使WTO陷入法纪松弛、混乱不堪的危险境地。[④]

WTO政治方式和法律方式是相互适应和相互配合的。二者缺一不可。[⑤] 政治方式与法律方式的相互制约和平衡关系，也决定了世界贸易体

---

① 如根据GATT1947，通过一项权威解释的决议仅需要1/2多数票，而授权一项“义务豁免”的决议需要2/3多数票；而WTO规定，这两项决议的通过均要求获得3/4多数票。

② 杰克逊教授指出，从WTO的已有实践来看，经常有1/4成员不出席各类重要的会议，这使得许多正式投票机制往往难以运用。参见〔美〕约翰·H.杰克逊《GATT/WTO法理与实践》，张玉卿等译，新华出版社，2002，第207页。

③ ITO最终流产的事实表明，过度法律化的多边协调管辖模式将很难获得主权国家的认可，从而阻碍各国贸易合作的意愿。

④ 20世纪60～70年代以来GATT实践的教训表明，极端政治化的多边协调管辖方式将导致各国之间的贸易合作体制面临破裂的危险。

⑤ 关于GATT/WTO政治方式与法律方式的“平衡说”，详见：Joost Pauwelyn, The Transformation of World Trade, *Michigan Law Review*, 2005.10（104）：1－65。

制法律化的有限性。从总体上说，WTO 是一个“规则导向型”体制，这表明法律方式在 WTO 运行中占据了主导性地位。然而，“规则导向”方法是政治方式与法律方式相互结合的产物。对此，杰克逊教授曾做过一段精彩的分析：

“……‘规则导向’的概念不同于‘法治’（rule of law）和‘以规则为基础的体制’（rule - based system）。规则导向意味着较少地拘泥于‘规则’，在规则实施上，为适应现实可以做出某些变通（尤其是因为它包含了一些讨价还价或谈判的余地）。那些过于强调严格适用规则的措辞有时会使政策制定者感到恐慌，尽管在现实中他们可能会面临同样情形。任何法律制度必须包容其规则内在的灵活性，并经常调整以适应人类社会实践的需要。问题的关键在于规则实施的程序，尤其是争端解决程序，必须设计得尽可能促进整个规则体制的稳定性和可预见性。为此目的，程序必须是值得信赖的、‘正当的’，并且是合理有效的（而不仅是一堆简单的标准）。”①

这一段分析包含了以下两层重要含义：其一，“规则导向”方法要求尽量制定具有相对弹性的实体规则，并在规则实施时根据现实需要做出适当变通。它意味着主权国家可以运用谈判、磋商和调解等政治手段，灵活地适用 GATT/WTO 实体规则，以适应复杂多变的世界经济形势，并满足各国在现实发展中推进互惠性贸易利益平衡的特殊需要。其二，“规则导向”方法要求建立相对严格和完善的程序规则——尤其是争端解决程序，并以此来促进整个 GATT/WTO 规则体制的稳定性和可预见性。

可见，在实体法领域，“规则导向”方法强调 WTO 规则及其实施的适度弹性，以便为国家通过政治手段进行灵活调整留下充足的空间。在程序法领域，“规则导向”方法强调通过强有力的争端解决机制，以严格的法律手段来保障整个 WTO 规则体系的稳定性和可预见性。将政治方式与法律方式相结合，既满足了不断变动的、以贸易合作利益为中心的国家间实体性规则体系的发展需要，又满足了以维护规则体制的稳定性和可预见性为目标的国家间程序性规则体系的发展需要。

---

① 参见〔美〕约翰·H. 杰克逊《GATT/WTO 法理与实践》，张玉卿等译，新华出版社，2002，第 8 页。

三　WTO形式法治化的未来趋势：从理想到现实

第二次世界大战后世界贸易体制半个多世纪的演变，已经清楚地表明了一种从“权力导向”到“规则导向”的基本发展趋势。在GATT/WTO多边协调管辖的实践中，法律方式的地位和作用在不断地上升。以强制管辖权和准自动通过机制为特征的WTO司法性争端解决机制，更是标志着国际法领域的一项重大变革和历史性突破。①世界贸易体制在法律化方面所取得的显著成就，再度点燃了人类对于建设一个更加美好的国际法治社会的梦想与期盼。

然而，WTO并未由此实现完整意义上的形式法治化。政治方式继续在WTO体制的运行中占据不可替代的重要地位，并制约着WTO法律化的限度。首先，从规则的制定和实施来看，WTO主要政治机构并不具有以维护WTO整体利益为目标的独立国际立法权和实施管理权。部长会议和总理事会由接受各国政府指令的外交代表组成，并主要依协商一致原则做出决策。因此，无论是在WTO规则的制定、修改和解释方面，还是在规则的具体实施方面，各主权国家的独立意志都依然占有举足轻重的地位。这决定了以充分尊重主权意志为特征的谈判、磋商和调解等政治方式，必然成为WTO多边协调立法与决策的主要方式。投票机制门槛的提高和作用的下降，也表明了法律方式在WTO主要政治机构运行中的局限性。其次，即便是争端解决领域，WTO两级准司法审理机制也未实现完全的法律化。如除争端当事方外，其他当事方或DSB本身都无权从维护WTO规则体系的整体需要出发提出申诉；裁决的执行依赖于争端当事方之间的补偿或报复，而不是DSB作为独立第三方所实施的制裁。因此，政治方式在WTO争端解决领域依然具有较大的调整空间。

可见，从治理形式上看，WTO还不是一个完整意义的法治型体制，而

① 赵维田教授指出：“比起《国际法院规约》关于管辖权的规则来，这是一大突破，似乎驱散了困扰（GATT等）几乎所有国际司法机构头上的管辖权乌云……从法理上说，在WTO各成员批准《WTO协定》时，就已表示接受DSB强制管辖与独立审判的意愿。”“就作者知识所及，WTO《争端解决谅解》所含的司法裁决体制是当今最先进、最完善的制度，必然要给国际法在这方面的发展以新的推动力。”赵维田等：《WTO的司法机制》，上海人民出版社，2004，第45页。

只是一个兼顾政治方式与法律方式的“规则导向型”体制。那么，WTO离理想的法治化目标还有多远？WTO未来的发展是否可能继续其法律化的进程，并最终实现完整意义上的形式法治化呢？

WTO形式法治化的未来发展空间受制于该体制实质法治化的实现程度。从本质上看，GATT/WTO体制的诞生，源于经济全球化发展内在需要。随着经济全球化与世界经济一体化的发展，传统“二元分立”法律控制模式的缺陷开始不断暴露出来。在建立直接调整私人间跨国利益关系的“世界法体制”尚不可行情况下，一种可供选择的替代方案就是：建立一个旨在约束和限制政府任意性管辖权的国际法体制，以间接方式保障各国私人主体普遍地、频繁地和大规模地参与世界经济一体化活动的平等自由与权利，从而在一定程度上满足世界经济一体化的发展需要。因此，尽管GATT/WTO体制的最终目标是调整私人参与世界经济一体化活动中的跨国利益关系，但却以一个典型的国家间权利义务体系的形式表现出来。

于是，私人参与世界经济一体化活动的实质法治化，不得不受制于以国家为本位的国际公法体制（即传统国际法体制）。从国际政治的现实来看，国际社会尚未建立一套在宪政原则指导下的整体性权利义务体系。国家自治和国家同意原则从根本上制约了国际公法体制的强制约束力。从理论上说，GATT/WTO可以选择两种不同的法治模式来调整世界经济一体化活动。一是自上而下的立宪模式，即通过制定统一的宪法性规则，以抽象的权利界定形式来分配贸易合作的利益，从而一劳永逸地建立起一个世界性贸易合作与分配体制；二是自下而上的渐进法治化模式，即通过渐进地开放市场和消除贸易壁垒，逐步约束各国的对外经济事务管辖权，从而建立起一个不断深化的贸易和经济合作体制。由于国际政治现实的制约，立宪模式并不可行。于是，GATT/WTO采取了一种自下而上的渐进法治化模式。因此，维系GATT/WTO国家间合作的基础，不是用以分配权利和义务的抽象规则（以实现对贸易合作事务的一般性调整），而是各国在互惠条件下的贸易利益增长。对于世界经济一体化而言，这种形式的贸易合作体制存在着两方面的缺陷：其一，它是一种以功利主义原则为指导的合作体制。由于缺乏正义原则的支撑，这类合作体制的制度和观念基础并不牢固，它往往取决于随时变动的成员意志及实力对比。第二，它是一种以政府利益为中心的合作体制。从本质上看，在世界经济一体化活动中，国家政府扮演的真实角色是管辖者，而不是直接参与者。散布于各国境内的私人主体，才是世界经济一体化活动真正的行为主体。由于政府利益与私人利益在世界经济一体化活动中存在着非契合性，一概以统一政府利益的形式来代表复杂且可能相互冲突的本国私人利益的做法并不恰当。[①] 因此，从实质法治层面看，GATT/WTO 是一个以互惠利益为基础，旨在规范政府管辖权的国家间权利义务体系；而不是一个在规范的宪政原则（正义原则）指导下，直接调整私人参与世界经济一体化活动的权利义务体系。

GATT/WTO 在实质法治化方面的缺陷，决定了其形式法治化的发展空间。在渐进性法治化模式下，各国可以根据本国利益的需要，自由决定是否参加或退出世界贸易体制，以及决定如何开放市场和消除贸易壁垒。贸易利益的平衡与增长构成各国维持 GATT/WTO 体制的观念基础。为了不断平衡各国的具体贸易利益，国家的主权意志必然继续在 WTO 主要政治机构中占据支配地位。这种状况将在很大程度上制约未来 WTO 法律化的进程。因此，就现状而言，在涉及具体贸易利益的 WTO 实体性规则领域，政治方式将继续占据着难以动摇的主导地位。只有在那些不涉及具体贸易利益的 WTO 程序性规则领域或“体制性”规则领域，才是法律方式可能扩展的空间。

---

① 参见本书第四章第一节的分析。

第四章

从"政府本位"到"私人本位"

从形式上看，第二次世界大战后GATT/WTO体制表现为一种典型的国际公法体制。它是一个以国家为基本主体，并通过条约方式规范国家间权利义务关系的法律体制。然而，GATT/WTO体制所要调整的对象，却是全球经济分工与合作背景下产生的世界贸易活动。从本质上看，世界贸易活动的直接参与者是散布于各国境内的私人主体，而不是在外交活动中代表统一国家利益的各国政府。对于世界经济一体化而言，私人主体的跨国分工与合作行为（而不是政府的管辖行为）才具有更为直接的实质意义。私人主体在参与全球经济分工与合作活动过程中所结成的错综复杂的跨国利益关系，与传统国际法上简单的统一国家利益表达形式往往并不一致。

因此，仅仅从传统国际公法的角度来解释GATT/WTO体制是不够的。对于私人间跨国利益关系的调整，不仅要依靠GATT/WTO体制来规范政府的对外经济事务管辖权，而且要进一步依靠各国的国内法体制来调整和保障私人间的利益关系。从这个意义上说，世界贸易体制与国内法体制之间在价值功能上存在着不可分割的关系，二者相互衔接，密不可分。没有世界贸易体制，国内法体制无法单边有效地约束政府的任意性对外经济事务管辖权；而没有国内法体制的配合，世界贸易体制也无法实现对私人间跨国利益关系的间接保障。事实上，随着第二次世界大战后世界经济的发展，世界贸易体制与国内法体制之间固有的密切关系正在不断地显露出来。[1]

第一节　世界贸易体制与国内社会利益格局的分化

世界贸易体制超出了传统国际公法体制的范畴，其原因在于传统“政府本位”（或称“国家本位”）观点无法完整地解释这一体制与国内法体制之间所存在的密切联系。实际上，早在 20 世纪 60 年代，“GATT 之父”杰克逊教授就敏锐地洞察了 GATT 体制与国内法体制之间在价值和制度方面的潜在关联性。他指出，在全球经济分工与世界经济一体化活动中，国家政府可能面临着各种不同政策目标的选择。对此，GATT 体制起到了“去芜存精”的筛选功能，即“给予正当的国内政策目标以适当范围，防止利用这些目标来促进特殊利益集团的利益，而牺牲更为巨大的公共福利”。[2] 紧接着，杰克逊教授进一步明确地指出 GATT 体制具有与国内法体制相一致的宪政功能，“国际体制的另一项功能与任何政府实体完全一致——即帮助私人社会或国家以某种方式组织在一起，使其成员能够去追求共同的目标，而不为该群体成员竞相采取反社会（antisocial）的措施所挫败”。[3]这段话的重要性在于，它指出了 GATT 体制与私人社会或国家的“成员”——即个人活动之间的逻辑关联性。对于这一点，彼得斯曼教授曾做过画龙点睛式的评论：“可能最为重要的是，杰克逊的著作超越了古典国际法学者的传统‘政府中心主义观’（statist conceptions）的束缚，并运用了一种以公民为导向的‘宪政分析方法’，把贸易商、生产者、投资者和消费者的需求，以及国际规则和国际组织的民主正当性和宪政制衡的

① 例如，20 世纪 60 ~ 70 年代以来 GATT/WTO 从规制边境措施发展为规制更具政治敏感性的国内规章和措施；“规则导向”的发展和透明度的加强，推动国内议会和公民更多地参与和介入 GATT/WTO 决策；从 GATT“消极一体化”到 WTO“积极一体化”趋势，更是将世界贸易体制的关注焦点从政府间对等的贸易壁垒削减义务，转移到确立政府适度干预权和保障私人权利的“国际最低标准”等。这些现象不断推动着 GATT/WTO 体制与国内法体制之间在价值与制度上的潜在联结。

② John, H. Jackson, *World Trade and the Law of GATT*, New York: The Boobs - Merrill Company, Inc., 1969, p. 788.

③ Id., p. 788.

需要考虑在内。”①

以公民为导向的“宪政分析方法”，将世界贸易体制的关注点从简单化的政府间利益博弈关系，引向了更为复杂和多元化的国内社会利益格局。

一 出口导向型产业与进口竞争型产业的利益冲突

经济全球化与世界经济一体化的发展趋势，深刻地改变了国内社会的传统利益格局。在经济全球化背景下，以国内经济一体化为基础的传统产业利益格局发生重大变化。生产要素开始在国际范围内重新分化组合，以便谋求更为合理的配置。资金、人员、技术和商品的世界性流动，为各国创造更为巨大的整体性福利提供了基础。贸易自由化对世界经济的潜在贡献，逐渐成为经济学家们的普遍共识。然而，贸易自由化也可能对部分传统国内产业的利益构成严重的冲击。

在传统人类社会的“二元分立”法律控制模式下，政府在对外经济事务领域往往拥有不受国内宪法严格约束的任意性管辖权。② 这种任意性管辖权，刺激了国内贸易保护主义势力在政治领域的聚集和扩展。尽管自由贸易可能增加国内社会的潜在整体福利，但对部分与进口产品存在竞争关系的产业集团利益却构成直接的损害。如果没有建立适当的利益调整机制，来自全球经济分工与合作的潜在利益与负担，将以不公平的方式在国内社会不同利益群体之间进行分配。因此，各国进口竞争型产业利益群体及其代表，将会强烈地反对以开放国内市场和拆除贸易壁垒为核心的贸易自由化政策。进口竞争型产业利益群体必然会想方设法向政府施加压力，要求提供额外补贴或维持特定的进口限制。受到国内民意制约的政府官员，则可能为了获取政治支持而取悦于这部分进口竞争型产业利益群体，从而制定和维护贸易保护主义政策。

---

① Ernst - Ulrich Petersmann, On the Constitution of JOHN H. JACKSON, *Michigan Journal of International Law*, Winter 1999 (20): 150.

② See E. - U. Petersmann, *Constitutional Functions and Constitutional Problems of International Economic Law*, Switzerland: University Press Fribourg Switzerland, 1991, pp. 139 - 208。中译本参见〔德〕E. - U. 彼得斯曼《国际经济法的宪法功能与宪法问题》，何志鹏、孙璐、王彦志等译，高等教育出版社，2004，第196 ~ 281页。

从法理上说，国内法体制的正当性在于，通过宪政原则对国内社会合作的利益和负担在参与者之间进行公平的分配。为此，任何群体的利益都应当经过政治过程的考虑和平衡，并体现在政府的政治决策之中。然而，进口竞争型产业利益群体及其代表在现实中往往拥有超乎其实际水平的政治影响力。在经济全球化与世界经济一体化活动中，进口竞争型产业利益群体与出口导向型产业利益群体所面临的处境是不同的。与出口导向型产业利益群体相比，进口竞争型产业利益群体拥有更大的动力去影响政府决策。其一，进口竞争型产业遭受的是“现实”损害，而出口导向型产业所取得的是“潜在”利益。在参与全球经济分工与合作的过程中，进口竞争型产业往往是一些已经发展得比较成熟的传统国内产业。推行贸易自由化意味着这些传统产业在国内市场既有利益的丧失，这构成一种“现实”损害。而出口导向型产业则往往是一些在经济全球化生产方式中具有新兴利益的产业，这些产业随着世界经济分工的发展而逐渐产生或发展壮大。因此，在国内政治决策过程中，出口导向型产业集团的利益具有潜在性和预期性。从政治决策的过程看，遭受“现实”损害可能比取得“潜在”的合作利益更具有影响力。其二，在世界经济一体化中，进口竞争型产业面临着迫切的生存危机，而出口导向型产业所要解决的则是未来发展的困难。贸易自由化可能直接威胁部分既有进口竞争型产业的生存，并对社会的整体利益构成现实冲击。而出口导向型产业面临的是发展的困难，其未来利益处于一种不确定状态。二者相比，面临迫切危机的进口竞争型产业将具有更大的动力去影响政治过程和政治决策。其三，在传统的国内政治决策过程中，政府可以单方面决定采取任何保护主义的贸易政策。然而，贸易自由化政策却需要世界各国的共同参与和配合。一国可以自行决定开放本国的市场，但却无法要求他国也在同等程度上开放市场。单边贸易自由化政策往往无法取得预期成效。因此，如果没有特定国际法体制的外在约束，进口竞争型产业更有可能去影响和操纵政府的任意性对外经济事务管辖权。由此可见，如果没有引入具有国际法性质的世界贸易体制，对外经济事务决策的国内政治过程往往处于一种力量失衡的状态。

GATT 体制的诞生，在很大程度上要归功于各国出口导向型产业利益群体的政治推动。在贸易保护主义势力的推动下，各国政府往往竞相采取以邻为壑，高筑关税壁垒的对外贸易政策。这种贸易保护政策严重阻碍了经济全球化与世界经济一体化的发展，并引发各国管辖权之间的激烈冲突。20 世纪 30 年代爆发的“斯穆特 – 哈雷关税战”就是其中一个典型案例。在总结历史经验教训之后，各国开始普遍认识到应当通过缔结国际条约的方式，对政府任意性对外经济事务管辖权进行适当的限制、协调和统一，以更好地推动和保障国内私人主体参与世界经济的分工与合作活动。世界贸易体制的诞生和发展，改变了对外经济事务国内决策过程中的政治力量对比。而推动一国政府实行自由贸易政策的国内政治力量，主要来自那些能够从对外经济交往中直接受益的出口导向型产业利益群体。这些出口导向型产业利益群体从自身利益需要出发，积极游说其国会和行政机构，影响国家对外经济政策的制定，对贸易保护主义集团构成有力的制衡。

在《世界贸易宪法》一文的导论中，作者约翰·麦金尼斯和马克·莫维塞西恩开宗明义地阐述了世界贸易体制与相互冲突的国内产业利益集团之间的关系：

“自由贸易和民主政府面临一个共同的障碍——聚结的利益集团的影响。因为自由贸易为每一个国家创造财富，人们本可期望国民的多数会支持自由贸易政策，反对以牺牲多数人利益为代价使特殊利益集团得利的那些政策。然而，一些国内产业却从自由贸易中蒙受损害，这些产业的业主和工人会鼓动限制进口的贸易保护主义措施。这类保护主义利益集团对国内政治的影响远远超过其人数所占的比例，他们在议会中的游说者往往能够获得对进口的限制，即使损害全体公民的利益也在所不惜。

WTO 与其管辖下的贸易协定发挥着抑制保护主义利益集团的作用，并藉此同时促进自由贸易和民主。自 1947 年以来，GATT 业已构成了几次全球性谈判‘回合’的框架，在这些回合中，各缔约方就关税的大幅度互惠减让达成了协议。互惠的关税减让体制，使受益于外国低关税的出口商有动力游说他们的政府支持自由贸易政策。这种出口商利益集团的动员起到了制衡贸易保护主义集团的作用。”①

---

① John O. McGinnis, Mark L. Movsesian, The World Trade Constitution, *Havard Law Review*, Vol. 114, No. 2, December, 2000, pp. 515 – 516。中译本参见〔美〕约翰·麦金尼斯、马克·莫维塞西恩《世界贸易宪法》，张保生、满运龙译，中国人民大学出版社，2004，第 6 ~7 页。

上述引文清楚地表明了，在GATT/WTO体制的诞生与发展过程中，其面对的国内利益格局始终呈现以出口导向型产业为代表的贸易自由主义利益与以进口竞争型产业为代表的贸易保护主义利益之间的激烈对抗。

二　生产者利益与消费者利益之间的失衡

经济全球化与世界经济一体化的发展，标志着人类社会经济组织方式的一次新的变革。在经济全球化趋势下，各国国内社会的私人主体作为生产者、投资者、贸易商和消费者等开始普遍地、频繁地和大规模地参与具有跨国性质的经济分工与合作活动。其中，生产者、投资者和贸易商是世界经济一体化活动的积极参与者，可以将他们统称为广义的生产者；而消费者则是世界经济一体化活动的消极参与者。每一个购买具有跨国因素的商品或服务的国内私人主体，即使他们足不出户，都可能构成世界经济一体化活动的消极参与者。

对于经济全球化与世界经济一体化活动的法律调整，同样需要考虑依据类似国内法意义上的正义原则，即在其参与成员之间公平地分配社会合作的潜在利益与负担。然而，在威斯特伐利亚体制下，不存在任何凌驾于国家权威之上的“世界法”，以实现对世界经济一体化活动的超主权管辖。为克服困境而建立的GATT/WTO体制，以规制和协调国家对外经济事务管辖权的方式，间接实现对私人参与世界经济一体化活动的调整与管辖。然而，依据传统国际公法标准而设立的GATT/WTO体制，并没有对世界经济一体化活动的参与者进行全面的利益评估与平衡。

世界贸易体制的产生和发展，主要是围绕生产者之间的利益冲突与斗争展开的。尽管在世界经济一体化活动中，消费者可能是一个数目相当庞大的利益群体，其所涉及的国内利益绝不亚于生产者所代表的国内利益，然而，在国内决策过程中，生产者群体与消费者群体之间的政治力量对比呈现明显的失衡状态。原因在于：其一，代表生产者利益的国内群体相对集中，容易形成强大的政治势力集团，从而影响政府的对外贸易立法与政策。无论是出口导向型产业还是进口竞争型产业，其利益群体都具有天然的组织性，其政治力量易于聚集和组织。反之，消费者利益群体的力量则相当分散，组织成本可能非常高昂。因此，他们往往很难形成有影响的政治势力集团。其二，在对外贸易活动中，单个生产者所涉及的利益可能非常重大，甚至可能涉及整个产业的未来生存和发展。反之，单个消费者的利益在贸易活动中往往是微不足道的，不足以激励其通过政治方式干预政府决策。这些差别决定了生产者群体既有充分的政治参与意愿，又能够通过有效地组织政治利益集团，从而大量地参与政府制定对外贸易政策的过程。相反，由于利益的分散性和缺乏组织，消费者群体往往很难进行有效的政治动员，并通过政治聚合和利益表达来影响一国政府的重大决策。

作为调整经济全球化与世界经济一体化活动的人类社会合作制度，GATT/WTO 体制表现出以生产者利益为中心的显著特征。从整体上说，消费者利益在 GATT/WTO 规则的制定及运行过程中并未加以认真考虑。[①] 对于这一问题，Petros C. Mavroidis 教授在一项学术研究中深入分析了 WTO 规则的生产者利益导向特征。[②]

首先，从消除贸易壁垒的非歧视原则来看，WTO 相关规则并未充分考虑消费者利益的平衡。非歧视原则意味着各国在对等程度上相互开放其贸易领域，并从中分享共同的合作利益。然而，非歧视原则并没有直接阻止各国政府对公民参与世界经济一体化活动的干预，它只是力求在对等程度上降低各国由于经济干预而引发的各类关税和非关税壁垒。这表明 WTO 成员方政府依然拥有相当大的自由空间，采取一系列减损消费者福利的贸易干预政策。只要这些低效的国内政策是以非歧视方式加以采用，它们就不会在 WTO 争端解决机构遭到质疑和挑战。这种情况之所以发生，“是 GATT 和 GATS 本质上属于消极一体化（negative integration）式契约这一事实所造成的直接后果。在消极一体化式契约中，影响贸易的国内政策以单边方式制定，而其国际的外部溢出效应（spillovers）仅仅遵守非歧视原则”。[③] 因此，WTO 法并未从整体上考虑对世界经济一体化活动的全面调

---

① 赵维田教授指出：“现实的为各国乃至 GATT/WTO 体制做辩护所持理由，都是以各国生产人团体利益为基础，他们很少关心什么世界共同利益。”参见赵维田《世贸组织的法律制度》，吉林人民出版社，2000，第 321 页。

② See Petros C. Mavroidis, Come Together? Producer Welfare, Consumer Welfare, and WTO Rules, cited from Ernst - Ulrich Petersmann (ed.), *Reforming the World Trading System: Legitimacy, Efficiency, and Democratic Governance*, New York: Oxford University Press, 2005, pp. 277 - 289.

③ Id., p. 277 - 278.

整，而只是依据对等原则要求各国对本国的政府对外经济事务管辖权进行适当限制。这种限制的程度是以各国生产者可能获得的对等预期利益为依据的，WTO 法并不关心各国私人主体在参与世界经济一体化活动中所结成的跨国利益关系是否平衡。

其次，WTO 条约中设置了一些附条件的贸易保护工具，如 GATT 具有的四项附条件的保障机制（反倾销、补贴、保障措施和收支平衡措施）以及具有同样保障功能的 GATT 免除义务条款。GATS 尽管没有规定正式的保障条款，但它同样包含了诸多正在发展中的保障机制。[①] 这些机制允许成员方在特定情形下采取相应的国内保护措施。例如，《反倾销协定》规定，当进口商品在国内倾销并对同类产品的国内产业造成实质损害，成员方政府可以采用征收反倾销税等方式来保护国内产业的利益。然而，在此类 WTO 保障机制下，评估标准被过度地集中在进口产品对国内生产者利益可能造成的损害，而对国内消费者福利的潜在积极效应却被明显低估或忽略了。

WTO 保障机制的相关规则对于国内生产者利益给予充分的考虑，并通过强有力的“硬法”（hard law）加以保护。例如，从反倾销、反补贴或保障措施的实施条件来看，WTO 法均特别设定了针对生产者的损害标准。《反倾销协定》第 3 条第 9 个注释明确指出：“在本协定项下，‘损害’一词，除非另有规定，否则应理解为对一国国内产业的实质损害，对一国国内产业的实质损害威胁或对此类产业建立的实质阻碍，并应依照本条的规定予以解释。”该协定第 3 条第 4 款则进一步具体规定了如何评估倾销产品对国内产业造成的影响。《补贴与反补贴措施协定》也有类似的规定。该协定第 5 条规定：“成员方不得通过使用第 1 条第 1 款和第 2 款所指的任何补贴而对其他成员的利益造成不利影响，即（a）损害另一成员的国内产业；……”第 15 条第 45 个注释也规定：“在本协定项下，‘损害’一词，除非另有规定，否则应理解为对一国国内产业的实质损害，对一国国内产业的实质损害威胁或对此类产业建立的实质阻碍，并应依照本条的规定予以解释。”第 15 条第 4 款则进一步具体规定了如何评估补贴进口产品

① B. M. Hoekman, P. C. Mavroidis, Dumping, Antidumping and Antitrust, *Journal of World Trade*, 1996 (30): 27 - 42.

对国内产业造成的影响。《保障措施协定》相关的规定亦不例外。该协定第 2 条指出，数量急剧增加的进口产品只有在“对生产同类或直接竞争产品的国内产业造成严重损害或严重损害威胁”时，成员方政府才可针对该进口产品采取保障措施。第 4 条则具体规定了如何评估进口产品对国内产业造成的损害。上述三项协定均表明了，在分析进口产品对国内社会的影响时，WTO 法的审查重点均落在了评估国内相关进口竞争型产业集团的利益是否遭受损害。而对于国内消费者是否会因进口产品而受益，或因政府采取特别的贸易保护措施而遭受潜在损失，均不在重点考虑之列。由此可见，WTO 保障机制的相关规则基本上是根据各国生产者之间的利益平衡而设立的。在评估进口产品对国内社会的影响时，生产者利益被放在了决定性的位置。

对于消费者利益，WTO 保障机制的相关规则并没有给予足够的重视和保护，相关规定往往以“软法”的形式出现。例如，《反倾销协定》第 6 条第 12 款规定：“主管机关应向被调查产品的工业用户，或在该产品通常为零售的情况下，向具有代表性的消费者组织提供机会，使其能够提供与关于倾销、损害和因果关系的调查有关的信息。”与此类似，《补贴与反补贴措施协定》第 12 条第 12 款规定：“主管机关应向被调查产品的工业用户，或在该产品通常为零售的情况下，向具有代表性的消费者组织提供机会，使其能够提供与关于补贴、损害和因果关系的调查有关的信息。”《保障措施协定》第 3 条第 1 款规定：“该调查应包括对所有利害关系方做出的合理公告，及进口商、出口商和其他利害关系方可提出证据及其意见的公开听证会或其他适当方式，包括对其他方的陈述做出答复并提出意见的机会，特别是关于保障措施的实施是否符合公共利益的意见。”这些条款要求 WTO 成员方在审查程序中为其他利益当事方（包括消费者组织）提供表达其观点的机会。这类规定基本上属于非强制性的“软法”，其中最为强硬的语句要属《保障措施协定》第 3 条第 1 款。然而，即使是该款规定，也依然缺乏有力的具体制度来加以保障。① 由此可见，WTO 相关规则

① 一些国内及区域立法反倒为消费者提供了增加关注的机会：欧共体反倾销法要求欧共体实施的所有反倾销税必须符合共同体利益（这当然包括了消费者福利）。经验分析表明，即使为此做出法律要求，实际情况也可能并不尽如人意。B. M. Hoekman, P. C. Mavroidis, Dumping, Antidumping and Antitrust, *Journal of World Trade* 1996 (30): 31。

仅仅附带提及消费者利益，并没有进行认真评估和加以保护。

作为一种更为先进的经济组织形式，经济全球化与世界经济一体化总体上有利于各国经济的发展，并能够实现人类社会整体福利的增长。然而，世界经济一体化的发展趋势也引发了各国国内利益群体的重新分化组合。GATT/WTO 体制的诞生，实质上是在经济分工与自由贸易中受益的出口导向型产业利益集团联手推动的结果。散布于不同国家的出口导向型产业利益集团，在自身利益的驱动下，通过政府之间的联合实现对国内贸易保护主义势力的抗衡，从而推动全球性的经济分工与合作。因此，在出口导向型产业利益推动下的 GATT/WTO 谈判，并没有从消费者利益的角度出发，充分完整地考虑贸易对于一国乃至世界经济全局的整体影响，并以此为标准来订立条约及其规则。①

第二节　世界贸易体制的“政府本位”特征及其宪政缺陷

一　GATT/WTO 体制的“政府本位”特征

按照传统国际公法体制形式建立的世界贸易体制，在价值基础上表现出强烈的“政府本位”特征。也就是说，在世界经济一体化的分工与合作活动中，利益与负担不是直接在参与的行为主体——散布于各国境内的生产者、投资者、贸易商和消费者之间进行分配，而是按照国家或政府利益的平衡来分配的。GATT/WTO 多边贸易谈判的主要目的，在于通过关税减让或削除非关税壁垒，建立起一个以互惠为标准的国家间贸易利益平衡体。

GATT/WTO 体制的运行，其主要目的是维持国家间依条约而建立起来的利益平衡关系。国家利益的对等原则或互惠原则构成了 GATT/WTO 体制

---

① 亚当·斯密指出：“消费是所有生产的唯一结局和目的；而只有当有可能为促进消费者利益所必须时，生产者利益才应当被照顾到……但在重商主义体系中，消费者利益却几乎一直因为生产者利益而牺牲；而且该体系似乎把生产——而不是消费——看作所有工业和商业的终极结局和目标。”转引自〔德〕E. - U. 彼得斯曼《国际经济法的宪法功能与宪法问题》，何志鹏、孙璐、王彦志等译，高等教育出版社，2004，第 178 页。

一个最基本的价值分配原则。从GATT/WTO争端解决机制来看，这一点表现得非常明显。依据GATT1947第23条规定，争端解决程序的出发点不是对GATT协定义务的违反，而是缔约方依据GATT协定所预期利益的丧失或减损。WTO条约在这方面有所发展，即明确将违反协定义务作为成员方提起申诉的依据之一。不过，违反协定义务通常被认为是依WTO协定而取得的预期利益丧失或减损的表面证据。① 因此，其设计的重心依然在于维持各国政府间利益之间的平衡。而且，只有利益受损的当事方才有权依GATT/WTO协定提起申诉。任何其他成员方或GATT/WTO机构都无权从整体利益出发维护该权利义务体系的法律权威性。互惠性的国家间利益平衡，构成了GATT/WTO体制实现贸易合作的价值基础。

然而，所谓的国家利益平衡，基本上是依维护本国生产者利益的标准来设定的。世界经济一体化的分工与合作，将给世界各国及其国内私人主体带来巨大的潜在整体福利。但传统上一国政府对世界经济一体化事务的任意性管辖权，直接阻碍和限制了各国生产者参与世界性经济分工的正常生产、投资和贸易活动。为此，需要对政府任意性管辖权进行适当的限制、协调和统一。每个国家的出口导向型产业利益集团要想进行正常的生产、投资和贸易活动，就必须得到他国政府的配合。在本国出口导向型产业利益集团的推动下，各国政府为了能够换取他国政府的让步，对本国的对外经济事务管辖权也做出相应的自我限制。这样，各国在互惠基础上达成了旨在相互约束政府任意性管辖权的国际法规则。因为政府关于管辖权的每一个让步，都意味着对他国出口导向型生产者利益的进一步保障，也意味着对本国进口竞争型生产者利益保护力度的减弱。因此，各国政府在多边贸易谈判中可获得的“国家利益”，形式上表现为他国政府管辖权力的让步（如关税的降低或非关税壁垒的削减），实质上则是本国出口导向型生产者利益的增长。可以说，政府在GATT/WTO谈判中所做出每一个让步，都是建立在平衡本国出口导向型生产者的预期利益和进口竞争型生产者的预期损失基础之上。

由此可见，所谓GATT/WTO利益平衡体，从本质上说就是各国生产者之间的利益平衡体。政府作为本国产业利益集团的代言人，努力维护传统

① 参见本书第三章第二节第二部分的分析。

进口竞争型产业的既有利益，并致力于扩展出口导向型产业的新兴利益。为了在一个国际公法体制下维护本国的生产者利益（私人利益），各国政府又将本国的产业利益“升格”为国家的整体利益。[①]

二　“政府本位型”GATT/WTO体制的宪政缺陷

从价值基础上看，现有GATT/WTO体制是以政府利益为本位的。GATT/WTO条约的制定、管理和实施，被视为一种纯粹政府间性质的活动；各成员及其政府构成GATT/WTO法中直接享有权利并承担义务的主体。由于GATT/WTO条约而产生的贸易争端，也只有各成员政府才能作为当事方，并以维持国家利益平衡的方式加以解决。在这种“政府本位型”体制下，私人在GATT/WTO中不具有任何主体地位，其利益也无法得到直接的表达并受到法律的有力保障。与传统“二元分立”结构的人类社会一样，私人利益只有通过政府外交的方式才能得到间接保护。也就是说，如果私人主体在从事国际经济活动中的正当利益受到不法侵害，那么他必须首先说服本国政府，并由政府将其私人利益转换为政府利益形式，通过国际公法体制加以保障。然而，以政府利益为本位的GATT/WTO体制，未能完整地解决经济全球化与世界经济一体化所提出的宪政性挑战。

第一，以政府利益为本位的GATT/WTO体制，可能造成世界经济一体化条件下国内利益分配关系的失衡，从而阻碍国内法体制既有宪政功能的实现。

作为一种具有更高效率的经济组织形式，全球经济分工和世界经济一体化能够给人类社会带来更大的整体福利，但同时也会影响国内社会的利益分配格局。如果国内社会能够制定恰当的补偿性收入转移政策，那么每个参与世界经济一体化的国内私人主体都将从中受益。[②] 因此，总福利的

---

① 这种状况的根源在于国内法体制的“宪政失灵”，即在世界经济一体化条件下，生产者利益集团与消费者利益集团在国内政治运行过程中处于一种明显的力量失衡状态。参见本章第一节的相关分析。

② “在信息充分的条件下，补偿性的总额转移支付可以确保自由贸易政策符合经济中每一个个体的自利原则。”“自由贸易的受损者……分享或攫取从贸易中得到的好处，那么也能最大化他们的福利。”〔美〕艾尔·L. 希尔曼：《贸易保护的政治经济学》，彭迪译，北京大学出版社，2005，第6页。

提高和国内补偿性收入转移政策，能够使世界经济一体化以符合国内宪政原则的方式为每一个参与其中的国内私人主体提供更大的福利。然而，GATT/WTO 体制的建立和发展并不是从国内私人主体的整体利益出发的，而是从各国出口导向型产业的利益出发的。出口导向型产业与进口竞争型产业之间的斗争和妥协，推动了 GATT/WTO 规则的形成与发展。

于是，在 GATT/WTO 体制中，生产者利益得以作为本国政府利益的“代表”，并通过国际公法体制加以保障。GATT/WTO 规则基本上都是倾向于生产者利益，而忽略了更具普遍意义的消费者利益。如果没有对消费者利益进行评估，那么所谓经济全球化与世界经济一体化活动中的“政府利益”，只是一种虚构的借口。以“自愿出口限制协议”（Voluntary Export Restraints，以下简称 VERs）为例，20 世纪 70 年代美国芝加哥大学“法经济学派”对当时流行的几个“VERs”进行了分析。一是美国与日本汽车商订立的《自愿节制汽车出口协议》，日商“自愿”承诺每年只向美国出口 168 万辆汽车，美方答应每辆车加价 400 美元左右进行销售。据测算，这相当于美国政府向本国消费者加征了 4.3 亿美元的消费税，再拱手让给日本汽车商。二是欧共体与日本厂商私下订立的磁带录音机自愿节制出口协议，用欧洲消费者 3 年 5 亿英镑的代价来换取减少其对欧出口。[①] 可见，打着“政府利益”旗号的自愿出口限制协议，实质上只是以牺牲国内消费者整体福利的方式，来保护本国部分进口竞争型产业的局部利益。

以政府利益为本位的 GATT/WTO 体制，缺乏国内法体制中以公民权利制约政府公共权力的宪政机制。没有公民权利的有力制约，政府公共权力必然面临着被滥用的危险。进口竞争型产业群体通过影响和操纵政府的对外经济事务管辖权来获取垄断性的保护主义利益；而出口导向型产业群体则推动政府建立 GATT/WTO 多边协调管辖方式，限制、协调和统一各国的任意性管辖权，进而实现其自身利益。国内生产者利益群体之间的斗争最终支配了政府对外经济事务权力的运用。在 GATT/WTO 体制下，各国政府正是在单方面评估生产者利益基础上建立所谓的国家利益平衡体。国内法体制要求通过体现正义的宪政原则，将社会合作的利益与负担在国内参与者之间进行公平分配。然而，如果没有普遍性公民权利的制约，政府权力

---

① 参见赵维田等《WTO 的司法机制》，上海人民出版社，2004，第 4 页。

很难自觉地实现公平分配的目标。任何具有潜在利益的国内群体都可能千方百计地去影响政府任意性权力的行使。与国内情形一样，在世界经济一体化活动中的政府管辖权也同样不会自觉地实现公平分配的使命。以政府利益为本位的 GATT/WTO 体制，作为国内不同利益群体政治斗争的产物，必然会在利益分配上倒向某一局部利益群体。GATT/WTO 规则严重倾向于生产者利益已经证明了这一点。因此，现有 GATT/WTO 体制在私人价值分配上是一个失衡的体制。尽管它为出口导向型产业群体提供了得以制约进口竞争型产业群体的平衡机制，在一定程度上缓解了经济全球化与世界经济一体化给传统国内法体制带来的宪政性挑战，但并没有完整地解决这一问题。

第二，政府利益与私人利益之间的非契合性，导致私人间跨国利益关系在“政府本位型”GATT/WTO 体制下往往难以得到充分和有效的保护。

从本质上说，世界经济一体化活动的真正参与者是各国国内社会的私人主体。各国私人主体以生产者、投资者、贸易商和消费者等经济主体身份，普遍地、频繁地和大规模地参与世界性经济分工与合作活动，从而促进了资源的更有效配置，提高了生产效率，并增加了人类社会的整体福利和推动了社会进步。传统上政府在对外经济事务领域的任意性管辖权，严重阻碍了各国私人主体参与世界经济一体化活动，并引发和深化了世界性经济危机。为此，各国建立了 GATT/WTO 多边协调管辖模式，对政府的任意性管辖权进行适当的限制、协调和统一，从而间接调整世界经济一体化活动中的私人间跨国利益关系。在以政府利益为本位的 GATT/WTO 体制下，私人间跨国利益关系是通过政府间利益关系的形式表现出来的。通过订立政府间协定的方式，各国私人主体参与世界经济分工活动的利益关系得到间接保障。因此，私人主体参与世界经济一体化活动利益的获得，完全取决于各国政府之间能否就削减贸易壁垒达成协议，及协议所做出的具体让步。不仅如此，私人主体依据 GATT/WTO 协定的间接指引而参与世界经济一体化活动过程中，如果其利益受到不法侵害，也只能说服本国政府出面，并以政府利益损失的形式在 GATT/WTO 争端解决机制中提出申诉。

在经济全球化与世界经济一体化活动中，政府利益与私人利益之间存在着非契合性。尽管在大部分情况下，政府总是会致力于维护本国私人主体的跨国经济利益。然而，用政府利益来完全取代私人利益在许多情况下是一种不恰当的做法。私人主体由于参与世界性经济分工与合作，可能结成相当错综复杂的私人间跨国利益关系。这种私人间跨国利益关系是不以国家为界限的。① 例如，不同国家的利益群体可能因为在世界经济一体化活动中的共同立场而结成跨国联盟，而同一国家内部的不同利益群体也可能由于在世界性经济一体化活动中的不同地位而处于对立或冲突状态。当一国内部不同群体产生利益冲突时，政府很难用一种统一的政府利益去代替多元化的私人间利益关系。在这种情况下，政府只能取悦那些具有更大政治影响力的利益群体，并牺牲具有较弱政治影响力的利益群体。这种利益取舍可能完全取决于国内政治权力斗争，而不是一种宪政原则指导下的法律控制方式。“政府本位型”GATT/WTO 体制还可能使各国的主要精力集中在维护政府利益的平衡上，而相关规则是否符合世界经济一体化的本质要求在所不问。于是，当一国私人主体的正当利益遭受损害时，GATT/WTO 体制也往往难以进行有效的保护。私人主体首先必须说服本国政府，并以政府利益（而不是私人利益）遭受损害的形式向 GATT/WTO 争端解决机构提出申诉。在争端解决过程中，各国通常又是以政府利益的交换和平衡作为协调矛盾和解决冲突的依据。于是，私人的正当利益就很可能成为政府谈判或争端裁决中用以交换或平衡的筹码，这将不可避免地扭曲或损害私人主体在世界经济一体化活动中的正常利益关系。如果私人主体的跨国正当权益无法得到有效保障，必然会严重阻碍他们积极参与世界经济一体化的分工与合作活动。因此，在调整经济全球化与世界经济一体化活动中，完全以政府利益来代替本国私人利益的做法，具有一定程度的负面效应。

第三，“政府本位型” GATT/WTO 体制，在很大程度上限制了协调和

---

① 彼得斯曼曾在其著作中引用经济学家 W. Röpke 的一段话，来说明国际贸易冲突的实质：“在贸易政策这个问题上，造成采用保护性关税的国内生产者们，其利益不仅与消费者的共同利益，而且与每个国家所有其他生产者的共同利益是相对立的。因此，所谓的国际阵线实际上就是一种国内阵线；而每一种贸易让步也并不是整个国家为了有利于外国人而被迫做出的牺牲，而是想要寻求保护之人所组成的特定团体为了该国其他人而被迫做出的让步。贯穿于一国内部的这种事实上的利益冲突采取了国内与国外之间冲突的伪装形式，这一点仅是一种表面现象。”参见〔德〕E. –U. 彼得斯曼《国际经济法的宪政问题与宪政功能》，何志鹏等译，高等教育出版社，2004，第 4 页。

解决私人间跨国利益冲突的制度工具与手段。

在“政府本位”支配下，绝大部分 GATT/WTO 协定规则都是围绕限制、协调和统一各国政府的对外经济事务管辖权而展开的。无论是关税减让（涉及政府对进口商品的征税权），还是非关税壁垒的拆除（涉及政府为管辖世界经济一体化相关事务而制定的国内规章和措施），都被各国视为一种政府间利益的交换或让步。而仅有少数规则（如 TRIPS 协定）涉及对私人利益的直接保障。因此，GATT/WTO 体制对世界经济一体化下私人间跨国利益关系的保障，主要是通过间接方式进行的。尽管在世界经济一体化分工与合作活动中，各国私人主体结成相当错综复杂的跨国利益关系，并构成了国际事务的重要组成部分，但是，这些私人间跨国利益关系的取得，绝大部分还是来自 GATT/WTO 协定下政府做出的对等式“管辖权让步”，只有少数私人利益由 GATT/WTO 规则（如 TRIPS 协定）直接加以规定。这意味着，从总体上看，世界经济一体化下的私人间跨国利益，只有通过各国的国内立法才能得到进一步的直接保障。因此，当私人主体参与世界经济一体化的正当利益遭到外国政府相关立法或措施的侵害时，很难在 GATT/WTO 规则中找到保障自身利益的直接法律依据。在这种情况下，私人主体必须先审查外国的相关国内立法或措施是否违反 GATT/WTO 规则，然后请求本国政府出面在 GATT/WTO 体制中加以解决。这不仅会给私人主体带来难以承受的经济负担，而且会对 GATT/WTO 有限的行政和司法资源造成沉重的压力。

作为一个面向未来的体制，WTO 必须充分挖掘现有体制框架下的发展可能性。考虑到约 160 个成员方各具特点的国内法体制，要将约束政府管辖权的 WTO 规则，转换为国内法直接保障私人主体利益的规则，这中间的过程是相当复杂的。如果能够在 WTO 协定中直接设定某些保障私人主体在世界经济一体化活动中所具正当利益的规则，那么，这一体制调整私人间跨国利益关系的功能将在很大程度上得到改进。由于 WTO 协定已经对私人利益做出明确的规定，各国只要经过程序简单的“纳入式”国内立法，即可实现对私人主体参与世界经济一体化利益的有效保障。而且，各国还可以进一步考虑在国内法院中直接援引这部分保障私人利益的 WTO 规则。既然各国已经在国际立法层面上普遍认可了私人主体在世界经济一体化活动中所具有的正当利益，那么，就没有必要还继续通过政府利益的替代形式在WTO争端解决机制中处理这些纠纷。各国完全可以充分利用本国的国内法院来解决相关私人跨国利益保障问题。这不仅可以给私人主体维护自身正当的跨国权益带来巨大便利，而且在很大程度上可以避免政府之间在WTO层面上的直接冲突，并节约了WTO有限的行政和司法资源。世界经济一体化下私人间复合式跨国利益冲突，应当尽可能依靠多层面多元化的制度方式加以协调解决，它需要现有国际法体制与国内法体制之间的密切配合与功能互补。绝对地以政府利益为中心的世界贸易体制，将在很大程度上限制自身潜在功能的发挥，从而不利于促进世界经济一体化的发展。

第三节 "私人本位"观念的引入：探索中的WTO宪政功能

一 世界贸易体制与国内法体制的功能联结：以私人利益为本位

经济全球化与世界经济一体化的发展，深刻地改变了传统国内社会私人主体之间的利益格局。在国内社会中，支持自由贸易的国内利益群体要求国内政府以互惠方式放松对经济和贸易活动的管制，以便更好地参与世界经济一体化活动；而抵制自由贸易的保护主义利益群体则要求国内政府维持甚至强化对经济和贸易活动的干预。考虑到国内利益格局的多元化，世界贸易体制不仅体现为政府之间的利益冲突与协调，而且反映为国内社会不同群体之间的利益冲突与协调。因此，一项体现政府之间利益平衡的国际措施或规则，可能恰恰违背各国国内法体制的宪政原则与使命，即它可能造成国内社会群体之间的整体性利益失衡。

不仅如此，经济全球化与世界经济一体化趋势同时也在国际层面深刻地改变了跨国私人主体之间的利益格局。在参与世界经济一体化分工与合作活动中，来自不同国家的私人主体的跨国利益关系开始重新分化组合。不同国家的私人主体，在参与世界经济一体化分工活动中可能具有潜在的共同利益。那些主张自由贸易的国内出口导向型产业利益群体，开始联结成一条统一的国际战线，以共同对抗各国以进口竞争型产业利益群体为代表的贸易保护主义势力。世界贸易体制的诞生与发展，在很大程度上体现了散布各国的贸易自由主义与贸易保护主义两大势力之间的斗争。这种斗争在许多方面都具有超出传统“政府本位”观念束缚的意义。

可见，对于经济全球化与世界经济一体化活动的调整而言，仅仅考虑各国政府之间的利益平衡是不够的，还要进一步考虑不同私人主体在参与世界性经济分工活动中所具有的正当利益。为了更好地回应经济全球化与世界经济一体化的挑战，世界贸易体制应当在继续关注现有“政府本位”利益关系基础上，修补和重塑其“私人本位”的价值目标。世界贸易体制不仅体现了各国政府利益之间的矛盾、冲突与协调，而且更大程度上体现了分散于世界各地的私人主体之间的利益矛盾。从市场经济的角度来说，后者矛盾的症结集中在如何确定政府干预的范围和限度，也就是说，在世界经济一体化活动中，政府干预的范围和限度可能对各国不同利益群体的收入产生再分配的效果。例如，政府实施一项高关税政策可能对国内不同利益群体产生截然相反的效应：一方面，它对国内进口竞争型产业的利益产生积极保护作用；另一方面，由于外国高关税政策的外部效应（它可能是对国内高关税政策的报复或回应），国内出口导向型产业的利益遭受损失。因此，政府实施一项国内贸易保护措施，其实质是将国内某一利益群体的利益（出口导向型产业利益，甚至是普遍的消费者福利）转移到另一利益群体（保护主义利益集团）中去。贸易自由化的进程，实际上就是在保持国家核心主权的基础上，使低效的政府贸易干预政策不断剥离和弱化的进程。而世界贸易体制的产生与发展，就国内社会而言，实际上反映了支持自由贸易的各国出口导向型产业利益集团之间通过政治动员和游说，推动国内政府实现国家间的多边协调决策，以抗御国内保护主义利益集团对世界经济一体化活动的阻碍。

由于单边管辖方式的局限，传统国内法体制在调整具有跨国特征的私人间利益关系方面显得力不从心。因此，强化世界贸易体制对于具有跨国特征的私人间利益关系的调整功能，成为经济全球化与世界经济一体化活动发展的必然要求。杰克逊教授很早就指出 GATT 体制在调整跨国私人间利益关系方面所发挥的潜在作用：“国际组织的另一项功能也是任何国内政府的功能——即帮助私人社会或国家以某种方式组织起来，使其成员能够去追求共同的目标，而不为该群体成员竞相采取反社会的措施所挫败。”[①] 正如第一章所分析的，经济全球化与世界经济一体化对传统“二元分立”法律控制模式提出了严峻的宪政性挑战，它客观上要求国际法体制与国内法体制之间能够紧密联结，共同配合。GATT/WTO 体制作为一个规范政府间权利和义务的国际法体制，离不开各国国内法体制的配合。如果没有国内法体制将 GATT/WTO 义务进一步转换为保障私人主体参与世界经济一体化活动的正当利益的国内立法和措施，那么，规模庞大的 GATT/WTO 条约群将变成一堆不名一文的废纸。同样，没有了 GATT/WTO 体制的外在配合，国内法体制也将无力面对经济全球化与世界经济一体化所引发的“宪政危机”。世界贸易体制与各国的国内法体制之间存在着功能联结的必要，这种功能联结共同反映了私人在参与社会合作活动（无论是世界经济一体化形式的社会合作，还是国家政治共同体形式的社会合作）中的正当利益。

由此看来，仅从传统国际法学者的“政府本位”观念来解释世界贸易体制是不够的。GATT/WTO 体制不仅反映了政府间的利益关系，而且反映了具有跨国特征的私人间利益关系。要想理解世界贸易体制的产生、演变和未来发展的一般规律，就必须深入把握其所调整的政府间和私人间的双重利益关系。为此，世界贸易体制的法律图景就不应该仅仅建立在“国家本位”的单一基础上。从法理层面上确立和发展世界贸易体制价值取向的“私人本位”，是有效调整在世界经济一体化形势下重新分化组合的跨国私人利益格局的必然要求。

二　从“消极一体化”到“积极一体化”

第二次世界大战后世界贸易体制的演变，客观上反映了从“消极一体化”（negative integration）模式到“积极一体化”（positive integration）模式的一般发展趋势。以保障私人跨国权益和确立政府适度管辖权为目标的 WTO“积极一体化”规则，在很大程度上冲击了世界贸易体制的传统“政

---

① John, H. Jackson, *World Trade and the Law of GATT*, New York: The Boobs - Merrill Company, Inc., 1969, p. 788.

府本位”观念，推动了“私人本位”观念的孕育和成长。

（一）GATT“消极一体化”模式：政府间利益的平衡

“消极一体化”模式出现于世界贸易体制致力于限制、协调和统一政府对外经济事务管辖权的早期阶段，它表现为一种“自下而上”的渐进性管辖一体化方式。在初期阶段，尽管各国对于分割管辖所造成的“囚徒困境”（如斯穆特哈－雷关税战）已经有了深刻的认识，但传统国际法体制与国内法体制的分立观念，以及国际法体制的相对不成熟，都使得各国在对外贸易事务中依然更加信赖本国的国内法体制。第二次世界大战后国际贸易组织（ITO）的流产充分地表明了各国在管辖一体化方面可能遭受的潜在强大阻力。与 ITO 相比，GATT 体制以一种更加低调的方式出现。首先，GATT 只是一个国际行政协定，不需要经过国内立法机构的批准。这使得 GATT 体制与国内法体制之间的关系处于一种不明朗状态，即二者无法完全相互衔接。其次，GATT“祖父条款”表明，GATT 规则的地位低于现行已有的国内相关立法。在对外经济事务的管辖一体化方面，GATT1947 体制表明了各国相当复杂的一种心态：既寄希望于国际法体制来协调矛盾，又依然要固守传统的国内独占管辖体制。GATT1947 体制的矛盾定位决定了其在管辖一体化方面的努力处于一种尝试性的早期阶段，即“消极一体化”阶段。

GATT“消极一体化”模式具有以下一些基本特征：（1）从 GATT1947 协定的规则来看，各国政府只需要消极地减弱其保护主义干预，即可履行其承担的大部分义务。① 在“消极一体化”过程中，国家无须主动采取国内立法和措施去推动贸易事务的自由化，而只需要根据条约承诺的义务，消极地不施加更多的贸易壁垒。各国根据互惠性的政府利益平衡来建立和维持 GATT 义务的水平。（2）在推动对外经济事务的多边协调管辖方面，国际法体制与国内法体制在很大程度上依然处于一种功能的相互分立状态。从管辖对外经济事务的价值目标来看，国际法体制的正当性标准与国内法体制的正当性标准是分立的。早期 GATT 体制并未尝试依据某种国际

① See E. - U. Petersmann, From "Negative" to "Positive" Integration in the WTO: Time for "Mainstreaming Human Rights" into WTO Law? *Common Market Law Review* 37, 2000: 1364.

法标准来正面评价任何国内体制的正当性，例如，GATT 体制并不直接干预各国国内法及其运行。GATT 体制的价值基础是政府利益在削减贸易壁垒方面的互惠性，而国内法体制的价值诉求是保障公民的平等、自由与权利及限制公共权力的滥用。二者在价值上完全不同，而且难以构成顺利的衔接，其直接后果是国际法体制与国内法体制在价值上继续呈现潜在的冲突状态。（3）在“消极一体化”中，国际法体制并不直接面对私人主体，对私人主体权益的保障依然完全依靠国内法体制。它继续反映了传统国际社会与国内社会分立的观念。在国际社会中，私人主体参与世界经济一体化活动中的正当权益只能通过政府利益的形式表现出来。为了避重就轻，GATT1947 首先选择了边境措施（主要是关税和数量限制）作为推动管辖一体化的突破口。这类边境措施仍然能够明显地将国内社会与国际社会有效地分割开来。因此，在调整利益关系的结构上，早期 GATT 体制呈现相当明显的“政府本位”特征。

（二）WTO“积极一体化”模式：“私人本位”观念的引入

“积极一体化”模式是各国通过世界贸易体制推进多边协调管辖的深化阶段。早期 GATT 体制主要致力于规制各国的边境措施。从 1979 年东京回合起，GATT 体制开始深入规制各国的国内规章和措施，即大量隐性的非关税壁垒。这些非关税壁垒从表面上看都是以保障或维护国家社会、经济与文化的健康运行为由，但在实质上却为贸易保护主义服务。① 对国内规章的规制表明国际管辖一体化的深入，也使国际法体制与国内法体制开始不断地联结在一起。GATT 开始要求各缔约方依照国际协定的标准来调整其国内规章与政策，以互惠方式逐步清除损害社会整体福利的贸易保护主义措施。然而，这一时期 GATT 体制依然处于“消极一体化”阶段，即此时各缔约方依然只需按照 GATT 要求，以互惠方式自下而上地清除贸易保护主义措施。

WTO 成立之后，各国对外经济事务的管辖权开始出现“积极一体化”的发展趋势。传统上，GATT 体制只依据互惠标准相互减轻并逐步消除贸

---

① 参见 John O. McGinnis, Mark L. Movsesian, The World Trade Constitution, *Havard Law Review*, Vol. 114, No. 2, December 2000, p. 516。中译本参见〔美〕约翰·麦金尼斯、马克·莫维塞西恩《世界贸易宪法》，张保生、满运龙译，中国人民大学出版社，2004，第 8 页。

易壁垒。只要不违反以互惠原则订立的 GATT 规则，各国依然有权保持各种贸易壁垒。然而，WTO 规则开始从更深层次上限制、协调和统一各国的对外经济事务管辖权。针对可能产生贸易壁垒或市场扭曲作用的国内立法与措施，WTO 体制建立了一系列旨在设立“国际最低标准”（international minimun standards）的相关协定。例如，WTO 条约体系中的《实施动植物卫生检疫措施协定》（SPS）、《技术性贸易壁垒协定》（TBT）、《装运前检验协定》、《与贸易有关的投资措施协定》（TRIMs）、《服务贸易总协定》（GATS）和《与贸易有关的知识产权协定》（TRIPS）等。已经列入 WTO 框架的议题还包括进一步协调产品和生产标准，相互承认专业资格的认定，建立统一的竞争规则、环境规则和投资规则等。这些旨在设立“国际最低标准”的 WTO 协定，开始更为直接地干预各国的国内法体制，要求各国制定相应的立法以保障私人参与世界经济一体化活动的正当利益。其中，TRIPS 及其独特的法律结构，最为明显地标示着 WTO“积极一体化”模式的产生。

彼得斯曼教授详细分析了 TRIPS 区别于传统 GATT 式协定的一些主要特点。[①] 其一，TRIPS 要求各成员方在其国内法体制中积极引入或维持相关的立法、行政和司法措施。TRIPS 不仅包含了消极式的“禁止性义务”，而且包含了大量积极式的“肯定性义务”，要求成员方设立相关的立法、行政和司法措施以保护私人主体的知识产权。其二，TRIPS 明确保障私人主体享有的实体性和程序性权利。在 WTO 条约附件中列出的各项协定和谅解中，TRIPS 是唯一明确设计为保护私人权利的一项协定。TRIPS 不仅规定关于知识产权的实体性最低标准、例外和法律限制，还要求 WTO 成员方政府为私人主体提供有效的国内民事、行政、刑事和司法程序及法律救济。[②] 其三，TRIPS 引入先前存在的由世界知识产权组织（WTPO）所管辖的一系列知识产权公约，为各国国内法设定了保护知识产权的最低实体性和程序性标准。其四，针对 TRIPS 条款的解释可能面临更为复杂的利益冲突。与 GATT 争端通常涉及对外国产品或贸易商的歧视不同，绝大部分

---

① See E. – U. Petersmann, The WTO Constitution and the Millennium Round, New Directions in International Economic Law: Essays in Honour of John H. Jackson, Marco Bronckers and Reinhard Quick (ed.) Hague: *Kluwer Law International*, 2000, pp. 114 – 116.

② 详见：TRIPS 第 41 条至第 62 条。

TRIPS 争端可能涉及一些非歧视措施，它们在政治或外交上更加难以解决。超过 90% 的专利由发达国家私人主体登记或拥有的事实，及 TRIPS 对发展中国家造成不利影响的争议，都会使宽泛的 TRIPS 例外（第 3 ~4 条）、不完善的竞争规则（如成员方政府对专利权的滥用，第 6 条）和保障措施条款（为成员方政府提供了平衡私人利益和公共利益的广泛自由裁量权，第 8 ~40 条）等出现一些冲突性解释。其中，政府间的冲突与私人利益的矛盾将可能更为复杂地交织在一起。①

从 TRIPS 来看，初现端倪的 WTO“积极一体化”模式具有以下特征：(1) 在“积极一体化”规则下，成员方不仅要承担消极式的“禁止性义务”，而且要承担积极式的“肯定性义务”。这些肯定性义务要求各国政府主动采取相关的国内立法和措施，积极保障私人主体参与世界经济一体化活动的正当利益。(2) 在调整世界经济一体化活动过程中，国际法体制与国内法体制之间的功能开始更加紧密地联结在一起。WTO 各项协定开始更多地干预各国的国内法体制，并为国内法设立了各种“最低国际标准”。国际法体制的正当性标准与国内法体制的正当性标准开始统一起来，以共同保障私人主体参与世界经济一体化活动的正当利益。围绕着共同的目标，WTO 体制与国内法体制在宪政功能上实现顺利衔接和联结，二者相互配合，相辅相成。离开了 WTO 体制的配合，单纯的国内法体制不可能克服世界经济一体化所引发的“宪政危机”；离开了国内法体制的配合，WTO 体制实现调整私人参与世界经济一体化分工与合作活动的目标也会完全落空。(3) 在“积极一体化”模式中，国际法体制开始将私人主体的利益纳入其调整范围，私人跨国利益仅由所属政府来代表的局面出现松动。TRIPS 不仅保障政府间的权利义务关系，而且直接涉及私人主体有关知识产权的各项实体性和程序性权利。在价值诉求上，TRIPS 对公民权利的保障与国内法的方式已无根本差别。传统上以限制政府任意性管辖权为主的间接调整模式，开始转变为以保障私人跨国利益为主的直接调整模式。

---

① “将知识产权作为个人权利并部分作为人权加以承认，可能要求对特定 TRIPS 条款的解释方法区别于适用于 GATT 体制下以政府为中心的传统解释方法。例如，由欧洲人权法院发展出来的在‘公共利益’诉求中有效保护人权的解释原则。” E. - U. Petersmann, From “Negative” to “Positive” Integration in the WTO: Time for “Mainstreaming Human Rights” into WTO Law? *Common Market Law Review* 37, 2000: 1368。

“积极一体化”模式的发展，有力地塑造了世界贸易体制“私人本位”的法律图景。

GATT/WTO 多边协调管辖的深入所带来的问题是，传统国际法体制与国内法体制在价值与功能上的分立局面，已经无法适应世界经济一体化所带来的新问题，即如何保障具有跨国性质的私人利益，以继续推动世界经济一体化分工活动的健康发展。而“积极一体化”模式所确立的“私人本位”价值目标，使得 WTO 体制与国内法体制的宪政功能更加明确地联结起来，共同服务于世界经济一体化形势下私人跨国利益关系的调整。

三 “政府本位”与“私人本位”之间的冲突与协调

人类社会制度的发展总是与社会现实及其需要相互适应。从根本上说，世界贸易体制的产生、演变和未来发展，既受到威斯特伐利亚体制下国际社会现实的外在约束，又受到经济全球化与世界经济一体化活动内在需要的推动。

从威斯特伐利亚体制下的国际社会现实来看，人类社会总体上依然处于由主权国家“分而治之”的政治状态。在未来很长的一段时期内，建立以直接调整私人间跨国利益关系为目标的“世界法体制”尚无任何现实的可能。传统“二元分立”法律控制模式将继续在调整人类社会活动的过程中发挥重大的滞后影响力。这种国际政治的现实决定了未来 WTO 体制不得不继续以一种典型的国际公法形式表现出来，并保持其“政府本位”的基本特征。而从经济全球化与世界经济一体化的内在需要来看，传统“二元分立”法律控制模式对私人主体广泛和普遍地参与世界经济分工与合作活动构成了严重的阻碍。世界贸易体制的产生和发展，在一定程度上限制和约束了政府的任意性管辖权，为私人主体的跨国经济活动提供部分的、间接的法律保障。然而，建立在“政府本位”基础上的世界贸易体制，无法完整地、充分地保障私人主体在参与世界经济一体化活动中所具有的正当利益。这种状况既阻碍了私人主体参与世界经济分工活动的积极性，又阻碍了传统国内法体制宪政价值功能的实现。

以 TRIPS 为代表的“积极一体化”规则的出现，表明了 WTO 体制开始逐渐重视对私人主体跨国性权益的法律保障，反映了 WTO“私人本位”

价值观念的潜在孕育与发展。由于威斯特伐利亚体制的外在约束，世界贸易体制不可能发展成为一种纯粹“私人本位”的“世界法体制”。然而，纯粹“政府本位”的国际公法体制又无法满足世界经济一体化的发展需要，并造成世界贸易体制与各国国内法体制之间价值与制度的潜在冲突。在 WTO 法律框架内逐步重视和加强对私人价值目标的保障，成为未来世界贸易体制弥补自身的宪政缺陷，更好地应对世界经济一体化挑战的一种必然选择。为了更好地实现调整私人主体参与世界经济一体化的跨国利益关系的法律功能，“私人本位”目标有可能在未来 WTO 宪政改革中发挥日益重要的价值指引作用。从这个角度来说，未来世界贸易体制的价值结构将可能逐渐呈现“政府本位”与“私人本位”之间相互协调和长期并存的局面。

世界贸易体制“私人本位”价值观念的出现和发展，是对传统“二元分立”法律控制模式的一项重大变革。

在传统“二元分立”体制下，“政府本位”的国际法体制主要调整国家与国家间的利益关系；而“私人本位”的国内法体制则主要调整国内社会公民之间及公民与政府之间的利益关系。二者都无力调整私人参与世界经济一体化活动的正当利益关系。为解决分割化单边管辖模式所造成的障碍，各国建立了“政府本位”的 GATT/WTO 国际公法体制，并通过互惠式的政府利益平衡来限制、协调和统一各国的任意性对外经济事务管辖权。约束政府任意性管辖权的真实目的，在于为私人参与世界经济一体化活动的正当利益提供法律保障。通过国际公法形式的世界贸易体制，各国建立起一种适度的一体化管辖权（GATT/WTO 多边协调管辖模式是其表现形式之一），以便调整各国私人主体在世界经济一体化中的跨国利益关系。对政府利益的强调，无法掩盖世界贸易体制旨在调整私人参与世界经济一体化活动的跨国利益关系的真实目的。从本质上看，政府并不直接参与世界经济一体化的分工与合作活动，推动世界经济一体化的基本力量是散布于各国的生产者、投资者、贸易商和消费者。如果说 GATT/WTO 体制的目的仅是约束政府行为而不是保障任何私人主体的正当利益，那么，这样一种纯粹的国际公法体制将无助于推动世界经济一体化的发展。脱离了国内法体制的配合，GATT/WTO 体制的存在将毫无意义。事实上，通过国内法体制，对政府任意性管辖权的 GATT/WTO 约束正“悄悄地”转化为保障私人主体跨国利益的法律手段。因此，完全以“政府本位”来理解世界贸易体制的价值追求是不够的。

从一定意义上讲，政府可以通过国际公法体制，以政府利益形式从整体上维护世界经济一体化活动中的本国私人利益。然而，正如本章第二节所分析的，一概以统一政府利益来代替多元化的本国私人利益的做法，存在着许多弊端。以政府利益平衡为目标的国际法体制，必然会扭曲私人利益关系的正当性基础。最大限度地保障本国私人参与世界经济一体化的正当利益，才是本国的政府利益所在。因此，应当在世界贸易体制中引入与国内法体制相互一致的“私人本位”价值诉求。以 TRIPS 为代表的“积极一体化”规则的发展，正是反映了世界贸易体制与国内法体制在价值功能上的潜在联结趋势。

从“政府本位”和“私人本位”的关系来看，二者在当前世界贸易体制的价值结构中都占有重要地位。“政府本位”是为了满足世界贸易体制作为一种国际公法体制的需要；而“私人本位”是为了满足世界贸易体制与各国国内法体制相互衔接的需要，以共同调整各国私人主体在世界性分工与合作中结成的跨国利益关系。

“政府本位”价值结构旨在维护各国在世界经济一体化活动中相互平衡的政府利益和公共利益。“私人本位”价值结构旨在保障各国私人主体在世界经济一体化活动中所具有的正当利益。政府在调整世界经济一体化活动中具有整体性的公共利益，这种公共利益是为国内社会全体成员服务的。然而，公共利益与私人利益之间是一种平衡关系。公共利益服务于每一个私人个体，二者在利益上具有统一性；但私人利益也对公共利益的概念和范围构成一定的制约，以防止特殊利益集团可能操纵政府滥用其权力，在“公共利益”名义下侵犯私人所具有的正当利益。从国内法体制的宪政化要求来看，政府的首要职责在于充分保障其公民的正当利益，并努力协调私人利益与公共利益之间可能产生的矛盾。如何界定公共利益，在很大程度上取决于对私人正当利益的评估。如果没有私人利益的适度制约，公共利益概念很容易被滥用于保护某些特殊利益集团的局部利益。

基于同样的原理，在世界经济一体化活动中，政府不能以统一的公共利益来全盘抹杀多元化的私人跨国利益。如果没有全面评估国内社会的私人利益，那么所谓的“政府利益”也是虚假的。一概以政府利益来取代私人利益，必然造成与界定“政府利益”相关的公共权力的滥用。例如，在GATT/WTO体制产生之前，势力强大的贸易保护主义群体的利益往往被各国普遍上升为“政府利益”，从而决定了政府实施高筑贸易壁垒的对外经济政策。在GATT/WTO体制产生之后，出口导向型产业群体与进口竞争型产业群体之间的利益斗争，又构成了确定本国“政府利益”的新依据，这种状况在国内社会引发了全面偏袒生产者利益、漠视消费者利益的整体性利益失衡局面。

因此，在现有的世界贸易体制下，应当以“私人本位”的价值目标来适度约束“政府本位”的价值目标，以避免各国特殊利益集团利用“政府本位”体制的内在缺陷来谋取局部的特殊利益，扭曲和损害各国私人主体在世界经济一体化中的正常利益关系。

第五章

从“利益本位”到“权利本位”

经济全球化与世界经济一体化的发展，标志着人类社会经济组织形式的一次重大变革。然而，如何在世界经济一体化分工与合作活动的参与者——散布各国的生产者、投资者、贸易商和消费者等私人主体之间，建立一种合理的社会合作利益与负担分摊机制，是传统“二元分立”法律控制模式所面临的一项宪政性挑战。GATT/WTO多边协调管辖体制的建立，表明传统国际法体制与国内法体制之间开始出现价值与制度的联结，以共同应对世界经济一体化形势下错综复杂的私人间跨国利益关系。

世界贸易体制的诞生与发展，是政治实用主义观念的产物。支配世界贸易体制的“宪法性”原则，来自一些典型的国际公法概念——国家同意、政府利益和主权平等。这些概念将世界经济一体化活动解读为各国政府之间的活动，而不是各国私人主体之间的活动。然而，从实质上看，政府并不直接参与市场经济的分工与合作活动。各国建立起一种政府间的贸易合作体制，其目的恰恰是为本国的私人主体——以出口导向型产业群体为代表——能够正常参与全球经济分工和世界经济一体化活动扫清障碍。这种障碍主要源于各国政府对于全球经济分工和世界经济一体化活动的分割式任意单边管辖权。因此，世界贸易体制通过建立国际法规则，逐步限制、协调和统一各国的任意性对外经济事务管辖权；再经由国内法体制将其转换为保障私人主体权利和限制政府任意性权力的国内法规则，从而间接为私人主体参与全球经济分工和世界经济一体化活动的正当利益提供保障。然而，在传统国际公法观念的支配下，世界贸易体制却以谋求“政府利益平衡”的面目出现。对一国政府不当的征税权和其他经济干预权（关税和非关税壁垒）的国际法约束，尽管对本国“政府利益”（实际上可能是国内进口竞争型产业的保护主义利益）可能构成一定程度的损害，但由于获得了他国政府的互惠式让步，这种对等约束使本国参与世界经济一体化的潜在“政府利益”（实际上可能是国内出口导向型产业的利益）得到更大程度的增进。于是，从另一个视角看，世界贸易体制成为一个旨在实现“政府利益”交换与平衡的传统国际公法体制。各国具有参与世界贸易体制的合作意愿，一方面，是因为这种贸易合作体制符合传统国际公法原则，尤其是国家平等原则——各国的互惠式让步和政府利益的平衡恰是国家平等原则的体现；另一方面，是因为各国在参与世界经济一体化活动中的潜在利益（主要来自国内出口导向型产业）大于其潜在损失（主要来自国内进口竞争型产业），参与世界贸易体制有助于促进政府利益的增长。[①] 概言之，指导世界贸易体制的“宪法性”价值原则，是政府利益的互惠式增长。它是传统国际公法观念的必然产物。

然而，这种以政府利益为中心的世界贸易体制“宪法”原则，必然会与各国国内法体制的一般宪法原则发生碰撞。和国际公法体制不同，国内法体制通过建立统一的正义原则，来实现社会成员之间潜在合作利益与负担的正当分配。按照约翰·罗尔斯的理论，平等的自由与权利原则构成正义的第一原则，它要求在社会成员中平等地分配基本的权利和义务；差别原则构成正义的第二原则，它认为社会和经济的不平等（如财富和权力的不平等）只要其结果能给每一个人，尤其是那些最少受惠的社会成员带来补偿利益，它们就是正义的。罗尔斯建立正义原则的观

① “WTO 政体的引擎是互惠。互惠的关税减让对每一个国家的自由贸易造成压力。外国降低关税能使拥有比较优势的生产者获得新的市场。这种期望促使这类生产者在其自己的国家游说支持进一步削减关税，因为在要求互惠的条件下，只有降低外国货物进口的国内关税，才能使外国削减对本国出口商品的关税。因此，WTO 体系动员起那些在自由贸易中获益的利益集团——因自由贸易而兴旺发达的产业中的工人和企业主——去抗衡那些在自由贸易中吃亏的利益集团。”〔美〕约翰·麦金尼斯、马克·莫维塞西恩：《世界贸易宪法》，张保生、满运龙译，中国人民大学出版社，2004，第 60 页。

念基础在于，“由于每个人的幸福都依赖于一种合作体系，没有这种合作，所有人都不会有一种满意的生活，因此利益的划分就应当能够导致每个人自愿地加入到合作体系中来，包括那些处境较差的人们”。[①] 因此，国内法体制是通过统一分配权利的方式来划分社会合作的利益与负担，并以此建立利益的正当观念。从本质上说，经济全球化与世界经济一体化活动直接涉及各国国内社会的私人主体。他们以生产者、投资者、贸易商和消费者等身份广泛地、频繁地和大规模地参与世界性经济分工与合作活动。然而，世界贸易体制能否为他们提供一种合作利益与负担分配的正当性原则？作为性质完全相同的经济分工与合作活动，为什么私人主体在参与纯粹的国内经济活动中应当依循“权利本位”的正义原则，但在参与世界经济一体化活动时却没有任何相应的正当性依据？在世界贸易体制谋求“政府利益的互惠式增长”过程中，私人主体所具有的正当利益概念显然已经被分割得支离破碎了。如果考虑世界经济一体化已经将私人主体所参与的国内经济活动与国际经济活动密切地联系甚至整合在一起，那么，如何来解决国内法体制与世界贸易体制在正当性问题上的正面冲突？

如果说在形式上，世界贸易体制不得不取悦于各国政府，因为它们的合作意愿决定了能否建立和维持一个国际公法式的贸易合作体制；那么在实质上，它必须取悦的真正对象是各国国内的民众，因为他们的参与意愿直接决定了世界经济一体化活动的进展，并在最终意义上决定了本国政府的合作意愿。如果各国私人主体参与世界经济一体化活动的正当利益可以被随意剥夺，必然会严重打击其参与合作的积极意愿，并使世界贸易体制失去国内社会的认可和支持。为此目的，本章将尝试探讨如何在世界贸易体制中建立起一种与国内宪政体制相衔接的“权利本位”式宪法原则，从而使“利益的划分……能够导致每个人自愿地加入到合作体系中来，包括那些处境较差的人们”。[②]

---

① 〔美〕约翰·罗尔斯：《正义论》，何怀宏、何包钢、廖申白译，中国社会科学出版社，1988，第14～15页。

② 〔美〕约翰·罗尔斯：《正义论》，何怀宏、何包钢、廖申白译，中国社会科学出版社，1988，第15页。

第一节　世界贸易体制的“利益本位”观念及其影响

支撑国内法体制的宪政价值基础是一种“权利本位”观念，即它通过以权利平等为中心的正义原则来适当分配社会成员之间的潜在合作利益与负担。然而，在世界贸易体制的产生与发展过程中，它始终受到“利益本位”观念的制约和推动。这种“利益本位”观念有两种典型的表现形式：一是以谋求国家利益最大化为目标的现实主义国际政治观；二是以实现经济效率和社会福利最大化为宗旨的功利主义观。

一　现实主义国际政治观的主张及其影响

世界贸易体制的建立与运行，不可能脱离它所处的国际政治环境。尽管威斯特伐利亚体制确立了主权原则，为各国之间的共存状态提供了最为根本的法律保障，但国际社会的法治进程依然任重道远。自 17 世纪以来，国际社会通过制约世界战争和维护和平的反复努力，不断强化了主权原则在国际政治秩序中的基础地位。然而，国际社会始终没有建立起具有强制力的世界性公共权威。从一定意义上说，国际社会处于一种以国家自由意志为主导的无政府状态。20 世纪爆发的两次世界大战，恰是这种国际无政府状态的极端后果。在第二次世界大战废墟上建立，并在“冷战”环境中成长起来的世界贸易体制，不可能脱离现实主义国际政治观的影响。

现实主义国际政治观所描绘的国际社会，是一幅各国之间依托国家实力，通过国际斗争来谋求国家利益最大化的图景。如现实主义大师汉斯·摩根索指出，国家的道德行为准则就是最大限度地争取本国的国家利益。国家间关系无非就是各国之间追求权力的角逐关系，而国家追求权力的目的在于实现国家利益最大化。[①] 新现实主义代表人物华尔兹也认为，国际社会缺少一个类似世界政府的强制性公共权威，这决定了国际体系只是一

---

① 参见汉斯·摩根索在《国家间政治》中提出的现实主义六项原则。See Hans J. Morgenthau, *Politics among Nations: The Struggle for Power and Peace*, 3rd. ed, New York: Alfred A. Knopf, 1961, pp. 4 – 15。

种国家自助体系。在这种自助体系中，组成体系的单位——国家——只能依靠自我保护以求生存，只有强者才是安全的。于是，每一个国家都力求增加本国实力以免受他国侵害，导致各国陷入相互竞争和相互拆台的囚徒困境中。[①] 因此，国际关系的实质就是为了权力的斗争，就是国与国之间为得到、保持、增强国家实力的相互竞争。这种现实主义国际政治观，在相当大程度上影响甚至主导了各国在经济全球化与世界经济一体化趋势下的对外经济政策。

20 世纪 20～30 年代各国所盛行的重商主义政策，就是在现实主义国际政治观主导下的一种典型产物。重商主义通常是从国家利益冲突、权力对抗及为经济优势而进行的斗争等角度来看待国际经济关系。[②] 为此，重商主义为各国所制定的基本政策是：奖励出口，限制进口，以便最大可能地实现本国贸易盈余，并通过贸易盈余和财富积累来提高国家在国际社会中的相对政治地位和权力。尽管世界经济一体化的发展使各国经济的相互依赖程度不断加深，但各国依然继续采取冲突导向型的对外经济政策。一方面，各国竞相使本国货币贬值以刺激货物出口；另一方面，各国又高筑贸易壁垒以限制外国货物进口。这种状况最终导致了 20 世纪 30 年代的“斯穆特－哈雷关税战”，它几乎使整个国际经济秩序陷入一片混乱，并成为引发第二次世界大战的重要经济根源之一。

GATT 成立以后，各国开始着手限制、协调和统一各自的任意性对外经济事务管辖权，其目的在于改变传统的重商主义政策，转而实行相互协调和合作式的对外经济政策。尽管 GATT 体制成功地确立了一个国际贸易合作的制度框架，但它依然没有从总体上摆脱现实主义国际政治观的传统思维。尤其是在“权力导向”盛行的时期，GATT 规则“契约说”曾一度占据上风。在现实主义国际政治观的主导下，GATT 体制基本上被视为一个权力角逐下的政府利益平衡体，而不是一套具有强制约束力的法律安排。在世界贸易体制的框架内，各国依靠既有的实力来维护自身的国家利益，并力求使本国的政府利益最大化。为了实现平衡基础上

---

① 参见〔美〕肯尼思·华尔兹《国际政治理论》，信强译，上海人民出版社，2003，第 137～142 页。

② 〔德〕E.－U. 彼得斯曼：《国际经济法的宪法功能与宪法问题》，何志鹏、孙璐、王彦志等译，高等教育出版社，2004，第 187 页。

的政府利益最大化，各国甚至可以不用严格地遵守GATT规则。反之，即使遵守了GATT规则，如果在事实上造成他国政府利益的“丧失或减损”，一国仍然要承担相应的国际责任。同时，GATT规则的强制实施在很大程度上取决于具有自助性质的报复机制。因此，在现实主义国际政治观看来，世界贸易体制就是一个以“政府利益”为中心的角逐平台，各国参与世界贸易体制的目的就是依托实力实现本国政府利益的最大化。为了谋求本国“政府利益”的最大化，各国制造了层出不穷的非关税壁垒，致使GATT体制在20世纪60年代后期至70年代陷入一种法纪废弛、根基动摇的危险状态。

乌拉圭回合谈判试图加强世界贸易体制的法纪约束，以便更好地限制、协调和统一各国政府对世界经济一体化事务的任意性管辖权。WTO的成立，不仅将纺织品贸易和农产品贸易重新纳入世界贸易体制的法律框架之下，而且还进一步将国际规则扩展至服务贸易和知识产权贸易等新的领域。更为重要的是，WTO争端解决机制的“司法化”趋势，显著加强了这一体制的法律约束力。然而，这一切并没能彻底削弱传统现实主义国际政治观对WTO的影响。《美国国际法杂志》编委之一朱迪斯·贝洛夫人（Mrs. Judith Bello）的观点就是一个典型代表。她在该杂志1996年7月号上发表的社评中提出：

“与它的前身GATT规则一样，WTO规则并不具有传统意义上的‘约束力’。当根据WTO争端谅解成立的专家组发布一项不利于一成员的裁决时，不可能会有监禁、禁令救济、对引起的损害进行赔偿或强制执行。WTO没有监狱，没有保释的人，没有戴蓝盔的人，没有警棍或催泪弹。相反，本质上是主权国家政府组成的联合体的WTO，依靠成员方的自愿遵守。GATT/WTO体制的精髓在于它的灵活性，这种灵活性允许各国行使主权，并通过激励机制促进它们遵守贸易规则。这种灵活性构成了WTO的基石。

真正有约束力的WTO义务……WTO唯一神圣而必须做到的东西，是保持该（已谈判确定的利益）平衡，以维持各成员方对WTO协定的政治支持。……主权国家不会因为成为WTO成员，包括成为解决争端过程的当事方，而放弃它们的主权。若政治有此需要，或者应经济变动的要求而值得做，WTO成员可以采取违反WTO协定的行动，只要它愿意补偿受损害的贸易伙伴或接受抵消性报复就行。”①

这种看法仍然将 WTO 视为传统国际政治的产物。在朱迪斯·贝洛夫人眼中，WTO 并不是一个具有约束力的法律体制，而仅是一个政府利益的平衡体。为了维护政府利益的现实需要，成员方可以采取违反 WTO 协定的行为。可见，WTO 体制本身并不存在任何正当性基础，遵守与否根本不重要。谋求本国政府利益最大化，才构成各国一切行为的最高道德准则。因此，这是一种典型的现实主义国际政治观。

从现实主义国际政治观的角度来看，世界贸易体制不过是各国之间围绕着政府利益而进行权力博弈的结果。世界贸易体制的重心在于保持政府利益的平衡，这是维系各国合作意愿的基础。因此，世界贸易体制的产生、发展和演化从根本上都受制于国家之间的利益交换、平衡和斗争关系。能否实现政府利益最大化，成为各国维持和发展世界贸易体制的价值依据。

二 功利主义价值观的主张及其影响

功利主义价值观是世界贸易体制“利益本位”观念的另一种重要表现形式。和现实主义国际政治观不同，功利主义价值观更加强调国家间的经济合作，以实现经济效率和社会福利的最大化。长期以来，它是影响和支配世界贸易体制最为重要的主流观念之一。

功利主义价值观的基本主旨在于，“如果一个社会的主要制度被安排得能够达到总计所有属于它的个人而形成的满足的最大净余额，那么这个社会就是被正确地组织的，因而也是正义的”②。功利主义思想的奠基人边沁提出，“功利原理是指这样的原理：它按照看来势必增大或减小利益有关者之幸福的货币，亦即促进或妨碍此种幸福的倾向，来赞成或非难任何一项行为”③。所谓的共同体利益，即是组成共同体的若干成员的利益总

---

① Judith Hippler Bello, The WTO Dispute Settlement Understanding: Less Is More, *American Journal of International Law*, 1996 (90): 416 - 418.

② 〔美〕约翰·罗尔斯：《正义论》，何怀宏等译，中国社会科学出版社，1988，第 22 页。

③ 〔英〕边沁：《道德与立法原理导论》，时殷宏译，商务印书馆，2000，第 58 页。

和。[①] 因此，能否促进社会全体成员利益总和的最大化，构成评估一项社会制度是否符合正义的标准。这种功利主义价值观的突出特征是，它只关心社会制度的安排能否产生最大满足的利益总量，而不关心满足的利益总量在个体之间如何进行公平的分配。因此，功利主义价值观是一种以效率和福利最大化为取向的社会价值观。

早在18、19世纪，亚当·斯密和大卫·李嘉图就从功利主义价值观出发，对传统重商主义理论和政策的谬误进行了严厉的批判。亚当·斯密在其名著《国民财富的性质和原因的研究》（1776年）中大力倡导自由贸易和国际分工，并提出了“绝对比较优势说”。他指出，一种产品如果自己生产比从别人那里买来要昂贵，就不应当自己生产而应当去交换。同理，如果别国能以比本国制造的某种商品更便宜的价格供应本国，则与其在本国勉强生产这种商品，还不如把资本转用于本国擅长的产业，然后相互交换。因此，各国均可在对外贸易中获得更大的经济利益。[②] 大卫·李嘉图进一步发展了自由贸易理论，创立了“相对比较优势说”。他在《政治经济学及赋税原理》（1817年）中指出，在国际贸易中，一国可以选择自己的优势最大或者比较劣势最小的产品，来进行生产并出口；同时，对于那些不具优势或者比较劣势最大的产品，则应当选择进口。各国根据自己的相对比较优势组织产品的生产，则都可以通过对外贸易获得更大的益处。[③] 亚当·斯密和大卫·李嘉图的学说为破除重商主义，开展国际自由贸易活动铺平了道路。世界贸易体制的产生和发展，从根本上说离不开自由贸易理论的支撑和推动。从自由贸易中获取更大的经济利益，也构成各国政府积极参与世界贸易体制的主要动力。

然而，以亚当·斯密和大卫·李嘉图为代表的自由贸易理论是一种典型的功利主义价值观。这种观念以经济效率和社会福利的最大化作为社会合作的最终评价标准，即它强调世界贸易体制能够为各国及其民众创造更

---

① 〔英〕边沁：《道德与立法原理导论》，时殷宏译，商务印书馆，2000，第58页。

② 参见宋承先《西方经济学名著提要》（第二版），江西人民出版社，1998，第102页。

③ 参见宋承先《西方经济学名著提要》（第二版），江西人民出版社，1998，第135～137页。

大的福利。与以政府利益为中心的传统现实主义国际政治观不同的是，功利主义观进一步深入考察世界贸易体制对私人利益的影响。经济全球化与世界经济一体化的发展对各国国内社会不同的私人主体具有不同的潜在影响。那些具有相对比较优势的产业，可能发展壮大成为能够从自由贸易中获得更大利益的出口导向型产业；而那些具有比较劣势的产业则可能变为在自由贸易中遭受冲击的进口竞争型产业。于是，一国是否支持世界贸易体制下的贸易自由化政策，从根本上取决于该国私人利益潜在得失之间的评估。由于在国内政治过程中，生产者比消费者更容易组织起来，从而对一国政府对外经济决策具有更大的影响力。因此，在世界贸易体制中，生产者利益往往被片面上升为各国的整体“政府利益”，并作为谈判筹码进行各国“政府利益”之间的交换与平衡。这种交换与平衡是围绕各国政府的对外经济事务管辖权进行的。各国对本国政府不当的征税权和其他经济干预权（关税和非关税壁垒）自愿施加国际法约束，其目的是以一定的经济代价（即导致国内进口竞争型产业的保护主义利益受损）换取他国政府的对等让步，从而获得更大的经济利益（即国内出口导向型产业所取得的潜在利益）。由于国内出口导向型产业所取得的潜在利益大于国内进口竞争型产业所遭受的损失，所以政府参与世界贸易体制是一种“有利可图”的行为。这种“唯利是图”的功利主义价值观在各国政府和学界具有相当广泛的影响。[①] 从积极角度上看，它有力地推动了第二次世界大战后各国政府参与世界贸易体制下的合作，并在互惠基础上开展国际贸易活动。因此，功利主义价值观对于第二次世界大战后世界贸易体制的正常运行和发展功不可没。

事实上，功利主义价值观和传统现实主义国际政治观往往相互结合，共同塑造了世界贸易体制的“利益本位”价值观。功利主义价值观侧重评估私人利益的得失和大小，从而为评估政府利益得失提供依据；而现实主义传统国际政治观则从纯粹的政府利益得失出发，影响世界贸易体制规则

---

① 约翰·杰克逊教授就曾提出过国家“效率违约”的主张，他认为美国政府可以根据利益成本分析来权衡是否遵守 WTO 条约义务和争端解决机构的裁决。这种主张体现了一种典型的功利主义价值观。See John, H. Jackson & Alan O. Sykes, Question and Comparisons , in John, H. Jackson & Alan O. Sykes (ed.), *Implementing the Uraguay Round*, Oxford: Clarendon Press, 1997, p. 463。

的产生、发展和演变。

三 “利益本位”观念与世界贸易体制的正当性缺陷

作为一项社会合作制度，世界贸易体制应当如何构筑才能满足社会正义原则？

尽管各国政府的行为有力地推动了经济全球化和世界经济一体化的发展，然而，散布于各国境内的私人主体才是世界经济分工与合作活动的真正参与者。作为调整全球经济分工与合作活动的一项社会制度，世界贸易体制应当妥善地调整私人主体在世界经济一体化事务中所结成的跨国利益关系，并由此促进私人主体参与世界经济分工与合作活动的积极性。而作为一项典型的国际公法体制，世界贸易体制又必须恰当地平衡各国政府之间的利益关系，并由此促进各国之间的政治合作意愿。世界贸易体制所面临的基本问题，既包括各国政府之间的利益关系，又包括私人主体之间的跨国利益关系。

如何处理经济全球化背景下的政府利益与私人利益及其相互间关系？问题的关键在于能否正确地界定各国政府在世界经济一体化活动中的地位与作用。各国政府是世界经济一体化活动的管辖者，是“裁判员”而非“运动员”，这一点与它们在国内经济中所扮演的角色是一样的。因此，各国的私人主体而不是政府，直接参与了世界经济一体化分工与合作活动。政府依据提供公共产品及维护公共利益等目的，适度干预私人主体之间的自由经济活动。没有这种以公共利益名义的政府干预，私人主体可能滥用其权利并导致社会合作活动陷入无序状态，从而最终损害全社会的整体利益。然而，对私人主体的经济活动施加过度的政府干预，又可能出现政府滥用权力损害私人主体的正当利益。世界贸易体制的产生，从本质上说，源于世界经济一体化趋势与传统人类社会“二元分立”法律控制模式之间的内在矛盾。由于各国政府对于世界经济一体化事务均拥有无限的干预权，私人主体参与世界经济一体化活动中的正当利益无法得到任何保障。于是，正常的世界经济一体化活动受到了严重的阻碍；分割化的任意性管辖权也导致各国政府对外经济政策领域陷入严重的冲突。为了适应经济全球化和世界经济一体化的发展需要，各国开始着手限制、协调和统一各国的任意性对外经济事务管辖权，并由此建立世界贸易体制。其目的在于，在主权国家多边协调管辖体制下建立一种适度的政府干预权，以便在维护各国公共利益基础上，鼓励和促进各国私人主体积极参与世界经济一体化活动，更好地推动各国经济发展和社会进步。

可见，世界贸易体制应当确立一种适当的社会合作与负担分配机制，以便使每一位世界经济一体化活动的私人参与者都能够得到与其贡献相当的利益。同时，世界贸易体制还应当恰当地设置各国政府的适度干预权，以便各国政府能够以政府利益形式，维护本国社会的整体公共利益。为此，需要建立一个能够合理分摊潜在合作利益与负担的、具有正当性依据的宪政价值原则，从整体上来指导世界贸易体制的长远发展。

以传统现实主义国际政治观和功利主义价值观为代表的“利益本位”观念，在很大程度上误导了世界贸易体制的发展方向，并削弱了世界贸易体制的正当性基础。从传统现实主义国际政治观来看，它将世界贸易体制视为一个纯粹的政府利益平衡体，而完全抹杀了私人主体在世界经济一体化活动中所具有的正当利益，其后果是将世界贸易体制引向围绕政府利益争夺的“权力导向型”国际政治体制。在这种类型的体制中，各国将以本国政府利益的得失为标准来制定和修改世界贸易体制的规则，从而难以建立一种适度的政府干预权，也不可能保障私人主体参与世界经济一体化活动的正当权利。更为危险的是，传统现实主义国际政治观很容易将各国政府的对外经济决策重新引向冲突导向模式，从而阻碍国家间贸易合作的顺利开展，甚至造成国家间的摩擦和恶性竞争。从功利主义价值观来看，它只关心世界贸易体制可能给各国带来更大的经济利益（即出口导向型产业获得的利益大于进口竞争型产业遭受的损失），却全然不顾世界经济一体化活动所创造的社会财富如何在各国私人主体之间进行恰当的分配。以功利主义价值为指导的世界贸易体制不仅会在国内社会引发利益分配的整体性失衡，而且还会在国际社会不同私人主体（如来自发达国家和发展中国家的私人主体）之间引发利益分配的整体性失衡。这种利益分配失衡现象将导致各国在世界贸易体制层面上的决策与在国内法体制层面上的决策相互矛盾。也就是说，世界贸易体制将阻碍各国国内法体制保障公民平等的自由与权利的宪政功能。

世界贸易体制及其调整下的世界经济一体化活动，已经对各国国内社会产生了深刻而广泛的影响。作为世界经济一体化的参与者，每一位国内社会的私人主体都能够深切地感受到世界贸易体制及其规则对他们日常生活所产生的现实影响。在当今社会，由一群远离国内社会的外交精英们来操纵和掌控世界贸易体制事务的做法已经成为历史。国内社会的私人主体开始密切地关注和参加有关世界贸易体制的讨论，并通过各种政治参与形式影响本国政府的对外经济决策。与其说世界贸易体制需要取悦于各国政府，不如说它必须最终取悦于各国民众。只有建立一个符合各国民众广泛利益的合作形式，世界贸易体制才有可能在各国国内社会获得稳固的民意认同，并由此获得各国政府的政治支持。因此，世界贸易体制的正当性基础，不仅应当满足传统国际公法体制的要求，而且还应当进一步满足国内法体制（或国内社会民众）的宪政平衡要求。

第二节 从国内社会的视角：世界贸易体制的宪政功能

长期以来，世界贸易体制一直被人们视为一个仅与国家行为有关的“政府本位型”体制。无论是制度的设定，还是价值的建构，GATT/WTO体制都表现出一个典型的国家间体制的特征。在这一点上，传统国际法学者与国际政治学者的看法基本是一致的。GATT/WTO 事务也由此被人们视为一种远离国内社会的政府外交事务。

杰克逊教授较早开始大胆地突破传统国际法学者的“政府中心主义”理念，并引领人们系统地关注和塑造世界贸易体制的“公民本位”理念。[①]在杰克逊教授的视角中，世界贸易体制不仅体现政府之间的权利与义务关系，而且体现散布于各个主权国家境内的生产者、投资者、贸易商和消费者等私人主体之间的利益关系。彼得斯曼教授借鉴了杰克逊学说中的“公民本位”视角，以及将国际法体制与国内法体制密切结合的分析方法，进

① 在 1969 年出版的《世界贸易体制与 GATT 法》中，杰克逊教授就已经“运用了公民导向的‘宪政方法’，并将贸易商、生产者、投资者和消费者的需求，以及国际规则和组织的民主正当性与宪政制衡等需求考虑在内”。See Ernst - Ulrich Petersmann, On the Constitution of JOHN H. JACKSON, *Michigan Journal of International Law*, Winer 1999 (20): 150。

一步论证了 GATT/WTO 规则在经济全球化背景下所具有的特殊宪政功能。他们的研究，为探讨世界贸易体制与各国国内法体制的宪政价值衔接提供了有益的启发。

一　对外经济事务领域的宪政化

世界贸易体制的成立，触发了人们对传统国内法体制宪政化的进一步思考。国内社会的私人主体是否具有参与世界经济一体化活动的自由与正当权利？国内宪法是否应当赋予政府干预世界经济一体化事务的无限权力？传统国内法体制在世界经济一体化形势下是否需要进行调整与变革？

传统国内法体制的核心宪政功能在于限制政府公共权力的滥用，从而充分保障国内社会公民的平等自由与权利。然而，在经济全球化与世界经济一体化趋势下，传统国内法体制开始出现了严重的“宪政失灵”现象。由于国际分工的普遍存在，国内社会私人主体所从事的生产、投资、贸易和消费等经济活动已经与国际社会息息相关。人为地割裂这些联系，不仅会严重损害私人主体参与世界经济一体化活动的利益，而且会导致经济活动的结构性失调，进而引发潜在的经济危机。如何重新合理划分私人主体从事经济活动的自由权利与政府适度干预权的界限，对传统国内法体制的正当性基础构成了一项严峻的挑战。

第一，由于世界经济一体化活动具有跨国性，传统国内法体制无法约束政府的任意性对外经济事务管辖权。在以自由放任和“权力导向”为特征的分割式单边管辖体制下，政府对世界经济一体化活动的任意性管辖权往往被视为一项与国家外交活动有关的主权。然而，不受约束的政府权力必然容易导致滥用。于是，具有贸易保护主义利益的国内特殊群体通过有效的政治动员与组织，影响或控制国内政治过程，左右政府部门的对外经济事务政策，从而实现有利于自身的收入再分配。贸易保护主义政策的本质，正是政府滥用其任意性干预权，以实现国内社会不同群体之间不正当的利益再分配。政府以维护国家整体利益为名所采用的贸易限制措施，实际上仅仅服务于国内进口竞争型产业的局部利益。它不仅对国内出口竞争型产业的潜在利益造成损害（作为外国政府报复的结果），而且还直接损害了国内消费者的普遍福利。如果说关税壁垒是以一种较为透明的形式进行收入的转移，那么大量的非关税贸易壁垒则是以一种隐蔽的方式间接地进行收入再分配。灰色区域措施就是一种典型的政府以秘密方式在国内各利益群体间进行收入再分配的例子。① 从本质上说，这是以进口竞争型产业为代表的特殊利益集团通过操纵政府公共权力，牺牲出口导向型产业利益和国内消费者的普遍福利，以谋求其局部的特殊利益。政府对外经济事务管辖权的滥用，引发了世界经济一体化背景下国内利益分配的整体性失衡，严重违背了国内社会合作利益与负担分配的公平原则。

第二，传统国内法体制也无法保障国内私人主体在对外经济事务领域的平等自由与权利。国内法体制的正当性在于，它提供了公民之间在平等基础之上的自由和权利，并以此实现在国内全体公民之间恰当地分配社会合作的利益与负担。自由的市场经济体制表明，政府应当充分保障作为生产者、投资者、贸易者和消费者的私人主体从事国内经济活动的自由权利。通过最大限度地保障私人主体的平等自由和财产权利，政府能够有效地促进经济个体的分散化决策以及由此带来的国内福利最大化。而按照国内法体制的宪政化要求，政府对经济生活的干预应当限于纠正市场失灵和提供公共产品等，并服务于对私人主体平等的自由与权利的保障。在分割式单边管辖体制下，各种贸易限制措施的泛滥，其本质正是政府滥用其任意性干预权，侵害国内私人主体参与对外经济事务活动的平等自由与权利。政府可能通过征收关税或施加不合理的国内规章，限制国内私人主体参与世界经济一体化活动的自由（如出口产品、购买物美价廉的外国商品的自由），不适当地干预私人财产权利（如阻碍现有私人商务合同的正常履行），并且可能扭曲国内贸易者和生产者之间的竞争关系。② 根据传统“二元分立”法律控制模式，政府在对外经济事务领域的无限干预权被视为合法的、理所当然的。相反，国内私人主体所具有的参与世界经济一体化活动的权利被视为政府通过国际协议而争取来的一项“特权”。因此，传统国内法体制无法保障私人主体在对外经济事务领域的平等自由与权利。

为了纠正传统国内法体制在经济全球化与世界经济一体化趋势下的

---

① 关于灰色区域措施，参见本书第四章第二节关于“自愿出口限制协议”的分析。

② 〔德〕E. -U. 彼得斯曼：《国际经济法的宪法功能与宪法问题》，何志鹏、孙璐、王彦志等译，高等教育出版社，2004，第189页。

“宪政失灵”现象，必须对政府任意性对外经济事务管辖权施加有效的宪法约束。然而，以单边方式在国内层面实行对外经济事务领域的宪政化，存在一些重要现实障碍。彼得斯曼教授指出，在传统国内法体制中，几乎没有哪一部国内宪法明确地保护公民跨越国界的自由和财产权利。绝大多数国内宪法在约束政府对外事务权力方面都只涉及了少量的程序性规则，如缔结国际条约的程序、宣战的程序以及其他外交行为的程序等，但却没有将这些任意性的政府对外事务权明确置于公民基本权利和司法审查等监督与制约之下。彼得斯曼教授深入分析了其中一些主要原因，包括：其一，在传统主权原则的影响下，各国将对外经济事务视为一种与国家行为相关的外交事务，并授予政府在对外政策领域的任意决定权。17 世纪以来，威斯特伐利亚体制所确立的“共存国际法”[①] 的主导观念是：“通过向法律地位平等的各主权国家施加关于不干涉和尊重其他国家管辖权的、本质上属于消极的一些义务，来调整这些国家间共存的形态。”这导致了传统国际社会与国内社会相互分立的局面。在“二元分立”法律控制模式下，各国国内法体制也根据国家对外关系的需要，对国际事务与国内事务进行了严格区分。国内事务通常直接涉及公民权利的保障，各国宪法对相关政府权力施加了严格的约束；而对外事务则通常被认为涉及国家行为和国家利益，它与国内公民权利没有直接的关系。为了灵活处理国际事务，各国宪法通常赋予政府广泛的对外政策任意决定权，并由此忽视对公民在对外事务方面的权利保障。其二，在传统重商主义观念的影响下，各国政府倾向于把对外经济活动看作一种静态的“零和游戏”。它们认为，一国在国际贸易活动中所获取的利益必然意味着另一国相应的损失。因此，它们往往强调政府需要具备任意性对外经济事务管辖权，以便灵活干预和调整对外经济政策；它们还倾向于把严格坚持互惠性作为遵守国际条约义务的必要条件，而设置任意性对外经济事务权力，恰是政府在国际谈判中讨价还价的一项必备条件。其三，对外经济事务领域的国内政治决策过程存在着明显的力量不对称现象。生产者利益比消费者利益在政治上更加容易组织起来，导致了政府对外经济决策一边倒地倾向于维护生产者利益；而

---

① 关于共存国际法（international law of coexistence）与合作国际法（international law of cooperation）的区别，参见 W. Friedmann, *The Changing Structure of International Law*, Columbia University Press, 1964, p. 60。

在生产者利益群体内部，进口竞争型产业利益群体及其代表又往往拥有超乎其实际水平的政治影响力，它们通常比出口导向型产业利益群体更有可能影响一国政府的对外经济决策。[①] 其四，规范政府任意性管辖权的国际贸易规则具有“国际公共产品”特征。从这个意义上说，任何一个国家都不可能单独制定国际贸易规则。即使一国有意自愿约束本国政府的任意性管辖权，从而为本国私人主体参与全球经济分工合作的权利提供相关保障，但本国私人主体的相应权利却取决于他国政府是否愿意做出相应让步。在不存在世界政府的情况下，这种“国际公共产品”只能通过各国政府缔结国际协定的方式才能够有效地提供。因此，一国对外经济事务领域的“宪政失灵”现象，更有可能通过国际层面而不是国内层面的法律规则加以克服。[②]

世界贸易体制的诞生，为推动各国对外经济事务领域的宪政化提供了不可或缺的条件。

二 GATT/WTO 规则的宪政功能

在通常意义的国内法体制下，政府的使命在于保护宪政平衡条件下公民的平等自由和权利。在经济全球化的发展趋势下，各国私人主体参与国际分工和世界经济一体化活动的自由和权利也应当受到国内宪法的保障。然而，世界经济一体化活动是跨越国界的经济分工与合作活动，任何国家通过单纯的国内宪法方式都不足以提供有效调整。为此，各国通过缔结国际条约的方式建立 GATT/WTO 多边协调管辖体制，以逐步制约和规范政府对世界经济一体化事务的任意性管辖权，进而保障各国私人主体正常参与世界经济分工与合作活动的自由和权利。

世界贸易体制对各国政府任意性对外经济事务管辖权的规制是逐步深入的。早期 GATT 规则主要采取了“消极一体化”方式，即要求各国政府以互惠方式逐步降低所设置的贸易壁垒水平。GATT1947 体制将突破口选择在透明度较高的边境措施，即关税和数量限制措施。通过逐步降低货物

---

① 参见本书第四章第一节的分析。

② 〔德〕E. -U. 彼得斯曼：《国际经济法的宪法功能与宪法问题》，何志鹏、孙璐、王彦志等译，高等教育出版社，2004，第 499 ~ 507 页。

的关税率及原则上禁止数量限制措施，GATT体制为各国私人主体从事以贸易为中心的世界经济分工活动提供了更多的机会。随着GATT贸易谈判回合的深入，各国政府所设置的货物关税水平开始逐渐降低，而各种非关税壁垒的地位与作用则日渐突出，并对关税水平的降低产生了抵消效应。名目繁多的非关税壁垒通常表现为政府的国内规章和措施，具有更强的政治敏感性，同时也更具有隐蔽性。从1979年东京回合开始，GATT着手重点调整各国政府的非关税壁垒。这一时期GATT所达成的有关海关估价守则、技术贸易壁垒守则、反倾销守则、补贴与反补贴守则、保障措施守则、动植物检验检疫守则、进口许可证程序守则和政府采购守则等一系列多边国际协定，开始更加深入地限制、协调和统一各国国内的相关法律与规章，对政府干预世界经济一体化事务的任意性权力进行逐步制约。

到了乌拉圭回合，世界贸易体制及其规则开始更加密切地介入各国的国内法体制，并围绕政府的任意性管辖权展开更为有力的规制。乌拉圭回合不仅将WTO多边协调管辖的范围，从货物贸易进一步扩展到服务贸易、知识产权贸易和与贸易有关的投资措施等领域，而且还设置了更加统一和有效的WTO争端解决机制，从而加强了对各国政府履行国际义务的法律约束力。尤为重要的是，WTO多边协调管辖体制开始出现了“积极一体化”的发展趋势。传统上，GATT体制一般采取“消极一体化”方式来规制各国政府的管辖权，各国只要依据互惠标准逐步削减政府设置的贸易壁垒，即可履行GATT义务。至于政府对于世界经济一体化事务应当具有何种程度的干预权，GATT体制并不过问。GATT规则的正当性基础在于互惠原则（即国际法上的主权平等原则），它并未直接涉及私人主体在跨境经济合作中享有何种自由权利及政府干预的限度等国内宪法问题。然而，WTO条约体系不仅出现了大量旨在设定政府适度干预权的“国际最低标准”式协定（如SPS、TBT、TRIMs和GATS等），而且还出现了一个直接以保障私人权利为目标的TRIPS协定。[①]如果说“消极一体化”的方式让人们关注世界贸易体制在国际法意义上的正当性（即从主权平等引申出的互惠原则），那么，“积极一体化”方式则更可能让人们开始注意到世界贸易体制在国内宪法意义上的正当性（即如何保障私人权利和限制政府权力滥

① 关于WTO“积极一体化”趋势的分析，参见本书第四章第三节。

用）。在《国际经济法的宪法功能与宪法问题》一书中，彼得斯曼教授通过比较欧洲经济共同体行政法的一般性原则和 GATT 协定规则的一般性原则，指出在政策制定的透明性与规则导向、对贸易参与者的非歧视待遇、政府限制措施的成比例性和对个人权利的司法保护等贸易政策问题方面，GATT 原则“更为精确、更为自由和更具综合性”。[①] 另一项重要的事实是，“在第二次世界大战之后，许多国家已经在国际层面上接受了即使其国内宪法也未能明确加以保障的，在对外贸易自由化和保护个人自由方面的国际义务”。[②]

因此，旨在限制、协调和统一各国政府对外经济事务管辖权的 GATT/WTO 多边协调管辖体制及其规则，弥补了传统国内法体制的缺陷，承担起保障国内私人主体正常参与世界经济一体化活动的跨国自由和权利的特殊宪政功能。世界贸易体制宪政功能的实现是通过与国内法体制相结合的方式进行的。由于国内法体制无法单边约束政府对外经济事务权力的滥用，各国选择建立 GATT/WTO 多边协调管辖体制，以国际法形式制定约束政府任意性管辖权的规则；然后，各国通过将 GATT/WTO 规则充分吸纳到本国国内法体制中，以国内法形式在对外经济事务领域逐步限制和约束政府干预权的滥用，并扩展和保障私人主体参与世界经济一体化活动的自由与权利。可见，在世界经济一体化形势下，各国只有借助 GATT/WTO 体制及其约束政府任意性管辖权的规则，才能有效地纠正其国内法体制的“宪政失灵”现象。正是在这个意义上，世界贸易体制及其规则具有国内法意义上的特殊宪政功能。

三 世界贸易体制与国内法体制的价值衔接

尽管世界贸易体制以典型的国际公法体制形式出现，然而，它在经济全球化背景下却不可替代地发挥着国内法意义上的特殊宪政功能。由于各种现实的障碍，国内法体制无法以单边方式实现对外经济事务领域的宪政

---

① 〔德〕E.－U. 彼得斯曼：《国际经济法的宪法功能与宪法问题》，何志鹏、孙璐、王彦志等译，高等教育出版社，2004，第 521～532 页。

② 〔德〕E.－U. 彼得斯曼：《国际经济法的宪法功能与宪法问题》，何志鹏、孙璐、王彦志等译，高等教育出版社，2004，第 512 页。

化。以限制、协调和统一各国政府的任意性对外经济事务管辖权为中心的世界贸易体制及其规则，为各国实现对外经济事务领域的宪政化提供了必要条件。由此引发了一个令人深思的问题：在经济全球化的背景下，应当如何建构世界贸易体制的正当性基础？

在传统国内法体制下，公民从事经济活动的自由和政府的适度干预权是一种宪政平衡关系。最大限度地保障公民的平等自由和财产权利，能够有效地促进私人主体的分散化决策并由此带来国内福利的最大化。而建立政府的适度干预权，可以纠正市场失灵和提供公共产品等，维持社会整体的公共利益。在封闭式传统国内社会条件下，二者形成了一种既有的宪政平衡关系。然而，经济全球化与世界经济一体化趋势打破了这种既有的宪政平衡关系。从理论上说，国内法体制的核心宪政功能在于最大限度地保障公民的平等自由和权利。然而，国内法体制的宪政保障功能并不是静态的，它应当随着人类社会的发展而发展。一旦社会生活发生了重大变迁，国内法体制理应在新的社会条件下，以新的内容来更好地保障公民的平等自由和权利。相反，如果社会发生变迁而国内法体制却停滞不前，则必然造成“宪政失灵”现象。作为一种更为先进的经济组织形式，世界经济一体化显著提高了人类社会的生产力，并为各国带来了更大的经济福利。当各国私人主体开始普遍地、频繁地和大规模地参与世界经济分工与合作活动，以此改善他们的生活并更好实现其价值时，国内宪法却依然赋予政府在对外经济事务领域的无限干预权，很难想象如此一成不变的国内法体制还能继续维持其正当性基础。国内法体制应当随着社会的变迁而不断调整公民自由与政府适度干预权之间的宪政平衡关系，以便在新的社会条件下最大限度地实现其宪政保障功能。世界经济一体化并不是一种纯粹的政府行为，相反，它是一种与国内社会及其成员密切联系的经济活动。当国际分工和世界市场日渐将各国经济纳入同一轨道时，已经不可能将私人主体参与的国内经济活动与世界经济一体化活动严格区分开来。因此，国内法体制所面临的宪政化问题是，如何在经济全球化背景下，重新界定私人主体从事经济活动的自由与政府的适度干预权之间的宪政平衡关系。从一种发展的角度来看，私人主体从事世界经济一体化活动的跨境经济自由和权利，并不是政府通过国际协定而争取来的“特权”，而是国内法体制宪政正当性的应有之义。[①]

在各国对外经济事务领域的宪政化过程中，世界贸易体制发挥了不可替代的功能。通过建立 GATT/WTO 多边协调管辖体制，各国开始重新平衡公民自由与政府适度干预权之间的宪政关系，以适应世界经济一体化的发展需要。传统上分立的国际法体制与国内法体制开始出现价值和制度的密切联结，以共同应对世界经济一体化的宪政性挑战。事实上，世界贸易体制及其规则已经广泛和深入地触及各国的国内社会和国内法体制。尤其在 WTO“积极一体化”方式下，出现了大量旨在设定政府适度干预权和保障私人权利的“国际最低标准”规则。从价值结构上，这些“国际最低标准”规则已经不仅反映国际法上的正当性基础（由主权平等延伸而来的互惠原则），而且更有可能植根于各国国内宪政体制的正当性基础之上。也就是说，未来发展和完善这些 WTO“国际最低标准”规则的指导原则，将不仅来自以政府利益平衡为依据的国际法原则，而且更有可能来自以保障公民权利为核心的国内宪法原则。这意味着，未来世界贸易体制将可能依据国内宪法的标准，以私人权利为本位重新建构其规则体系的正当性基础。[②]

世界贸易体制是政府间协议的产物，这决定了它必然是一种典型的国际公法体制。然而，世界贸易体制又是调整世界经济一体化活动的体制，由于国内经济活动与世界经济一体化活动已经密不可分，世界贸易体制与国内法体制之间存在着相当密切的联系。仅仅从政府间关系的角度（或传统国际公法的角度）来理解世界贸易体制是远远不够的。事实上，各国政府创建和发展世界贸易体制，不仅为了解决政府关税和贸易政策之间的国

---

① 在传统国内法体制中，否定公民具有参与世界经济一体化的自由和权利的主张并不少见。如美国宪法就不明确保护公民的个人对外贸易自由；而美国国会和法院也把私人主体进入外国市场看作一项特权，而不认为其是一项个人权利。〔德〕E. －U. 彼得斯曼：《国际经济法的宪法功能与宪法问题》，何志鹏、孙璐、王彦志等译，高等教育出版社，2004，第 391 ~395 页。

② 彼得斯曼教授指出：“WTO 下的贸易自由化并不仅谋求福利最大化的功利目标，而是植根于基础的人权观念，诸如个人自由（从关税到非关税壁垒），非歧视原则（如在生产者、贸易商和消费者之间）和依据国内法院和国际裁判的司法审查而实现的法治原则。”See E. －U. Petersmann, The WTO Constitution and the Millennium Round, New Directions in International Economic Law: Essays in Honour of John H. Jackson, Marco Bronckers and Reinhard Quick (ed.) Hague: *Kluwer Law International*, 2000, pp. 132 －133。

际冲突，而且为了解决其面临的国内经济问题——政府的无限干预权严重阻碍了国内私人主体参与世界经济一体化的正常活动，并引发潜在的经济结构失调和经济危机。因此，世界贸易体制不仅应当符合国际法的正当性基础（由主权平等延伸而来的互惠原则），而且应当符合国内宪法的正当性基础（保障私人权利和限制政府权力滥用）。如果只是一味强调互惠原则，而忽视其国内法意义上的宪政功能，世界贸易体制与国内法体制在价值功能上将出现严重脱节。失去了世界贸易体制的协调配合，各国国内法体制将无法独自摆脱世界经济一体化引发的“宪政失灵”困境。换一个角度来说，违背国内法体制相关宪政价值诉求的世界贸易体制，必然遭到国内民众的激烈反对和抵制，从而最终失去国内社会的政治支持。

第三节　WTO 宪政价值原则的理论建构：以私人权利为中心

一　国际法体制与国内法体制的双重价值约束

长期以来，指导世界贸易体制的价值原则一直是一种“利益本位”的实用主义观念。功利主义价值观和现实主义国际政治观对世界贸易体制的发展曾经产生过重要的影响。功利主义价值观深刻地影响了国内政治过程，从而推动各国政府更好地评估出口导向型产业和进口竞争型产业之间的利益得失，并寻求一条能够实现本国整体利益最大化的道路。而现实主义国际政治观则影响了国际政治过程，它在国际层面上为各国政府参与世界贸易体制提供了道德理由——即该体制能够以主权平等的方式（互惠原则）促进政府利益的增长。然而，以实用主义为特征的“利益本位”价值观，只能作为推进世界贸易体制的权宜之计，它不能为未来世界贸易体制的整体发展提供长远的指导。半个多世纪以来，以实用主义为指导的世界贸易体制，不得不在各国政府利益斗争的夹缝中艰难地摸索前进。尤其是 20 世纪 60 年代后期至 70 年代，世界贸易体制一度陷入了法纪松弛、根基动摇的困难境地，险些面临全面崩溃的危险。乌拉圭回合谈判的成功和

WTO 体制的建立，标志着世界贸易体制获得了重大的突破和发展。然而，“利益本位”价值观依然继续支配着 WTO 体制。从乌拉圭回合到多哈回合，WTO 体制的正当性缺陷不断暴露出来，并受到了国际社会和国内社会的广泛关注。其中一些最为突出的问题包括：WTO 体制严重地倾向生产者利益而忽视消费者利益，从而造成各国国内利益分配的整体性失衡；WTO 体制内贸易与环境、贸易与劳工权利等矛盾日益突出，并引发人们关注经济价值与社会价值之间的冲突；WTO 制度运行的透明度、潜在的权力滥用和民主赤字等问题。如果稍加注意的话，我们可以发现这些问题与传统国内法体制所致力于解决的问题何其相似。

WTO 体制所存在的正当性缺陷，是其“利益本位”价值观指导下的一种必然产物。从根本上说，以“利益本位”价值观为指导的 WTO 体制，只关心如何通过合作实现政府利益或私人利益的总量增长，但没有解决利益的最终分配问题。为了克服 WTO 体制的正当性缺陷，需要从宪政角度重新建构世界贸易体制的价值基础，以此作为其未来长远发展的指导原则。在人类社会的发展历史上，只有实现政治高度一体化的国内社会才发展出完整意义上的宪政观念。对于相对松散的国际社会，并不存在任何已经取得广泛共识的“国际宪政”或“世界贸易宪政”的观念。然而，这并不表明试图探讨和建构“国际宪政”或“世界贸易宪政”的观念是毫无意义的。无论是国内制度还是国际制度，都同样服务于人类社会的福祉。从历史上看，国内宪政观念的形成与完善也不是一蹴而就的，而是人类社会长期理论建构与社会实践交互作用的产物。同理，建构世界贸易体制的宪政观念，也必将经历一个长期的发展过程。经济全球化与世界经济一体化趋势深刻改变了传统人类社会的双层分立式组织结构，并将各国经济生活开始纳入同一轨道。国际经济生活和国内经济生活之间日益紧密的联系，要求变革传统国际法体制与国内法体制之间的“二元分立”局面。于是，以“多边协调管辖”模式为特征的世界贸易体制应运而生。在“多边协调管辖”模式下，应当如何去建构世界贸易体制的宪政价值，才能更好地调整世界经济一体化背景下的人类社会活动？

作为一项社会合作制度，世界贸易体制的正当性基础受到国际法体制和国内法体制的双重价值约束。在传统“二元分立”法律控制模式下，无论是国际法体制还是国内法体制，都不足以应对世界经济一体化所引发的宪政性挑战。GATT/WTO 多边协调管辖体制的确立，实现了国际法体制与国内法体制在价值与制度上的联结，为调整世界经济一体化活动提供了一种可供选择的现实模式。各国通过缔结国际条约的方式，逐步限制、协调和统一各国政府的任意性对外经济事务管辖权；并通过将 GATT/WTO 规则纳入国内法体制的方式，为各国私人主体参与世界经济分工与合作活动的自由与权利提供法律保障。因此，对世界经济一体化活动的调整，离不开国际法体制与国内法体制之间的密切配合。从国际法层面来说，主权独立和平等原则为世界贸易体制提供了国际法上的价值正当性。正是由于符合国家同意原则和互惠原则，各国政府才能够按照一种典型的国际公法形式，来建立和运行世界贸易体制。因此，维护各国政府利益的平衡，是世界贸易体制得以长期存在和发展的重要前提。从国内法层面来说，在对外经济事务领域保障公民权利和限制政府权力的滥用，为世界贸易体制提供了国内法上的价值正当性。正是由于具有与国内法体制相互衔接的宪政功能，各国才会自觉地将 GATT/WTO 规则吸收到国内法体制中去，以弥补世界经济一体化背景下国内法体制的“宪政失灵”缺陷。只有与各国国内法体制实现宪政价值上的相互联结，世界贸易体制才会取得各国国内社会的内在认同与支持。而在国内法体制下，政府的对外决策从根本上反映了国内社会的政治意愿。国内社会的认同，通过政治过程转化为各国外交官员或谈判代表的立场，将为世界贸易体制的运行和发展提供强大的政治支持。违背任何一种价值的约束都会引发世界贸易体制的正当性危机，并在长远意义上阻碍世界贸易体制的未来发展。因此，必须在国际法体制与国内法体制双重价值约束的语境下，来建构世界贸易体制的宪政价值原则。

二　私人权利和政府适度干预权之间的宪政平衡

经济全球化与世界经济一体化的发展，深刻地改变了传统“二元分立”法律控制模式的社会基础。当各国私人主体开始普遍地、频繁地和大规模地参与世界经济一体化活动时，传统国际法体制和国内法体制都开始面临着一场全新的宪政性挑战。对于私人主体由于世界经济分工而联结成的跨国利益关系，无论是传统国际法体制还是国内法体制都不足以提供有效的法律调整。各国的私人主体是否有权参与世界经济一体化活动？如何确定他们在世界经济一体化活动中的正当利益？对于这一点，我们无法从传统国际法体制或传统国内法体制中找到完整和满意的答案。作为一种更为先进的经济组织形式，世界经济一体化趋势是人类社会文明进步的体现。没有理由因为政治上的主权国家分割状态，而否定和阻止人类社会的成员积极参与能够为各国民众带来福祉的世界经济一体化活动。恰恰相反，值得我们深思的是，对于人类社会的世界经济一体化发展趋势，传统国际法体制与传统国内法体制都表现出明显的局限性。人类社会政治管辖体制上的滞后，严重阻碍了世界经济一体化的发展。因此，我们所需要解决的问题是，如何更好地变革现有的国际法体制和国内法体制，以满足人类社会世界经济一体化发展的需要。

世界贸易体制的产生与发展，为传统国际法体制与国内法体制在价值与制度上的联结提供了宝贵的实践经验。世界贸易体制的价值追求，不仅反映了各国政府之间的利益平衡关系（国际法意义上的正当性），而且反映了世界经济一体化背景下私人权利与政府适度干预权之间的平衡关系（国内宪法意义上的正当性）。从世界经济一体化活动的实质来说，政府只是“裁判员”，各国私人主体才是真正的“运动员”。私人主体在世界经济一体化轨道上的生产、投资、贸易和消费等活动，极大地推动了生产力的发展并改善了各国民众的生活。可见，对于调整全球经济分工和世界经济一体化活动来说，维持政府利益的平衡只是世界贸易体制的外在约束条件，而实现私人主体之间社会合作利益与负担的正当分配，才是世界贸易体制的实质价值内容。

因此，建构世界贸易体制的宪政原则，应当围绕私人权利与政府适度干预权之间的价值平衡展开。一方面，世界贸易体制应当尽可能地扩大并保障各国私人主体参与世界经济一体化活动的跨境平等权利；另一方面，世界贸易体制也应当确立各国政府对世界经济一体化事务的适度干预权。只有充分保障了私人主体的正当权益，才能为他们从事生产、投资、贸易和消费等世界经济一体化活动的决策提供法律上的明确性、稳定性和可预见性。同时，各国政府应当具有适度的干预权，以纠正世界经济一体化活动中的“市场失灵”现象，并提供公共产品。此外，政府的适度干预权还应当包括：平衡世界经济一体化活动中的经济价值与非经济价值，以调整贸易与环境、贸易与劳工权利等相关问题；在不同私人主体之间引入差别待遇原则，赋予社会竞争中的弱者以相对优惠的待遇等。通过实现国际法体制与国内法体制之间的价值联结，世界贸易体制能够最大限度地满足国际法的正当性和国内法的正当性，巩固各国政府和国内民众的道德拥护和政治支持，从而有力地推动与促进世界经济一体化活动的发展。值得注意的是，在世界贸易体制中引入私人价值，并不意味着该体制需要将各国私人确立为国际法的主体。世界贸易体制对私人权利的价值肯定，可以通过各国的国内法体制来实现法律制度上的有力保障。通过将保障私人权利的WTO规则充分吸收到各国国内法体系中去，私人主体可以利用本国国内法体制来维护其正当权利。可见，世界贸易体制宪政价值的实现，有赖于传统国际法体制与国内法体制的配合。只有灵活并充分运用现有国际法体制和国内法体制的制度框架，才能有效地实现世界贸易体制的宪政功能。

三　以“权利本位”宪政原则指导未来世界贸易体制的长远发展

世界贸易体制是对传统人类社会“二元分立”法律控制模式的一项重大变革和创新，它从政治和法律制度层面上有力地回应了经济全球化与世界经济一体化所提出的宪政性挑战。长期以来，在“利益本位”观念的影响和支配下，世界贸易体制的核心功能仅仅被定位为促进各国经济利益和社会福利的增长。无论是强调政府利益的交换与平衡，还是突出各国私人利益及其总和的增长，都没有摆脱一种相对短视的实用主义观念。从长远和整体的角度看，各国在世界贸易体制中所具有的共同利益，不仅体现为通过贸易合作而获得经济利益的增长，从更为基础和更为重要的意义上说，还在于实现世界经济一体化背景下对私人权利的保障和对政府权力滥用的限制。正如国内社会通过法治方式保障公民自由和财产权利能够最为有效地促进经济增长和社会稳定，在世界经济一体化背景下，世界贸易体制对私人权利的保障和对政府权力滥用的限制也能够最大限度地促进各国经济增长和人类文明进步。为此，我们在国际法体制和国内法体制的双重价值约束下，以私人权利为本位建构了世界贸易体制的宪政原则。在“权利本位”宪政原则指导下，未来世界贸易体制才有可能摆脱各国及私人主体之间无谓的利益冲突，实现私人参与者之间社会合作利益与负担的公平分配，从而增进未来世界贸易体制的正当性和有效性。

从“消极一体化”走向“积极一体化”的发展趋势，突出了建构世界贸易体制“权利本位”宪政原则的紧迫性和重要性。在GATT“消极一体化”模式下，各缔约方政府只需要依照互惠原则部分削减国内关税和非关税壁垒，即可履行绝大部分国际义务。这种模式在突出各方政府承担消极义务以谋取互惠利益的同时，在很大程度上掩盖了世界贸易体制旨在限制、协调和统一各国政府对外经济事务管辖权及保障私人权利的实质。而在WTO“积极一体化”模式下，成员方政府必须积极地制定国内立法及措施，以确立对外经济事务中的政府适度干预权并保护私人主体的相关权利。在“积极一体化”模式下，WTO开始制定大量用以协调各国国内立法的“国际最低标准”规则。与互惠体制下的纯粹功利标准相比，这些“最低国际标准”规则与国内宪法具有更为相似的正当性基础。因此，依靠传统的“利益本位”观念，已经难以推动和发展这些具有“积极一体化”特征的WTO规则。只有努力保障各国私人主体参与世界经济一体化活动的平等的自由和权利，世界贸易体制才可能确立一种具有充分正当性和有效性的发展模式。这正是建构以私人为本位的世界贸易体制宪政价值原则的意义所在。

对此，彼得斯曼教授敏锐地指出：“‘积极一体化’法必须考虑这一宪政性问题，即消费者和公民的共同长期利益（即依据平等自由权和自由的一体化法，促进跨越国境的互惠式劳动分工）将可能与生产者和政府官员强大的短期利益发生冲突。后者可能从任意性贸易政策权力和贸易保护主义中受益，因此会经常在诸如自由贸易权和人权之类的公共产品中反对有效的公民权利。WTO‘积极一体化’多边规则的制定需要受到额外的宪政保障，以保护公民免于受到不透明和不民主的规则制定过程，以及为寻租游说集团利益而进行‘规则操纵’行为之侵害。……WTO在‘积极一体化’规则方面的新谈判所面临的一个核心挑战是，需要为此类谈判寻求更为宽泛的‘政治选民’支持。发达国家的出口产业集团，曾经是GATT互惠性关税自由化谈判的主要政治推动力量，但现在对WTO新的法律纪律，即反竞争性商业做法和环境污染的规制等方面将不再感兴趣。贸易领域的官员可能也不愿意支持此类WTO谈判，因为担心如果竞争和环境专家在此类WTO谈判中占了上风，他们的政治影响将降低；因为担心与保护主义思维的贸易政治家分享谈判权，美国反托拉斯当局对 WTO 在国际竞争规则上持自私的反对态度，表明了政府部门之间在 WTO 权力运用上日益增长的争斗。”①

事实上，按照此前“利益本位”观念所建立的“国际最低标准”规则存在着许多重大的宪政缺陷。如果固守原有的“利益本位”观念，未来 WTO“积极一体化”规则的发展将可能失去正确的方向和前进动力。以 TRIPS 协定为例，尽管该协定的主要内容是赋予私人主体参与世界经济一体化活动的权利，然而它依然是一种传统“利益本位”观念的产物。从动力上看，TRIPS 协定源于美国和欧洲产业集团（尤其是化学和制药业）在国内和国际层面上所做的强有力的政治游说。在美国和欧盟采用国内单边制裁方式的威胁下，发展中国家不得不同意以纺织品和农产品议题做交换，制定了 TRIPS 协定。可见，制定 TRIPS 协定的依据依然是国际法的正当性基础（即政府利益的平衡），而不是国内宪法的正当性基础（即保障私人权利）。在“政府利益的平衡”原则指导下的 TRIPS 协定，出现了许多严重的“宪政失灵”问题。彼得斯曼教授在研究中指出：（1）TRIPS 协定要求成员方在国内法体制中积极引入保护知识产权的立法、行政和司法措施，但这些要求一边倒地倾向于生产者利益，而明显忽视保护普通消费者利益的竞争和环境等规则。（2）TRIPS 协定对私人主体实体性和程序性权利的保障，一边倒地倾向于保护生产者或出口者的权利，但没有相应保护消费者的权利或进口者的权利。（3）协调各国国内法律最低标准的 TRIPS 条款，一边倒地倾向于生产者（作为权力寻租者）和政府官员的利益。无论是欧盟还是美国，其国内实施 WTO 协定的立法都否认个人公民在国内法院有权诉诸 WTO 规则，以抗衡和监督国内政府违反 WTO 规则的行为。（4）只有通过对个人权利的平等保护，TRIPS 协定才能摆脱其“偏袒生产者利益”的宪政缺陷，对各国公民的利益实现全面而有效的保护。② 由此可见，以“利益本位”观念来制定和发

---

① E. – U. Petersmann, The WTO Constitution and the Millennium Round, New Directions in International Economic Law: Essays in Honour of John H. Jackson, Marco Bronckers and Reinhard Quick (ed.) Hague: *Kluwer Law International*, 2000, pp. 124 – 125.

② See E. – U. Petersmann, From "Negative" to "Positive" Integration in the WTO: Time for "Mainstreaming Human Rights" into WTO Law? *Common Market Law Review* 37, 2000: 1365 – 1368.

展WTO“积极一体化”规则，必然引发国内利益失衡等一系列严重的国内“宪政失灵”问题，从而导致世界贸易体制与各国的国内法体制之间产生价值功能的冲突。

因此，应当在国际法正当性和国内法正当性的双重价值约束基础上，指导世界贸易体制的未来发展。世界贸易体制不仅通过政府利益平衡而获得各国政府的认可和尊重，而且还应当通过发挥国内法意义上保障私人权利的宪政功能，来获取各国民众的广泛政治支持。只有根据保护私人主体平等权利的宪政原则，才可能正确地指导WTO“积极一体化”规则的制定和发展。从限制政府权力滥用和保障私人权利的角度出发，世界贸易体制决策的透明度、制度运行中的民主赤字和公共权力滥用等问题也相继受到人们的广泛关注，并逐步纳入推动世界贸易体制宪政化的改革视野。

围绕私人权利与政府适度干预权之间的平衡来建构世界贸易体制的宪政原则，不仅有助于保障私人主体参与世界经济一体化活动的平等的自由和权利，而且还能够进一步引入针对弱势私人主体的差别待遇原则。

罗尔斯认为，处于原初状态下的人们将会选择两个不同的原则：第一个原则（平等的自由与权利原则）要求平等地分配基本权利和义务；第二个原则（差别原则）认为社会和经济的不平等（如财富和权力的不平等）只要其结果能给每一个人，尤其是那些最少受惠的社会成员带来补偿利益，它们就是正义的。① 然而，罗尔斯的正义原则仅适用于政治高度一体化的国内社会，而不适用于以主权国家为成员的国际社会。在以政府利益平衡为价值追求的世界贸易体制中，特殊和差别待遇原则（S&D）依然是一个存在相当多争议的原则。

在国际经济体系中，发展中国家处于一个相对弱势的国际竞争地位。赋予发展中国家以特殊和差别待遇有助于弥补其境内私人主体在竞争起点的劣势状态，从而确立起一个相对公平的国际竞争环境。发展中国家成员方有权享受特殊和差别待遇，已经在GATT/WTO协定的相关规则中得到确认。一般认为，普惠制是GATT/WTO特殊和差别待遇原则的一种典型实践。然而，《WTO的未来：阐释新千年中的体制性挑战》归纳了一些针对

① 〔美〕约翰·罗尔斯：《正义论》，何怀宏等译，中国社会科学出版社，1988，第14~15页。

普惠制的不同看法和批评意见。[①] 第一，普惠制是发达国家为其发展的目的单方面给予的，并往往以接受国承担一些与贸易无关的义务为条件。第二，是授予方而不是接受方的国家利益决定普惠制机制中产品的范围和特惠的程度。第三，经验研究表明，发展中国家事实上几乎没有从普惠制中获得任何利益。第四，特惠市场准入的引入，将不利于发展中国家抵抗其国内保护主义者的压力。第五，普惠制的受惠者在损害工业和农业多样化的情况下，变得过于依赖特惠或受到该体系特性的限制。鉴于特殊和差别待遇原则可能产生的潜在消极影响，WTO 体制对该原则的具体应用进行了限制，即从赋予发展中国家实施实体性义务的差别待遇，转为允许发展中国家采用滞后实施期限的差别待遇。实际上，发展中国家的特殊和差别待遇原则是不同国家间政治斗争的产物，在当今南北格局的国际体系中具有特殊重要的国际政治意义。作为发展中国家群体的一员，长期以来中国始终坚持并努力推进特殊和差别待遇原则在国际经济合作中的运用。

然而，我们在坚持发展中国家在 WTO 享有特殊和差别待遇原则的同时，也应当进一步认识到，这一原则的适用应当与国内法的宪政平衡原则相结合，并进一步关注发展中国家境内私人主体的普遍受惠程度。由于采用“政府本位”和“利益本位”的传统观念，在很大程度上可能误导 WTO 特殊和差别待遇原则的正确适用，并产生消极效果。世界贸易体制所调整的世界经济一体化活动，本质上并不是政府性质的活动，而是各国私人参与者的活动。从宪政角度来看，世界贸易体制旨在确立世界经济一体化活动中私人主体的平等权利与政府适度干预权之间的平衡。仅强调赋予发展中国家政府以差别待遇，实质上意味着该国政府拥有更多的任意性管辖权。这类政府任意性管辖权实施的效果往往是对发展中国家的部分进口竞争型产业提供特殊保护，而不是提升发展中国家私人主体的市场竞争能力并促进整体经济利益的增长。如果忽视了国际法与国内法的相互联结，WTO 赋予的特殊和差别待遇将可能沦落为少数特殊利益集团的盘中之餐，从而加剧发展中国家国内利益分配的“宪政失灵”现象。

世界贸易体制不仅可以确立各国私人主体在世界经济一体化活动中的

---

① 参见〔英〕彼得·萨瑟兰等《WTO 的未来：阐释新千年中的体制性挑战》，刘敬东等译，中国财政经济出版社，2005，第 31～33 页。

平等权利，而且也可以确立对弱势私人主体的差别待遇原则。鉴于随着WTO“积极一体化”规则的实施已经产生了以TRIPS协定为代表的、旨在直接保障私人权利的国际规则，可以考虑在世界贸易体制中逐步引入针对私人主体的差别待遇原则。这种针对弱势私人主体的差别待遇原则，可以大致分为两种基本类型：第一种类型旨在对世界经济一体化活动中的特定弱势私人主体（不分国别）提供公平的参与机会，并提供特殊的社会保障。例如，与跨国公司或大型企业相比，个体消费者和劳动者在世界经济一体化活动就处于一种绝对弱势地位。因此，有必要依据差别待遇原则，在WTO“积极一体化”规则中逐步引入针对消费者权利保护和劳工权益保护的法律条款。第二种类型旨在为来自发展中国家的私人主体提供特殊和差别待遇。从整体上说，来自发展中国家的私人主体在世界经济一体化中处于一种更为不利的国际竞争地位。为了建立一种相对公正和公平的世界经济一体化秩序，应当在WTO“积极一体化”规则中赋予来自发展中国家的私人主体特殊的差别待遇，以帮助其正常地参与世界经济一体化活动，并从世界经济分工与合作中获得应得的利益份额。作为一种人类社会制度的创新，世界贸易体制反映了国际法体制与国内法体制在价值与制度上的联结。因此，反映私人主体差别待遇原则的WTO“积极一体化”规则，可以通过WTO制度和国内法体制的相互配合得到有效实施。

第六章

总结与展望：推进世界贸易体制的宪政化

第一节　WTO 宪政视角的引入：国际法与国内法的联结

世界贸易体制的诞生并不是偶然的，它是国际社会复杂变迁所带来的必然产物，是对经济全球化趋势的理性回应。从历史实践看，从 GATT 到 WTO 的发展演化，反映了人类社会法律制度成长的一些内在的支配性规律。其中，国际法与国内法在制度和价值层面的相互联结，对二者自身及其相互关系的发展产生了重大的影响。当我们面临着传统国际法与国内法的人为割裂状态所引发的困境时，WTO 宪政视角的引入，为我们协调世界经济合作过程中的主权原则与人权保障、经济利益与社会价值、大国主导的现实与平等参与的愿望，以及决策的透明度与有效性等一系列难以回避的冲突，提供了一种解释和弥合的路径。尽管 WTO 宪政化可能仅仅是一种理论的虚构，但借助这种理论上的建构，我们得以观察经济全球化背景下国际法与国内法的相互渗透和相互影响，从中总结某些一般性的规律并探索建立一个更加公平、合理的世界贸易体制。不仅如此，对经济全球化背景下国际法与国内法相互联结发展规律的探讨，还可以进一步推衍到整个国际经济合作领域，并进而为更为广泛的国际社会合作领域提供参考。

一 经济全球化对传统“二元分立”模式的宪政性挑战

经济全球化对传统“二元分立”法律控制模式的挑战是根本性的，它动摇了该模式的社会基础。正如本书第一章所指出的，在“二元分立”模式下，国际法体制与国内法体制之间各行其道、各司其职，呈现明显的相互分立和相互隔离状态。从价值追求上看，国际法体制以保障国家独立、主权平等和国家利益等国家价值为核心功能；而国内法体制以保障公民权利并限制政府权力滥用为核心功能。从权力结构和制度设计来看，国际法体制表现为“国家—国家”间关系的平行式治理结构，它是一种以国家自治原则为特征，由国家自行立法，自行实施并自行解决争端的分散式管辖体制；而国内法体制则表现为规范“公民—政府”间关系的垂直式治理结构，它是一种在宪法原则指导下的，由国家强制力加以保障的权威式管辖体制。

“二元分立”模式得以确立并实施的社会基础，在于传统人类社会的“个人—国家”与“国家—国际社会”的分立式组织结构。这种分立式组织结构的特点是：通过国家边界的阻隔，国际事务与国内事务能够实现完整的分割；各国公民的活动基本上仅局限于本国国内社会的范围，并主要受国内法调整；国际社会事务中涉及的私人行为，均由国家政府对外统一代表；国家在对外事务中具有统一的国家利益。在此种历史条件下，国际法体制与国内法体制各司其职，互不干预，能够满足传统国际社会的发展需要。

然而，经济全球化和世界经济一体化的发展，深刻地改变了传统“二元分立”模式的社会基础。随着世界性市场的形成与扩展，个人活动基本上局限于国内领域的局面开始逐渐发生变化。各国私人主体作为经济活动的生产者、投资者、贸易商和消费者，日益被全面地卷入世界经济一体化的浪潮之中。私人主体开始普遍地、频繁地和大规模地参与世界经济一体化分工与合作活动，这从根本上打破了传统国际关系中国家对国际事务的垄断地位。一概由国家政府来代表本国私人跨国经济利益的做法，已经无法满足人类经济活动的发展需要。与此同时，国际事务和国内事务相互隔离的状况也在发生变化，它们在经济全球化和世界经济一体化趋势推动下开始日益密切地相互渗透和融合。国内社会在经济领域的隔绝性和独立性被打破，各国之间的经济相互依赖程度不断加深，这迫切要求各国更好地协调其对外经济政策之间的内在冲突与矛盾。因此，随着经济全球化和世界经济一体化的发展，人类社会生活的组织结构正在发生深刻变化。传统“个人—国家”与“国家—国际社会”的双层分立式组织结构出现分化。一方面，国际社会开始日益直接面对私人主体，并受到由私人活动所带来的国内观念和价值的冲击。另一方面，国内社会生活也开始更多地受国际社会和其他国家活动的影响和制约。国际社会与国内社会正在由于私人活动的扩展而逐渐联结起来。这促使各国政府不得不采取更加灵活的姿态，调整主权管辖的传统方式，以适应经济全球化和世界经济一体化的发展需要。

经济全球化及其引发的传统人类社会结构变迁，对传统“二元分立”法律控制模式提出了严峻的宪政性挑战，并在国际经济的实践中引发灾难性后果。如何回应经济全球化趋势带来的宪政性挑战，成为构建世界贸易体制所面临的一项重大历史使命。

就理论而言，当各国国内社会的私人主体日益普遍地、频繁地和大规模地参与世界经济分工与合作活动时，传统上国际事务由国家垄断的局面被打破。在人类社会的经济生活中，大量出现了跨越国内社会与国际社会的私人间利益关系。如何规范这种新兴的私人间跨国利益关系，成为传统国际法体制与国内法体制面临的一个难题。从国内层面来看，传统国内法体制主要规范国内领域的私人间经济事务。对于跨越国境的私人间经济事务，传统国内法体制通常只具有消极的禁止或限制权，而不具有积极的扩展和保障权。因此，在规范跨国私人事务交往中，传统国内法体制往往会导向一种内向型的封闭式管辖体制。这种封闭式国家管辖体制显然无法适应经济全球化的发展需要。从国际层面来看，传统国际法体制仅保障以国家为主体的利益，而无法直接保障私人主体的利益。一概以国家利益或政府利益来代表本国私人主体利益的传统做法，已明显脱离了世界经济分工与合作的现实需要。在参与世界经济一体化活动过程中，各国国内社会的私人主体形成了相互交织而错综复杂的利益关系。国家在对外事务中具有统一国家利益的传统观念正在被逐渐打破。即使是同属一国的国内社会利益群体，在国际经济交往过程中也可能具有相互冲突的潜在利益。而且，以政府利益平衡为标准的国际法规则，也必然会肢解和割裂各国私人主体在世界经济一体化活动中结成的正当跨国利益关系。国家利益与私人利益存在着非契合性，表明传统上统一的国家利益概念不足以完全涵盖日趋复杂化的私人间跨国利益关系。因此，以调整国家间关系为主的传统国际法体制，无法有效地保障世界经济一体化活动中涉及的私人间跨国利益关系。一言以蔽之，传统“二元分立”模式无法适应世界经济一体化的发展需要。

世界经济一体化和滞后的“二元分立”法律控制模式之间的内在矛盾，严重冲击了传统国际法与国内法那些曾经行之有效的制度和观念，并使之陷入“失灵”状态。

从国内法的层面来看，各国国内法体制的核心功能在于最大限度地保障公民平等的自由与权利，并限制政府公共权力的滥用。然而，在经济全球化和世界经济一体化背景下，以传统分割式管辖为特征的国内法体制逐渐陷入一种严重的“宪政失灵”状态。它既无法充分地保障国内社会民众参与世界经济一体化活动的平等自由与权利，也无法有效地约束政府在对外经济事务领域的权力滥用。由于政府拥有对世界经济分工与合作事务的任意性管辖权，这必然引发国内社会的权力寻租活动。国内特殊利益集团通过影响和操纵政府对外经济事务决策权，以牺牲其他群体利益乃至社会整体福利的形式，获得不正当的特殊保护主义利益。利益分配的不公正，严重动摇了传统国内法体制的正当性基础。

与此同时，传统国际法体制也受到了严峻的挑战。传统国际法体制崇尚的仅是国家价值，个人价值通常只能以国家的形式间接体现出来。然而，当各国私人主体开始普遍地、频繁地和大规模地参与世界经济分工与合作活动时，国际社会出现了大量的私人性事务。传统上国际事务为国家所垄断的局面发生了重大变化。各国私人主体作为生产者、贸易商、投资者和消费者等利益承载者，其利益关系在很大程度上已经打破了国家的界限，并在世界范围内重新分化组合。用传统的国家利益概念来分析世界经济一体化趋势下的国际经济事务已经无法揭示其利益关系的本质。传统国际法体制反映的是国家间利益关系，它无法正确地揭示私人主体间在参与世界经济一体化过程中产生的复杂利益关系，也无法从制度上为各国私人主体跨越边境的权利提供有效的法律保障。如何调整国际社会大量涌现的私人间跨国利益关系，如何有效地保障各国私人主体跨越边境参与世界经济一体化活动的正当权利，对传统国际法体制的价值基础和制度结构都构成了深刻而严峻的挑战。

为了更好地认识这些问题，本书引入 WTO 宪政视角，并从国际法与国内法相互联结的角度，为剖析和回应经济全球化所引发的宪政性挑战提供一种理论上的分析和解决路径。

二　GATT/WTO“多边协调管辖”模式：国际法与国内法的制度联结

为了解决经济全球化所引发的宪政性问题，传统上相互分割的国际法与国内法在调整世界贸易合作事务的法律制度领域出现了相互联结的趋势，从而推动了 GATT/WTO“多边协调管辖”模式的形成与发展。

（一）从“单边管辖”模式到“多边协调管辖”模式的发展

本书第二章指出，“斯穆特－哈雷关税战”及其引发的灾难后果，深刻地揭示了传统“二元分立”法律控制模式在调整经济全球化与世界经济一体化活动过程中的严重缺陷。由于各国私人主体参与全球经济分工与合作的活动主要表现为私人间跨国利益关系，而传统国际法体制与国内法体制都无法对其进行有效的管辖。从传统观念来看，本国私人主体参与世界经济一体化活动在性质上完全属于一国的国内事务。于是，以边界为分割的国家单边管辖体制，拥有对私人参与世界经济一体化活动的任意管辖权，而不受任何外国法体制或国际法体制的制约和干预。这使得各国政府对私人参与世界经济一体化事务的管辖，事实上处于一种不受约束的自由放任状态。然而，由于受到边界分割的局限，传统国内法体制根本不足以推动和保障本国私人主体参与具有跨国性质的世界经济一体化活动。在缺乏有效的国际合作体制情况下，各国在开展国际经济交往过程中，必然会陷入“囚徒困境”。它表现为各国政府在对外经济政策领域，竞相增设各类关税和非关税壁垒，以提高本国国内产业的相对竞争地位。因此，以分割化和封闭式为特征的国家“单边管辖”模式，对各国私人主体参与全球经济分工和一体化的正常活动构成了严重的阻碍。

在经济全球化趋势的不断推动下，各国开始通过缔结条约的方式建立一种有限的GATT/WTO“多边协调管辖”模式。通过国际法与国内法的制度联结，GATT/WTO“多边协调管辖”模式将各国分割化的单边管辖体制逐渐衔接和协调起来，从而一定程度上缓和了各国对外经济事务管辖权之间的潜在矛盾，推动了世界经济一体化活动的发展。

GATT/WTO体制是人类社会在经济全球化和世界经济一体化背景下，对传统“二元分立”模式进行调整与变革的产物。当各国私人主体日益普遍地、频繁地和大规模地从事与世界经济一体化分工相关的经济事务时，传统分割化的国家单边管辖体制已经无法适应调整新兴的大规模私人间跨国利益关系的需要。于是，在封闭式“单边管辖”模式基础上，各国之间开始发展出一种有限“多边协调管辖”模式，以便协调各国任意性对外经济事务管辖权之间的冲突。GATT/WTO“多边协调管辖”模式的产生与发展，表明各国开始尝试通过国际法体制与国内法体制之间的制度联结，以共同应对经济全球化与世界经济一体化所引发的宪政性挑战。在“多边协调管辖”模式下，自由放任的分割化国家单边管辖受到了国际规则的约束，国家在调整世界贸易事务中掌握绝对管辖权力的局面被打破。然而，以世界经济一体化下的整体利益为依托的“共同体管辖”模式并未就此建立，世界贸易事务的管辖权力在国际、国内等不同层面进行重新调整和分配。其中，各主权国家在世界贸易体制中依然占有相对的支配权和控制权。

从总体上看，GATT/WTO“多边协调管辖”模式反映了以各成员方为主导的基本特征。通过GATT/WTO体制，各国对本国与世界经济一体化有关的贸易事务管辖权进行了适当的约束，承诺渐进性地开放国内市场和不断消除各种贸易壁垒，从而部分保障了各国私人主体正常参与世界经济一体化分工的需要。这种由成员主导的GATT/WTO“多边协调管辖”模式的形成，在很大程度上缓解了各国单边管辖可能引发的直接冲突，以间接协调的形式解决了政治分割化与经济一体化之间的矛盾，从而适应了经济全球化与世界经济一体化趋势发展的需要。

（二）“多边协调管辖”模式的深化：从“权力导向”到“规则导向”

本书第三章分析了各国实现GATT/WTO“多边协调管辖”模式的两种

主要方式，即政治手段和法律手段。随着世界贸易体制的发展，法律手段在调整世界贸易事务中的地位日益上升，并不断推动着该体制的法律化进程。在此过程中，世界贸易体制也由一种与主权意志充分妥协的松散型“多边协调管辖”模式，逐渐发展成一种对主权意志更具约束力的紧密型“多边协调管辖”模式。与此同时，国际法体制与国内法体制的制度联结也日益巩固，更具有稳定性和长期性。

在早期 GATT1947 体制中，政治手段或外交手段在调整国际贸易合作事务领域中占据了支配性地位。尽管各国通过 GATT 协定在世界贸易领域建立起一种初步的“多边协调管辖”模式，但依然对国家单边意志做出了充分的退让。

在第二次世界大战结束不久的国际社会里，显然还缺乏一套具有支配地位的法律乃至宪政价值观念，以此来引导建立一个以正当性为基础的世界贸易法律体系。从当时主导性观念来看，GATT 体制只是一个政府间贸易利益的平衡体，而不是一整套具有正当基础的宪政性权利义务安排。追求互惠性的贸易利益增长，构成了各国参与 GATT 合作体制的主要动力。在功利主义和传统国际政治观念的影响下，法律手段的稳定性和可预见性受到了冷落和排斥，政治手段的灵活性则得到强调和充分重视。传统主权原则与法律规则的刚性约束之间的矛盾，促使了 GATT1947 体制在“多边协调管辖”与“单边管辖”之间做出平衡的安排。一方面，该体制为缔约方规定了一整套减让关税的权利义务规则；另一方面，该体制又为缔约方设立了众多规避严格规则义务的合法途径。在现实运行中，GATT 体制精心构筑了一个缔约方之间贸易利益的动态平衡体。为利益平衡的需要，缔约方之间频繁的谈判与磋商成为 GATT 运作的基本手段。充分尊重传统的国家主权意志，构成缔约方全体决策的前提，即使在争端解决这一特殊领域也不例外。于是，国家的权力意志贯穿于 GATT1947 体制运行的始终。直言之，遵守规则与否往往显得并不重要，是否充分尊重各国的政治意愿并增进其合作的积极性，才是 GATT 所考虑的重点。可见，GATT1947 体制不仅在规则设定方面表现出显著的弹性，而且在规则实施和争端解决方面也表现出巨大的灵活性。因此，早期 GATT 体制表现为一种以“权力导向”为特征的松散型“多边协调管辖”模式。

第二次世界大战后世界贸易体制的演变，反映了一种从“权力导向”

到“规则导向”的渐进法律化趋势。在这个演变过程中，不仅争端解决机构的组织和功能得到突破性的发展与完善并逐渐获得强制性的司法管辖权和裁决权，而且，更为明确的“条约规则”标准开始逐渐替代了早期含糊的“利益的丧失与减损”标准，成为GATT/WTO体制条约实施和争端解决的主要依据。在争端解决机制的推动下，GATT/WTO的法律框架得以不断完善和发展，并逐渐塑造了一个以规则为中心的国家间权利义务体系。乌拉圭回合谈判巧妙地平衡了政治手段和法律手段之间的张力：一方面，它通过尊重国家意志的政治机制来推进条约谈判，以发展和完善规则体系；另一方面，它建立了相对独立运转的两级准司法审理体制，有力地促进了条约规则的实施和争端解决。从权力分配的变化看，GATT/WTO争端解决机构被授予了更多独立于主权国家的司法管辖权力，并对任意性国家单边主义产生更为强大的法律约束力。由此，WTO体制建立了一个兼顾政治手段与法律手段，并将政治手段纳入法律轨道，以“规则导向”为特征的紧密型“多边协调管辖”模式。

GATT/WTO体制从“权力导向”到“规则导向”的发展，从一定意义上回应了经济全球化与世界经济一体化所提出的宪政性挑战。对于世界经济一体化活动而言，“规则导向”方法在以下几个方面将产生潜在的积极影响：（1）“规则导向”方法有助于在不同国家间建立一个相对稳定的世界贸易秩序，从而为私人主体参与世界经济一体化活动提供一个基本的制度框架。如果各国政府严格按照既定的规则来实施其管辖活动，则世界经济一体化中的分散决策者们——散布于世界各地的生产者、投资者和贸易商等就能够根据一个相对稳定的、明确的和可预见的规则体系，来决定其长期的商业战略。相反，如果世界贸易事务受到任意性国家意志的左右，则私人主体从事世界经济一体化活动将遭受巨大的潜在风险。（2）“规则导向”方法倾向于用具有透明度的法律方式来实现对世界贸易事务的调整，有助于各国私人主体在国内法体制中有效地监督和控制成员方政府滥用权力的行为，维护其参与世界经济一体化活动的平等自由和权利。在“权力导向型”体制下，贸易规则的制定、实施和争端的解决往往都是以秘密的政治或外交方式进行，国内社会的私人主体无法对政府权力的行使进行有效监督。于是，国内保护主义利益集团就很容易通过影响和控制以秘密方式行使的政府权力，左右本国的对外贸易政策的制定和实施。在

"规则导向型"体制下，贸易规则的制定、实施和争端解决都基本上纳入了相对透明的法律轨道。如 WTO 条约的制定需要经过国内立法程序的讨论和批准，WTO 争端的解决通常采用以"规则"为中心的司法审理体制等。这就为国内立法机构和国内社会的私人主体监督政府对外经济事务管辖权的行使提供了基础。因此，"规则导向"方法有助于推动世界经济一体化形势下各国国内法体制的宪政变革，即在对外经济事务领域更好地监督政府权力的行使，及保障本国公民的平等自由与权利。

政治方式与法律方式的相互制约和平衡关系，决定了世界贸易体制法律化的有限性。政治方式与法律方式构成了 GATT/WTO 体制的两种主要管辖手段。在不同的历史时期，二者既相互配合，又相互制约，共同促成各国对世界经济一体化事务的"多边协调管辖"。在实体法领域，"规则导向"方法强调 GATT/WTO 规则及其实施的适度弹性，以便为国家通过政治手段进行灵活调整留下充足的空间。在程序法领域，"规则导向"方法强调通过强有力的争端解决机制，以严格的法律手段来保障整个 GATT/WTO 规则体系的稳定性和可预见性。将政治方式与法律方式相结合，既满足了一个不断变动的、以贸易合作利益为中心的国家间实体性规则体系的发展需要，又满足了一个以维护规则体制的稳定性和可预见性为目标的国家间程序性规则体系的发展需要。可见，在 GATT/WTO "多边协调管辖"模式下，各国对于世界经济合作的实体性事务依然占据着主导性的管辖权。究其根本，在于该体制缺乏一套足以调整全球经济分工与合作事务的整体性宪政价值原则。

GATT/WTO 形式法治化的未来发展空间，受制于该体制实质法治化的实现程度。随着经济全球化和世界经济一体化趋势的发展，传统"二元分立管辖"模式的缺陷开始不断暴露出来。在以平行权力结构为特征的威斯特伐利亚体制下，没有一种适当的法律形式（如"世界法"）能够直接调整私人在世界经济一体化活动中的跨国利益关系。在此背景下，各国选择了一种替代方案：建立一个旨在约束和限制政府任意性管辖权的国际法体制，并通过在各国国内法体制中纳入 GATT/WTO 规则，以间接方式保障各国私人主体参与全球经济活动中的平等自由与权利，从而在一定程度上满足世界经济分工与合作的发展需要。因此，尽管 GATT/WTO 规则的最终目标是调整私人主体参与世界经济一体化活动中的跨国利益关系，但以一个典型的国家间权利义务体系的形式表现出来。由国际法上的主权平等原则引申而来的互惠原则，构成GATT/WTO法的正当性基础。然而，从本质上看，各国政府是世界经济一体化活动的管辖者（是“裁判员”而非“运动员”）；散布于各国境内的私人主体，才是世界经济一体化活动真正的行为主体。事实上，GATT/WTO体制是以国际法的价值标准（政府利益的互惠原则）来调整本质上属于私人行为的世界经济一体化活动。在世界经济一体化事务的实质法治化方面，各国尚未达成一种广泛认同的政治共识。因此，GATT/WTO体制在价值层面上的宪政缺陷，必然会限制其形式法治化的发展空间。

三 WTO宪政价值的反思与建构：国际法与国内法的价值联结

GATT/WTO“多边协调管辖”模式的发展，反映了国际法与国内法在制度层面的相互联结。这种制度上的相互联结，在“多边协调管辖”模式的初始发展阶段尽其可能地回避了各国国内法之间，及国际法与国内法之间潜在的价值冲突。例如，GATT体制尽可能地维护国际法在制度和价值方面的传统特征，并不惜牺牲某些反映公平正义的基本法律价值。然而，随着时间的推移，GATT/WTO体制越来越难以回避国际法与国内法在价值上的矛盾与碰撞，这些价值冲突现象无疑反映了全球贸易合作中一些更为深层的问题。国际法与国内法在法律功能上衔接与配合，反映了其共同维护的某些基本价值，二者之间存在价值融合的发展趋势。从宪政视角而言，这需要我们重新反思WTO体制现有的价值目标和原则，并使其足以解释和回应当代经济全球化发展趋势所提出的宪政性挑战。为此，本书第四章和第五章从国际法与国内法的价值联结角度，探讨了WTO宪政价值领域面临的问题和挑战，从中分析和总结世界贸易体制产生、发展与演变的某些一般性规律。

（一）WTO价值主体的反思：从“政府本位”回归“私人本位”

本书第四章指出，只有重塑世界贸易体制的“私人本位”价值目标，才能实现国际法体制与国内法体制的功能衔接，从而保障各国私人主体参与全球经济分工与合作活动中的正当利益。

经济全球化和世界经济一体化发展趋势，深刻地改变了国内社会私人主体之间的利益格局。国内社会的私人主体作为生产者、投资者、贸易商和消费者，开始普遍地、频繁地和大规模地参与世界经济一体化的分工与合作活动，并结成错综复杂的跨国私人利益关系。在国内社会中，支持自由贸易的国内利益群体要求国内政府以互惠方式放松对经济和贸易活动的管制，以便更好地参与全球经济分工与合作活动；而抵制自由贸易的保护主义利益群体则要求国内政府维持甚至强化对经济和贸易活动的干预。考虑到国内利益格局的多元化，世界贸易体制不仅体现为政府之间的利益冲突与协调，而且反映为国内社会不同群体之间的利益冲突与协调。不仅如此，世界经济一体化同时也深刻地改变了国际社会私人主体之间的利益格局。在参与全球经济分工与合作的过程中，来自不同国家的私人主体的跨国利益关系开始重新分化组合。不同国家的私人主体，在参与世界经济一体化活动中可能具有潜在的共同利益。那些主张自由贸易的国内出口导向型产业利益群体，开始联结成一条统一的国际战线，以共同对抗各国以进口竞争型产业利益群体为代表的贸易保护主义势力。这种私人间国际联合斗争与对抗在许多方面都具有超越传统国际公法观念的意义和内涵。

自诞生伊始，世界贸易体制就是按照典型的传统国际公法体制形式建立的，它在价值基础上表现出强烈的“政府本位”特征。也就是说，在世界经济一体化的分工与合作活动中，利益与负担不是直接在参与的行为主体——散布于各国境内的生产者、投资者、贸易商和消费者之间进行分配，而是按照国家或政府利益的平衡来分配的。所谓的政府利益平衡，实质上又是依照本国生产者利益（普遍忽视消费者利益）的标准而设定。传统上一国政府对世界经济一体化事务的任意性管辖权，直接阻碍和限制了各国生产者参与世界性经济分工的正常生产、投资和贸易活动。在本国出口导向型产业利益集团的推动下，各国政府为了能够换取他国政府的让步，对本国的对外经济事务管辖权也做出相应的自我限制。在评估本国出口导向型生产者的预期利益和进口竞争型生产者的预期损失基础上，各国按照（由主权平等原则引申而来的）互惠原则达成了旨在相互约束政府任意性管辖权的国际法规则。在这种“政府本位型”体制下，私人在GATT/WTO中不具有任何主体地位，其利益也无法得到直接表达并受法律的充分保障。

以政府利益为本位的GATT/WTO体制，未能正面地回应经济全球化和世界经济一体化所提出的宪政性挑战。第一，以政府利益为本位的GATT/WTO体制，可能造成世界经济一体化条件下国内利益分配关系的失衡，从而阻碍成员方国内法体制宪政功能的实现。作为国内不同利益群体政治斗争的产物，以政府利益为本位的GATT/WTO体制必然会在利益分配上倒向某一局部利益群体。GATT/WTO规则严重倾向于生产者利益已经证明了这一点。因此，现有GATT/WTO体制在私人价值分配上是一个失衡的体制。第二，政府利益与私人利益之间的非契合性，导致私人间跨国利益关系在“政府本位型”GATT/WTO体制下往往难以得到充分和有效的保护。私人主体由于参与世界性经济分工与合作，可能结成相当错综复杂的私人间跨国利益关系。这种私人间跨国利益关系往往不以国家为界限。在“政府本位型”体制下，私人的正当利益很可能成为国内政治斗争（在确立“政府利益”过程中）或国际政治斗争（在各国政府利益交换过程中）的牺牲品。这种状况将严重扭曲或损害私人主体在世界经济分工与合作活动中的正常利益关系，从而阻碍其参与世界经济一体化活动的积极性。第三，在很大程度上，“政府本位型”GATT/WTO体制限制了协调和解决私人间跨国利益冲突的制度工具与手段。经济全球化背景下的私人间复合式跨国利益冲突，应当尽可能依靠多层面、多元化的制度方式加以协调解决，它需要现有国际法体制与国内法体制之间的密切配合与功能互补。绝对地以政府利益为中心的世界贸易体制，将在很大程度上限制自身潜在功能的发挥，从而不利于促进经济全球化和世界经济一体化的发展。可见，对于世界经济一体化活动的调整而言，仅仅考虑各国政府之间的利益平衡是不够的，还要进一步考虑不同私人主体在参与世界性经济分工活动中所具有的正当利益。

为了更好地回应经济全球化的挑战，世界贸易体制应当在继续关注现有“政府本位”利益关系基础上，修补和重塑其“私人本位”的价值目标。世界贸易体制不仅体现了各国政府利益之间的矛盾、冲突与协调，而且更大程度上体现了分散于世界各地的私人主体之间的利益矛盾。从市场经济的角度来说，后者矛盾的症结集中在如何确定政府干预的范围和限度。也就是说，在世界经济一体化活动中，政府干预的范围和限度可能对各国不同利益群体的收入产生再分配的效果。由于“单边管辖”方式的局限，传统的国内法体制在调整具有跨国特征的私人间利益关系方面显得力不从心。而强化世界贸易体制对于具有跨国特征的私人间利益关系的调整功能，成为经济全球化趋势发展的必然要求。因此，仅从传统国际法学者的“政府本位”观念来解释世界贸易体制是不够的。要想理解世界贸易体制的产生、演变和未来发展的一般规律，就必须深入把握其所调整的政府间和私人间的双重利益关系。为此，世界贸易体制的法律图景就不应该仅仅建立在“国家本位”的单一基础上。从法理层面上确立和发展世界贸易体制价值取向的“私人本位”，是有效调整在世界经济一体化形势下重新分化组合的跨国私人利益格局的必然要求。

从 GATT“消极一体化”模式到 WTO“积极一体化”模式的演变，在很大程度上冲击了世界贸易体制的传统“政府本位”观念。“消极一体化”模式存在于世界贸易体制致力于限制、协调和统一政府对外经济事务管辖权的早期阶段。传统上，GATT 体制只要求各国依据互惠标准（国际法的正当性）相互减少并逐步消除贸易壁垒，只要不违反以互惠原则订立的 GATT 规则，各国依然有权保持各种任意性管辖权。而 WTO“积极一体化”模式的出现，开始从更深层次上限制、协调和统一各国的对外经济事务管辖权。针对可能产生贸易壁垒或市场扭曲作用的国内立法与措施，WTO 体制建立了一系列旨在设立“国际最低标准”的相关协定。这些“国际最低标准”规则，开始更为直接地干预各国的国内法体制，要求各国制定相应的立法以保障私人参与世界经济一体化活动的正当利益。其中，TRIPS 协定更是直接以保障私人参与世界经济一体化活动的跨国利益为目标。在价值诉求上，TRIPS 协定对私人权利的保障方式与国内法的方式已无根本差别。传统上以限制政府任意性管辖权为主的间接调整模式，开始转变为以界定政府适度干预权和保障私人正当利益为主的直接调整模式。“积极一体化”模式的发展，有力地塑造了世界贸易体制“私人本位”的法律图景。GATT/WTO“多边协调管辖”模式的深化所带来的问题是，传统国际体制与国内体制在价值与功能上的分立局面，已经无法适应经济全球化和世界经济一体化趋势所带来的新问题——如何保障具有跨国性质的私人利益，以继续推动全球经济分工与合作活动的健康发展。WTO“积极一体化”模式所确立的“私人本位”价值目标，使得国际法体制与国内法体制的宪政功能更加明确地衔接起来，共同服务于经济全球化背景下私人跨国利益关系的调整。

由于威斯特伐利亚体制的外在约束，世界贸易体制不可能发展成一种纯粹“私人本位”的世界法体制。然而，纯粹“政府本位”的国际公法体制又无法满足经济全球化趋势的发展需要，并可能造成世界贸易体制与成员方国内法体制之间价值与制度的潜在冲突。因此，未来世界贸易体制的价值追求将逐渐呈现“政府本位”与“私人本位”长期并存的局面。在现有的世界贸易体制下，应当以“私人本位”的价值目标来适度约束“政府本位”的价值目标，以避免各国特殊利益集团利用“政府本位”体制的内在缺陷来谋取局部的特殊利益，扭曲和损害各国私人主体在世界经济一体化中的正常利益关系。

（二）WTO宪政价值原则的建构：从“利益本位”到“权利本位”

从“政府本位”回归到“私人本位”，只是完成了世界贸易体制宪政价值分析的第一步。本书第五章进一步探讨了从“利益本位”观念到“权利本位”观念的转变，并在国际法体制与国内法体制双重价值约束基础上，尝试建构用以指导未来世界贸易体制长远发展的宪政价值原则。

与国内法体制不同的是，世界贸易体制的产生与发展，始终受到“利益本位”观念的影响和推动。这种“利益本位”观念有两种典型的表现形式：一是以谋求国家利益最大化为目标的现实主义国际政治观；二是以实现经济效率和社会福利最大化为宗旨的功利主义价值观。从现实主义国际政治观的角度来看，世界贸易体制不过是各国之间围绕着政府利益而进行权力博弈的结果。世界贸易体制的重心在于保持政府利益的平衡，这是维系各国合作意愿的基础。因此，世界贸易体制的产生、发展和演化从根本上都受制于国家之间的利益交换、平衡和斗争关系。能否实现政府利益最大化，成为各国维持和发展世界贸易体制的价值依据。与现实主义国际政治观不同，功利主义价值观进一步深入考察了世界贸易体制对私人间利益关系的影响。一国政府是否支持世界贸易体制下的贸易自由化政策，从根本上取决于对该国私人利益（主要是生产者利益）潜在得失的评估。可见，功利主义价值观更加强调国家间的经济合作，以实现经济效率和社会福利的最大化。事实上，功利主义价值观和传统现实主义国际政治观往往相互结合，共同塑造了世界贸易体制的“利益本位”价值观。功利主义侧重评估私人利益的得失和大小，从而为评估政府利益得失提供依据；而现实主义传统国际政治观则从纯粹的政府利益得失出发，影响和主导世界贸易体制规则和制度的产生、发展和演变。

世界贸易体制的产生，源于经济全球化与传统人类社会“二元分立”模式之间的内在矛盾。尽管各国政府的行为有力地推动了经济全球化和世界经济一体化的发展，然而，散布于各国境内的私人主体才是世界经济一体化分工与合作活动的真正参与者。由于各国政府对于世界经济一体化事务均拥有无限的干预权，私人主体参与世界经济一体化活动的正当利益无法得到应有的法律保障。为了适应世界经济一体化的发展需要，各国开始着手限制、协调和统一各国的任意性对外经济事务管辖权，并由此建立世界贸易体制。这一尝试的目的在于在主权国家“多边协调管辖”模式下建立一种适度的政府干预权，以便在维护各国公共利益基础上，鼓励和促进各国私人主体积极参与世界经济一体化活动，更好地推动各国经济发展和社会进步。

作为调整全球经济分工与合作活动的一项社会制度，世界贸易体制应当妥善地调整私人主体在世界经济一体化活动中所结成的跨国利益关系，并由此促进私人主体参与世界经济分工与合作活动的积极性。可见，世界贸易体制应当确立一种适当的社会合作利益与负担分配机制，从而使世界经济一体化活动中的每一位私人参与者都能够得到与其贡献相当的利益，并承担相应的责任。同时，世界贸易体制还应当恰当地设置各国政府的适度干预权，以便各国政府能够以政府利益形式，维护本国整体公共利益。为此，需要建构一套以正当性为基础的 WTO 宪政观念和宪政原则，以便从整体上指导未来世界贸易体制的长远发展。

然而，以传统现实主义国际政治观和功利主义价值观为代表的“利益本位”观念，却在很大程度上误导了世界贸易体制的发展方向，并削弱了世界贸易体制的正当性基础。从传统现实主义国际政治观来看，它将世界贸易体制视为一个纯粹的政府利益平衡体，而完全抹杀了私人主体在世界经济一体化活动中所具有的正当利益，其后果是将世界贸易体制引向围绕政府利益争夺的“权力导向型”国际政治体制。从功利主义价值观来看，它只关心世界贸易体制可能给各国带来更大的经济利益（即出口导向型产业获得的利益大于进口竞争型产业遭受的损失），但却全然不顾世界经济一体化活动所创造的社会财富如何在私人主体之间进行恰当的分配。以功利主义价值为指导的世界贸易体制不仅会在国内社会引发利益分配的整体性失衡，而且还会在国际社会不同私人主体（如来自发达国家和发展中国家的私人主体）之间引发利益分配的整体性失衡。这种利益分配失衡现象将导致各国在世界贸易体制层面上的决策与在国内法体制层面上的决策相互矛盾。也就是说，世界贸易体制将阻碍各国国内法体制保障本国公民平等的自由与权利的宪政功能。

尽管在现实中世界贸易体制以一种典型的国际公法体制形式出现，然而，它却不可替代地发挥着国内法意义上的宪政功能。在经济全球化背景下，国内宪法体制所面临的一项重大问题是，如何重新界定私人主体（在国内社会表现为公民身份）从事经济活动的自由与政府的适度干预权之间的宪政平衡关系。当各国私人主体开始普遍地、频繁地和大规模地参与世界经济分工与合作活动，以此改善他们的生活并更好地实现其价值时，国内宪法却依然赋予政府在对外经济事务领域的无限干预权，很难想象如此一成不变的国内法体制还能继续维持其正当性基础。因此，国内法体制应当随着社会的变迁，而不断调整公民自由与政府适度干预权之间的宪政平衡关系，以便在新的社会条件下最大限度地实现其宪政保障功能。

由于各种现实的障碍，国内法体制无法以单边方式实现对外经济事务领域的宪政化。以限制、协调和统一各国政府的任意性对外经济事务管辖权为中心的世界贸易体制及其规则，为各国实现对外经济事务领域的宪政化提供了必要条件。各国政府创建和发展世界贸易体制，不仅为了解决政府关税和贸易政策之间的国际冲突，而且为了解决其面临的国内经济问题——政府的无限干预权严重阻碍了其境内私人主体参与世界经济一体化的正常活动，并引发潜在的经济结构失调和经济危机。因此，世界贸易体制不仅应当符合国际法的正当性基础（由主权平等延伸而来的互惠原则），同时也应当符合国内宪法的正当性基础（保障私人权利和限制政府权力滥用）。如果只是一味强调互惠原则（“利益本位”观念的产物），而忽视其国内法意义上的宪政功能，世界贸易体制与国内法体制在价值功能上将出现严重脱节。失去了世界贸易体制的协调配合，各国国内法体制将无法独自摆脱世界经济一体化引发的“宪政失灵”困境。换一个角度来说，违背国内法体制价值诉求的世界贸易体制，也必然会遭到国内民众的激烈反对和抵制，从而最终失去国内社会的政治支持。现有 WTO 体制所存在的正当性缺陷，是其“利益本位”价值观的一种必然产物。从根本上说，以“利益本位”价值观为指导的 WTO 体制，只关心如何通过合作实现政府利益或私人利益的总量增长，而没有解决利益的最终分配问题。

为了克服 WTO 体制的正当性缺陷，需要从宪政角度重新建构世界贸易体制的价值基础，以此作为其未来长远发展的指导原则。

经济全球化趋势深刻改变了传统人类社会的双层分立式组织结构，并将各国经济生活开始纳入同一轨道。在传统“二元分立”模式下，无论是国际法体制还是国内法体制，都不足以应对经济全球化和世界经济一体化所引发的宪政性挑战。国际经济生活和国内经济生活之间日益紧密的联系，要求变革传统国际法体制与国内法体制之间的静态“二元分立”局面。于是，以“多边协调管辖”模式为特征的世界贸易体制应运而生。因此，作为一项社会合作制度，世界贸易体制的正当性基础受到国际法体制和国内法体制的双重价值约束。GATT/WTO“多边协调管辖”模式的确立，推动了国际法体制与国内法体制在价值上的联结，为协调和弥合世界经济一体化活动中的价值冲突提供了可能。各国通过缔结国际条约的方式，逐步限制、协调和统一各国政府的任意性对外经济事务管辖权，并通过将 GATT/WTO 规则纳入国内法体制的方式，为各国私人主体参与世界经济分工与合作活动的自由与权利提供法律保障。因此，对世界经济一体化活动的调整，离不开国际法体制与国内法体制之间的密切配合。从国际层面来说，主权独立和平等原则为世界贸易体制提供了国际法上的价值正当性。正是由于符合国家同意原则和互惠原则，各国政府才能够按照一种典型的国际公法形式，来建立和运行世界贸易体制。因此，维护政府利益的平衡，是世界贸易体制得以长期存在和发展的重要前提。从国内层面来说，在对外经济事务领域保障公民权利和限制政府权力的滥用，为世界贸易体制提供了国内法上的价值正当性。正是由于具有与国内法体制相互衔接的宪政功能，各国才会自觉地将 GATT/WTO 规则吸收到国内法体制中去，以弥补和完善经济全球化背景下传统国内法体制存在的宪政缺陷。

国际法体制与国内法体制在价值和制度上的联结，为调整经济全球化和世界经济一体化活动提供了一条可供选择的现实思路。首先，通过国际法体制来逐步限制、协调和统一各国政府的任意性对外经济事务管辖权，并由此确立私人主体参与世界经济一体化活动的权利与政府的适度干预权之间的宪政平衡。其次，通过将相关国际法规则充分吸纳到各国的国内法体制中，为各国私人主体参与世界经济一体化活动的平等自由与权利提供有效的国内宪法保障。国际法体制与国内法体制在价值与制度上的相互联结，能够确立各国私人主体在世界经济一体化活动中所具有的正当利益，从而实现世界经济一体化背景下社会合作利益与负担的公平分配。世界贸易体制的价值追求，不仅反映了各国政府之间的利益平衡关系（国际法意义上的正当性），而且反映了世界经济一体化背景下私人权利与政府适度干预权之间的平衡关系（国内宪法意义上的正当性）。从世界经济一体化活动的实质来说，政府只是扮演“裁判员”的角色，各国私人主体才是真正的“运动员”。私人主体在世界经济一体化轨道上的生产、投资、贸易和消费等活动，极大地推动了生产力的发展并改善了各国民众的生活。可见，对于调整世界经济一体化活动来说，维持政府利益的平衡只是世界贸易体制的外在条件；而实现私人主体之间社会合作利益与负担的正当分配，才是世界贸易体制的实质价值内容。

因此，建构世界贸易体制的宪政价值原则，应当围绕私人权利与政府适度干预权之间的价值平衡展开。一方面，世界贸易体制应当尽可能地扩大并保障私人主体参与世界经济一体化活动的平等权利；另一方面，世界贸易体制也应当确立各国政府对世界经济一体化事务的适度干预权。通过实现国际法体制与国内法体制之间的价值衔接，世界贸易体制能够最大限度地满足国际法的正当性和国内法的正当性，巩固各国政府和国内民众的道德拥护和政治支持，从而有力地推动与促进世界经济一体化活动的发展。在WTO“权利本位”宪政价值原则指导下，未来世界贸易体制才有可能摆脱各国政府及私人主体之间无谓的利益冲突，更好地关注共同利益，并以实现私人主体间社会合作利益与负担公平分配的宪政方式，增进未来世界贸易体制的正当性和有效性。

从“消极一体化”走向“积极一体化”的发展趋势，突出了建构世界贸易体制“权利本位”宪政价值原则的紧迫性和重要性。以“利益本位”观念来制定和发展WTO“积极一体化”规则，必然引发国内利益失衡等一系列国内宪法问题，从而导致世界贸易体制与国内法体制之间产生宪政价值功能的冲突。世界贸易体制不仅应当通过政府利益平衡获得各国政府的认可和尊重，而且还应当通过发挥国内法意义上保障私人权利的宪政功能，来获取各国民众的广泛政治支持。只有根据保护私人主体平等权利的宪政原则，才可能正确地指导 WTO“积极一体化”规则的制定和发展。此外，依据 WTO“权利本位”宪政价值原则，世界贸易体制不仅可以确立各国私人主体在世界经济一体化活动中的平等权利，而且可以确立对弱势私人主体的差别待遇原则。例如，有必要依据差别待遇原则，在 WTO“积极一体化”规则中引入针对消费者权利保护和劳工权益保护的法律条款。这些反映私人主体差别待遇原则的 WTO“积极一体化”规则，将通过国际法体制和国内法体制的密切配合得到有效实施。

第二节　从宪政视角看 WTO 的未来变革

一　对 WTO 宪政化变革的探讨：问题与出路

在推动全球经济合作和协调各国涉外经济法律与政策方面，世界贸易体制所取得的成就有目共睹。然而，伴随着 WTO 多边协调管辖的深入和谈判议题的扩张，该体制所面临的压力和挑战也在不断地增加。

自 2001 年 11 月多哈回合谈判启动以来，虽经多方协调努力，仍未取得实质性的进展。多哈部长会议似乎并不只是启动新一轮的多边贸易谈判，而是在 21 世纪之初为多边贸易体制的未来发展制定一项雄心勃勃的工作计划。[①] 谈判议题的广泛性和含混性，使得 WTO 成员方之间的利益平衡变得越来越困难。各国经济发展的差异性和利益诉求的多元化，特别是发达国家和发展中国家的发展差距以及双方的利益矛盾，在多哈回合的谈判桌上交织出现。WTO“一揽子”谈判原则和僵硬的决策机制也在很大程度上限制了成员方谈判的灵活性和回旋余地。就目前而言，多哈回合谈判似乎陷入僵局。

① 王大勇、王火灿：《多哈回合的进展、困境及其原因探析》，《世界经济研究》2008 年第 11 期。

WTO 多哈回合以来所面临的诸多争议和困难，一方面受制于当前全球经济结构格局和环境变化的短期性约束和影响，另一方面映射出 WTO 体制所面临的诸多固有的、具有长期性指向的宪政性难题。为应对 WTO 在新千年所面临的体制性挑战，2005 年初，前 GATT/WTO 总干事彼得·萨瑟兰主持的研究团队出台了著名的“八贤人报告”，该报告提出了一些与 WTO 未来变革相关的重要观点①，其中包括：

（1）WTO 的诞生及其实践是多边化中最伟大的成就之一，它为全球经济合作提供了一个规则导向的体制，该体制中的互惠原则、非歧视原则等基本原则已被广泛接受。

（2）WTO 并未减损各成员方的主权。WTO 实质是各成员方将以往单边行使的对外经济事务决策权，转移到国际层面上以多边协调的特殊方式加以行使，即通过多边合作来建立一个共有的法制环境，来应对经济全球化的挑战。

（3）应继续巩固以规则为导向的 WTO 争端解决机制。包括继续改进专家组程序，增加审理过程的透明度，同意接受“法庭之友”（amicus curiae）合理建议并建立适当的审议程序，维护裁决的权威性和实施手段的有效性等。

（4）作为一个“成员主导型机构”，WTO 应不断改进促进多边意志协调的方式。WTO 涉及的许多问题尽管是与贸易相关的，但越来越多地触及国内政策制定和对福利目标的关键选择等敏感层面，典型的例子就是农业保护政策和知识产权的应用。这决定了 WTO 谈判将越来越艰难，需要更好地从技术上改进谈判和决策的方式，包括改进“协商一致”决策方式的行使，增加成员方政治领导人的参与机会，加强 WTO 组织的运作等。

（5）WTO 应加强与市民社会的对话。WTO 与市民社会的关系密不可分。在贸易政策问题上，吸引市民社会是 WTO 各成员方的基本职责。要关注 WTO 与非政府组织及普通公众的关系，增加对外透明度。

（6）应加强总干事和秘书处的支持作用，并重申秘书处作为 WTO 体

① 〔英〕彼得·萨瑟兰等：《WTO 的未来：阐释新千年中的体制性挑战》，刘敬东等译，中国财政经济出版社，2005。

系维护者的地位。

对于WTO未来变革的前景，该报告的态度是大胆而审慎的。在该报告的前言中，彼得·萨瑟兰写道："我们曾经尝试提出远超于实质性变化的实际改革措施，在我们看来，那些根本性变化并未赢得为其发挥作用所必需的支持力度。"可见，该报告主张的观点已经超出了多哈回合的谈判议程，指向更为长远的WTO未来发展。

然而，从宪政的视角看，对WTO变革的探讨可能需要走得更远。GATT/WTO法律体制的产生与发展，既是半个多世纪以来国际社会实践和妥协的自然产物，又受到其内在固有的一般性法理规律的支配。在经济全球化背景下，作为人类社会既有法律资源的国际法体制与国内法体制自身都在发生显著的调整，它们出现了相互渗透、相互影响和相互联结的趋势，从而推动某些新的法律观念和法律机制的形成。本书所主张的WTO宪政分析方法，正是剖析国际法与国内法相互联结现象的一种重要工具，它对于WTO未来的变革具有启示意义。

为了更好地探寻未来WTO宪政化变革的朝向和路径，我们有必要重点关注下列可能存在争议的问题：民主化缺失对WTO宪政化的潜在制约，在"成员主导型"WTO框架下引入私人正当利益概念的方法，以及在现有主权体制下构建WTO共同法制框架的困难和思路。我们将尝试从国际法与国内法的相互联结趋势出发，对相关问题进行简要的梳理和澄清，从中获得有益的启示。

其一，充分关注WTO宪政化和民主化二者之间的关联性，及其对WTO未来变革的潜在影响。

全球民主性的缺失，是推动WTO宪政化的最大障碍。在国内法意义上，民主是实施宪政化的前提条件。民主保证了决策过程的正当性，并使得国内法所维护的宪政价值与正义原则相一致。没有民主，就没有宪政。因此，对于WTO宪政化而言，民主性的缺失是其难以回避的话题。

将WTO视为一个具有统一宪政价值并能够强制实施的法律体制，很容易被误解为是在发展一个超国家的机构。由于缺乏类似国内法上严格的民主程序，超国家的WTO将更容易形成权力滥用，导致国家之间更大的不公平并侵害私人主体的正当权益。事实上，WTO并不是一个超国家的机构，也没有任何迹象表明它正在朝向一个超国家机构发展。WTO 反映的是一种多边协调管辖的模式，这是国内法与国际法两种体制相互联结的产物。

从 WTO 民主性来源来看，成员方内部的政治民主程序发挥着间接的控制功能。WTO 规则之所以是正当的并且具有强制力，在于各成员方依据国内法程序的授权，并通过外交代表达成多边协调的意志。这决定了 WTO 实质法治化必然有一个限度。它很难像国内法一样，对涉及权利安排、价值平衡和正义分配等敏感问题做出令人信服的终局性裁断。这也是丹诺夫教授等学者攻击 WTO 宪政化理论的基本出发点。[①] 不管是何种 WTO 宪政理论，敏感的政治争议似乎最终仍然要回归国内层面解决；国际法机制目前没有也不可能圆满地解决这些敏感争议。缺乏民主性，它揭示了现有 WTO 的制度缺陷，但并不构成否定 WTO 宪政化的理由。它使我们更加清醒地认识到，WTO 宪政化的发展必须与民主化进程相适应。经济全球化背景下国际法与国内法的联结趋势，已经保障了各成员方的国内民主程序对 WTO 的间接控制；它同样可能发展出更多的国际民主化形式和机制，从而增进 WTO 的民主合法性。

其二，在一个“以成员方为主导”的国际制度框架下，逐步加强 WTO 对私人正当权益的关注和保障。

各成员方政府以国家意志参与 WTO 的谈判活动并签署条约，源于国内正当民主程序的授权，这是 WTO 法制的合法性来源。在实质层面上，WTO 所处理的不仅是国家之间的利益平衡，而且涉及各成员方政府如何依法管理本国公民和外国私人主体参与跨境经济分工与合作活动。从国际法的需求看，WTO 必须遵循平等、互惠和非歧视的基本原则；从国内法的需求看，WTO 又不得不遵循国内法体制中的宪政价值原则，即保障本国公民的平等自由权利和分配正义原则，这要求成员方政府承担相应的消极和积极保护义务，这也是 WTO 规则在成员方国内法中得以承认并善意实施的必备条件。与此同时，各成员方政府对外国私人主体权益的保护则通过平等、互惠和非歧视原则加以扩展。因此，通过国际法与国内法的联结，私

---

① 〔美〕Jeffrey L. Dunoff：《宪政的幻象：WTO 的“宪法”和国际法的规训》，陈喜峰译，载陈安主编《国际经济法学刊》（第 14 卷第 2 期），北京大学出版社，2007，第 28 ~ 59 页。

人主体在 WTO 体制下的法律权利和义务具有可确定性。他们在参与全球经济分工与合作活动过程中，享有一种可界定的正当权益，并可以通过构建 WTO 宪政价值的方式加以认可。

就目前而言，尽管私人权益只能通过整体性的国家利益方式表现出来，但我们必须意识到，如果 WTO 不能对私人权益进行某种程度的正当性考量，那么它的制定和实施只会破坏国内法原有的宪政平衡。以发展中国家大力倡导的特殊与差别待遇原则（S&D）为例，赋予发展中国家的特殊和差别待遇在国际法层面上显然有助于促进各成员方之间的利益平衡；但这种特殊和差别待遇原则如果没有与国内法中的宪政平衡原则相结合，那么 WTO 所赋予特殊优惠待遇最终只会使发展中国家内部的少数特殊利益阶层受惠，而不是所有的普通民众共同受惠，这实际上会加剧国内法的“宪政失灵”，并最终减损 WTO 的合法性。因此，各成员方在参与多边贸易谈判的过程中，可以更多地从合理界定政府对外经济事务管辖权限、保障私人利益正当性的角度来达成多边层面上的妥协和平衡，而不仅仅简单局限于对整体性国家利益的平衡。这将有助于提升各成员方之间的共识，以共同捍卫国内宪法的基本价值。

为了更好地促进 WTO 对私人价值的关注，我们还需要 WTO 机构本身创设更多的机会直接与私人主体及其代表对话。WTO 与各国民众之间的关系并非是可有可无的，相反，它决定了 WTO 体制能否在国内层面获得足够的支持。WTO 与非政府机构、市民社会乃至私人主体之间存在明显的脱节，这是 WTO 发展过程中面临的本源性问题，也是 WTO 宪政化必须直面的挑战。从理论上说，无论是 WTO 的决策体系、实施机制，还是争端解决机制，都应当在更大程度上增加透明度和参与性；这种参与权不仅要平等地授予所有的成员方政府，而且要向参与全球经济合作的私人利益团体和代表扩展。

其三，在尊重成员方多样化的主权意志基础上，巩固和维护一个共同的 WTO 法制框架。

在经济全球化背景下，国家间的合作不仅可能，而且是必要的。国家间合作的基础在于各国在全球经济合作中存在共同的利益，它不仅表现为共同促进国家的整体性利益，而且表现为各成员方政府联手来共同保障本国私人主体的跨境经济权益。在现实中，WTO 在聚合成员方的主权意志方面仍然存在严重的障碍。由于缺乏足够的民主性支撑，WTO 仍然不可能致力于保障宪法意义上的权利正当性，并实施分配正义原则。相反，它严重依赖于互惠原则和利益平衡原则，这决定了 WTO 不得不服从于各成员方的协调意志。在几乎所有重大的实质性问题上，WTO 部长会议都无法通过多数票决方式采取行动。因此，WTO 部长会议实际上并不具有维护 WTO 整体利益所需的独立意志，它仅是各成员方意志协调的一个平台。

尽管受到重重约束，WTO 仍在努力形成一个致力于推动全球经济合作的共同法制框架。WTO 规则通过与各成员方国内法的结合，正在将成员方的国内法体制纳入一个相对完整、统一的法律体系中来。以“反向协商一致”为特征的争端解决机制的建立和巩固，则反映了各成员方加强 WTO 规则法律约束力的强烈愿望和共同意志。WTO 秘书处也构成维护 WTO 整体利益的重要机构，并发挥其日益重要的支持作用。从 WTO 宪政化的视角来看，保留主权意志和维护一个共同的法制框架之间并不矛盾。WTO 宪政化是一个长期渐进的过程。其中，形式法治化的发展将优先于实质法治化的发展。只要威斯特伐利亚体制尚未发生根本性变化，WTO 实质法治化必然是有限的。但这不影响 WTO 借助国际法与国内法的渐进性联结，不断推进相关法律制度的发展和完善，并最终引发宪政观念和原则的变革。

WTO 宪政化的研究，遵循着自上而下的思考路径，从法理的角度探讨 WTO 的体制性缺陷及变革，并尝试以宪政原理构建一个与经济全球化相匹配的完整法制图景。截至目前，这种宪政分析方法仍然仅限于学理的探讨，还难以进入 WTO 的实践层面。然而，WTO 宪政视角的引入，为我们深入剖析该体制所面临的困境并尝试寻找新的解决思路和方法，提供了一种可能的路径。与此同时，我们也应清醒地意识到，分析 WTO 的宪政方法并不是万能的，相反它受到许多苛刻条件的约束。在当前现实的国际社会环境下，此类苛刻条件往往是难以满足的。这需要我们在研究和思考过程中，既要大胆地引入 WTO 宪政视角，从中获取一些长期性的有益思路和启发，又要审慎地对待 WTO 的现实变革，避免因陷入不切实际的幻想而采取盲目行动。

二　进一步完善 WTO 法律体制：一些潜在的变革领域

从形式上，WTO 体制表现为一个典型的国际公法体制。然而，只有依靠国际法与国内法之间的相互联结与配合，才能真正理解 WTO 在经济全球化背景下所承载的潜在宪政功能及其实现的途径。WTO 宪政化变革需要相应的前提条件，这些条件在当前国际社会环境下可能难以满足，但这并不妨碍我们探寻未来 WTO 变革可能遵循的一些基本思路和途径。

（一）WTO 立法与决策机制方面

从满足国际法的正当性需要出发，WTO 立法与决策机制将长期维持现有的"成员主导型"特征。为此，各国政府将继续控制或主导 WTO 的立法和决策活动，并致力于维护政府利益之间的平衡。然而，从满足国内法的正当性需要出发，应当使 WTO 立法与决策活动充分体现各国国内社会的共同利益，并保障私人主体参与世界经济一体化的平等自由与权利，以抑制政府对外权力滥用的潜在可能性（作为国内特殊利益集团权力寻租活动的结果）。

第一，可以考虑建立能够更好地反映各成员方国内社会民意的 WTO 经济与社会委员会（Economic and Social Committee），以加强 WTO 与公众的联系和对话。[①] WTO 经济与社会委员会可以由各国国内社会和国际市民社会的民意代表（如各国议会的议员和 NGO 代表等）组成，并根据保障私人权利和确立政府适度干预权的需要，来分析、讨论、研究、评估和总结 WTO 规则体系与制度，在此基础上澄清和明确各国政府及其民众在 WTO 谈判中的共同利益。WTO 部长会议和总理事会通常反映了各国政府的立场，它容易陷入政府利益斗争与平衡的漩涡之中，从而忽视各国民众的普遍利益。从本质上看，世界经济一体化活动反映了各国私人主体而不是政府的直接参与行为，损害私人主体所具有的正当利益将会沉重打击其参与积极性。而所谓的"政府利益"又往往可能仅仅反映了国内某些特殊

---

① See E. – U. Petersmann, The WTO Constitution and the Millennium Round, New Directions in International Economic Law: Essays in Honour of John H. Jackson, Marco Bronckers and Reinhard Quick (ed.) Hague: *Kluwer Law International*, 2000, p. 125.

利益集团的局部利益，过度强调“政府利益”容易在对外经济事务领域滋生不正当的政治寻租活动。以保障私人权利为价值取向的 WTO 经济与社会委员会，可以对 WTO 部长会议和总理事会的立法与决策活动构成一定程度的监督与制约。同时，WTO 经济与社会委员会的设立，也有助于在 WTO 体制内发展符合各国国内社会共同利益的价值观念和原则，从而使各国在部长会议和总理事会中能够更为有效地达成共识。

第二，进一步强化秘书处及总干事维护 WTO 整体利益的独立地位和支持功能。从总体上看，WTO 是一个以成员方意志为主导的多边协调管辖体制。然而，在“政府本位”和“利益本位”观念影响下，部分国家政府在其国内特殊利益集团驱动下往往滥用权力，损害私人的正当利益或他国政府利益，从而阻碍合作甚至导致合作破裂。实践表明，国家单边主义的行为违背了世界经济一体化的历史趋势，并可能引发潜在的严重后果。世界经济一体化的发展，需要对各国政府的任意性管辖权进行适当限制、协调与统一。为了防止国家单边主义的危险倾向，有必要逐步加强建立在各国共同利益基础之上的 WTO 整体利益。而秘书处及总干事是 WTO 整体利益的捍卫者。在确立整体利益的基础上，秘书处能够指导和推动各成员方在 WTO 体制内达成共识，并进而发展和完善 WTO 各项具体规则与制度。在“成员主导型”体制下，秘书处及总干事的工作往往容易受到各成员方意志与利益的干扰和影响。因此，有必要进一步加强秘书处及总干事的独立权力和支持功能。

第三，进一步拓展和完善 WTO 立法模式。既要运用以成员方为主导的“自下而上”立法模式，以反映各国政府利益的平衡，又要探索和尝试依照 WTO 宪政价值原则而进行的“自上而下”立法模式，以更好地保障私人权利和界定政府的适度干预权。“自下而上”立法模式通常是依据各国政府在 WTO 贸易谈判的具体利益诉求而进行的，它反映了各国政府对本国私人利益得失的评估（绝对利益），以及对政府间利益平衡（相对利益）的考虑。而“自上而下”立法模式是根据充分保障私人权利和界定政府适度干预权的宪政价值原则，从各国国内社会的共同利益和 WTO 整体利益出发，建立统一各国国内立法的“国际最低标准”。从长远角度看，根据 WTO 宪政价值原则来发展完善“国际最低标准”将有利于各国更好地完善本国的国内法体制，并通过充分保障私人主体参与世界经济一体化活动的权利，来实现各国经济和世界经济的持续发展与繁荣。WTO“积极一体化”趋势的出现，为“自上而下”立法模式提供了现实发展的前提条件。因此，从推动国际法与国内法相互联结的角度出发，可以逐步引入一些以 WTO 宪政价值原则为指导的“自上而下”立法模式。

第四，逐步加强 WTO 立法与决策的民主化和透明度。在“政府本位”和“利益本位”观念影响下，WTO 立法与决策活动通常反映各国政府之间的利益交换与平衡，它导致以政府官员为主的秘密谈判方式广泛存在。究其原因，一方面，由于 WTO 政府利益评估和权衡过程的复杂性（如涉及数以千计的关税减让项目），国内社会的民众及其民意代表往往无法对此做出正确的分析和判断；另一方面，由于政府利益的交换与平衡过程涉及许多微妙的外交技巧，需要政府官员以秘密方式进行灵活谈判并达成妥协。确立以 WTO 宪政价值原则为指导的“自上而下”立法模式，客观上为推进 WTO 立法与决策的民主化和透明度提供了前提条件。保障私人权利和确立政府适度干预权的 WTO 宪政价值原则，为制定和发展 WTO“积极一体化”规则确立了相对统一和客观的价值标准。这也为国内社会及民众对 WTO 立法与决策的政治参与提供了前提。鉴于 WTO 体制已经与国内社会及民众的生活息息相关，只有加强国内社会及民众的政治参与，才能使 WTO“积极一体化”规则充分反映各国国内社会的民意，并满足国内法上的正当性，从而在国内社会取得广泛的道德认同和政治支持。与此同时，WTO 也需要进一步加强其立法与决策的透明度，这样既能满足国内社会对 WTO 立法与决策活动进行有效的政治参与，又能防止部分政府在国内特殊利益集团驱动下，利用秘密立法与决策方式损害私人的正当利益或他国政府利益。因此，加强 WTO 立法与决策的民主化和透明度，将有助于增进 WTO 体制的正当性和有效性。

（二）WTO 规则实施机制方面

第一，进一步改革“成员主导型”WTO 实施机制，努力发展一个相对中立、客观和公正的国际实施机制。“成员主导型”实施机制意味着，各成员方政府在实施 WTO 规则过程中依然拥有较大的任意性权力，可以根据单边意志来决定是否严格遵循其承担的国际义务。从规则的制定来看，WTO 目前仍然采取了以各成员方政府利益平衡为基础的“自下而上”

立法模式。这种立法模式所制定出的规则在很大程度上体现了政治妥协的成分，它仅具有国际法上的正当性（主权平等与互惠原则）。在这种立法模式影响下，WTO 规则实施机制也同样带有浓厚的政府利益平衡色彩。坚持“成员主导型”实施机制的“权力导向”特征，将会严重减损 WTO“多边协调管辖”模式的有效性。从以政府利益平衡为基础的“自下而上”立法模式，到依照 WTO 宪政价值原则而进行的“自上而下”立法模式，要求在 WTO 规则实施领域进一步严格约束政府的任意性权力。依据“自上而下”立法模式所制定的 WTO“积极一体化”规则，不仅符合国际法的正当性（尊重主权平等并满足互惠原则），而且符合国内法的正当性（保障私人权利和限制政府权力滥用）。因此，从各国的共同利益和 WTO 整体利益出发，这些在宪政原则指导下的“积极一体化”规则应当得到更为严格的实施，以更好实现 WTO 形式法治化。

在 WTO 宪政价值原则指导下，由于兼顾国际法的正当性和国内法的正当性，各成员方的联合立法活动将更加符合各国政府及国内社会的共同利益。在 WTO 立法和决策过程中，各成员方已经能够充分地表达意志并决定实体性规则和政策的走向。如果在规则实施层面继续给成员方较大的弹性执行权，将容易造成政府权力滥用，从而严重减损 WTO 体制的权威性。因此，在推进 WTO 未来变革过程中，应当努力建立一种以程序为取向的、更好地维护法律权威的规则实施制度。

第二，加强 WTO 规则在国内层面上的有效实施。以政府利益平衡为基础的“消极一体化”规则，仅满足国际法的正当性，它并不符合国内法体制的宪政功能（保障公民权利和限制政府权力滥用）。因此，“消极一体化”规则在国内法体制中处于一种尴尬地位。一方面，各国政府有义务将“消极一体化”规则纳入国内法体制中，另一方面，以政府利益平衡为基础的“消极一体化”规则与国内法体制之间存在价值目标的脱节。因此，各成员方通常是以一种被动方式（缺乏内在动力）来实施“消极一体化”规则。从“消极一体化”规则到“积极一体化”规则，表明 WTO 法与各国国内宪法在价值层面上的衔接。以保障私人权利和确立政府适度干预权为核心的 WTO“积极一体化”规则，有助于纠正世界经济一体化背景下各国宪政体制的“宪政失灵”现象，推进各国国内法体制的宪政改革。由于 WTO 规则与各国国内法之间存在着价值衔接与功能互补的关系，各国具有充分的内在动力，将 WTO 规则充分吸收到各国的国内法体制中去，以共同应对经济全球化趋势的挑战。

因此，从加强国际内法和国际法相互联结的角度出发，可以考虑制定专门的国际条约，明确规定各国有义务将 WTO 法充分吸收到国内法体制中，使 WTO 规则通过国内法体制中得到更为严格的执行；同时应当设立更为有效的国际与国内监督制度，以加强 WTO 法在国内层面的实施。

第三，推进各国国内法体制的改革，实现对外经济事务领域的宪政化。对于主权国家而言，推进 WTO 体制的宪政化并不仅是一个涉及政府间利益的外交事务，而且是涉及本国国内社会深层利益的内部重大事务。经济全球化趋势深刻地改变了各国的国内社会生活，并要求重新界定公民权利与政府管辖权之间的宪政平衡。而相互分割的国内法体制难以有效地应对经济全球化所提出的宪政性挑战。长期以来，各国宪法在对外经济事务领域普遍忽视对公民权利的保障和对政府权力滥用的限制，就是一个明证。因此，推进 WTO 宪政化并不是一项远离国内社会的任务与使命。相反，各国应当根据世界经济一体化的要求，努力推进各国国内法体制的变革，从立法、执法与司法层面更好地实施 WTO“积极一体化”规则，以努力保障各国私人主体参与世界经济一体化的平等自由与权利，并确立以维护公共利益为目标的政府适度干预权，实现对外经济事务领域的宪政化。事实上，推进 WTO 体制的宪政化与各国国内法体制的改革是同步进行的。WTO 体制的宪政化，为各国国内法体制的改革提供必要的条件，如果没有各国国内法体制的逐步完善，WTO 体制的宪政化也不可能得以实现。

（三）WTO 争端解决机制方面

第一，不断维护和巩固 WTO 争端解决机制的司法性。长期以来，在“政府本位”和“利益本位”观念影响下，世界贸易体制倾向于用灵活的政治方式，维护政府利益之间的平衡。然而，这种以政府利益平衡为目标的争端解决机制，不仅使 WTO 体制可能受到国际权力政治的消极影响，而且还会严重扭曲和损害私人在跨国经济分工与合作活动中所结成的正当利益关系，从而阻碍世界经济一体化活动的正常发展。价值观念的变革，将为推进 WTO 争端解决机制的司法化提供有力的依据。WTO 争端解决机制的价值诉求，不仅在于平衡各国政府利益之间的平衡，而且在于充分保障私人主体参与世界经济一体化的自由和权利。这从客观上要求 WTO 建立一种法律取向的争端解决机制，以便为各国私人主体从事生产、贸易、投资和消费活动等决策提供法律制度上的长期性、稳定性和可预见性。通过界定私人权利与政府适度干预权之间的平衡，WTO 有可能建立一种更为客观、中立和去政治化的争端解决机制。

可见，建构世界贸易体制的宪政价值原则，对于推进 WTO 争端解决机制的司法化变革具有重要的指导意义。GATT/WTO 争端解决机制的重心，经历了从以政治方法为主的谈判、磋商和调解方式，到以法律方法为主的司法化裁决方式的发展演变。WTO 争端解决领域“反向协商一致”原则的确立，实际上赋予专家组和上诉机构强制的司法管辖权和独立裁决权。这一项突破性变革，在很大程度上推进了世界贸易体制的形式法治化进程。WTO 在形式法治化方面取得的进步，恰恰反映了其价值基础的内在需要。而确立以平衡私人权利与政府适度干预权为目标的 WTO 宪政原则，又反过来为 WTO 争端解决机制的进一步司法化提供了依据。就 WTO 宪政化的进程来看，形式法治化和实质法治化是相互促进的。由于传统“二元分立”法律控制模式的影响，WTO 形式法治化的难度相对小于实质法治化，因而可能得到优先发展。

第二，在适当条件下，授权私人主体在各成员方国内法院直接依据 WTO“积极一体化”规则，提起针对私人间争端或针对政府权力滥用的法律诉讼。现有 WTO 争端解决机制是一项以政府为法律主体，仅针对政府间争端的法律机制。然而，经济全球化活动不仅涉及各国政府之间的利益关系，从本质上看，它还反映了各国私人主体之间错综复杂的跨国利益关系。因此，仅仅依靠国际法体制不足以调整世界经济一体化下的多元化利益关系。只有依靠国际法体制和国内法体制的价值与制度联结，才能应对世界经济一体化的挑战。

针对世界经济一体化活动中所产生的私人主体间争端、政府间争端或私人主体与政府间争端，应当充分运用国际法体制与国内法体制的各项制度，采取多种渠道和方式加以解决。依据私人权利与政府适度干预权之间的价值平衡所制定的 WTO“积极一体化”规则，与国内法体制在价值功能上能够更好地衔接起来。当成员方政府之间发生关于 WTO“积极一体化”规则的争端时，可以运用现有 WTO 争端解决机制，依据政治方式或法律方式加以解决。如果争端涉及私人主体参与世界经济一体化的权利，可以更为充分地发挥各国国内法体制的司法救济功能，从而避免各成员方在政府利益层面的不必要冲突。因此，可以考虑在国内法体制层面上，解决私人主体之间，以及私人主体与政府之间有关 WTO“积极一体化”规则的争端。既然 WTO“积极一体化”规则的目的在于充分保障私人主体参与世界经济一体化活动的平等自由与权利及确立政府的适度干预权，那么没有理由将私人主体排斥在争端解决机制之外。由于私人主体不是 WTO 体制的法律主体，不能直接在 WTO 争端解决机构提出申诉，应当在国内法体制中为他们维护自身权利提供有效的司法救济机制，将一部分争端从现有 WTO 争端解决机制中分流出去，以更好地调整私人主体之间的跨国利益关系。

参考文献

一　中文文献（含译著）

（一）著作类

[1] 赵维田:《世贸组织的法律制度》，吉林人民出版社，2000。
[2] 赵维田等:《WTO 的司法机制》，上海人民出版社，2004。
[3] 王玉婷:《WTO 宪政理论研究》，法律出版社，2010。
[4] 张军旗:《WTO 监督机制的法律与实践》，人民法院出版社，2002。
[5] 张军旗:《多边贸易关系中的国家主权问题》，人民法院出版社，2006。
[6] 屠新泉:《中国在 WTO 中的定位、作用和策略》，对外经济贸易大学出版社，2005。
[7] 洪德钦:《WTO 法律与政策专题研究》，中国人民大学出版社，2004。
[8] 张向晨:《发展中国家与 WTO 的政治经济关系》（修订本），法律出版社，2002。
[9] 陈安主编《国际经济法专论》，高等教育出版社，2002。
[10] 王铁崖主编《国际法》，法律出版社，1995。
[11] 傅星国:《WTO 决策机制的法律与实践》，上海人民出版社，2009。
[12] 傅星国:《WTO 争端裁决的执行机制》，上海人民出版社，2011。
[13] 张幼文等:《多哈发展议程：议题与对策》，上海人民出版社，2004。

[14] 刘燕南：《实用主义法理学进路下的国际经济法》，法律出版社，2007。
[15] 王新奎等：《世界贸易组织十周年：回顾与前瞻》，上海人民出版社，2005。
[16] 刘志云：《国际经济法律自由化原理研究》，厦门大学出版社，2005。
[17] 何志鹏：《全球化经济的法律调控》，清华大学出版社，2006。
[18] 程红星：《WTO 司法哲学的能动主义之维》，北京大学出版社，2006。
[19] 刘敬东：《人权与 WTO 法律制度》，社会科学文献出版社，2010。
[20] 徐昕：《非政府组织制度性参与 WTO 事务研究》，同济大学出版社，2011。
[21] 顾婷：《国际公法视域下的 WTO 法》，北京大学出版社，2010。
[22] 黄志雄：《WTO 体制内的发展问题与国际发展法研究》，武汉大学出版社，2005。
[23] 朱晓勤：《发展中国家与 WTO 法律制度研究》，北京大学出版社，2006。
[24] 郑玲丽：《WTO 关于区域贸易协定的法律规范研究》，南京大学出版社，2008。
[25] 李梅：《权利与正义：康德政治哲学研究》，社会科学文献出版社，2000。
[26] 季金华：《宪政的理念与机制》，山东人民出版社，2004。
[27] 苏晓宏：《变动世界中的国际司法》，北京大学出版社，2005。
[28] 冯兴元等：《立宪的意涵：欧洲宪法研究》，北京大学出版社，2005。
[29] 莫纪宏编《全球化与宪政》，法律出版社，2005。
[30] 谈谭：《国际贸易组织（ITO）的失败：国家与市场》，上海社会科学院出版社，2010。
[31] 约翰·麦金尼斯、马克·莫维塞西恩：《世界贸易宪法》，张保生、满运龙译，中国人民大学出版社，2004。
[32] 彼得·萨瑟兰等著《WTO 的未来：阐释新千年中的体制性挑战》，刘敬东等译，中国财政经济出版社，2005。
[33] 戴维·帕尔米特、佩特罗斯·C. 马弗鲁第斯：《WTO 中的争端解决：实践与程序》（第二版），罗培新、李春林译，北京大学出版社，2005。

[34] 世界贸易组织秘书处编《贸易走向未来》，张江波、索必成译，法律出版社，1998。

[35] 世界贸易组织秘书处编《乌拉圭回合协议导读》，索必成、胡盈之译，法律出版社，2000。

[36] 贾格迪什·巴格瓦蒂：《现代自由贸易》，雷薇译，中信出版社，2003。

[37] 道格拉斯·A. 欧文：《备受非议的自由贸易》，陈树文、逯宇铎译，中信出版社，2003。

[38] 克里斯托夫·阿勒普：《世界贸易组织的新协定：服务贸易和知识产权协定在法律全球化中的作用》，广东外语外贸大学法学院译，上海人民出版社，2004。

[39] 世界银行编写组：《全球化、增长与贫困：建设一个包容性的世界经济》，陈伟、常志霄译，中国财政经济出版社，2003。

[40] 拉尔夫·戈莫里、威廉·鲍莫尔：《全球贸易和国家利益冲突》，文爽、乔羽译，中信出版社，2003。

[41] 弗里德里克·M. 艾博特编《世界贸易体制下的中国》，李居迁译，法律出版社，2001。

[42] 保罗·克鲁格曼：《流行的国际主义》，张兆杰等译，中国人民大学出版社，2000。

[43] 布瑞恩·麦克唐纳：《世界贸易体制：从乌拉圭回合谈起》，叶兴国等译，上海人民出版社，2002。

[44] 安妮·O. 克鲁格编《作为国际组织的 WTO》，黄理平等译，上海人民出版社，2002。

[45] 伯纳德·霍克曼、迈克尔·考斯泰基：《世界贸易体制的政治经济学：从关贸总协定到世界贸易组织》，刘平、洪晓东、许明德等译，法律出版社，1999。

[46] 约翰·麦克米伦：《国际经济学中的博弈论》，高明译，北京大学出版社，2004。

[47] 约翰·H. 杰克逊：《世界贸易体制——国际经济关系的法律与政策》，张乃根译，复旦大学出版社，2001。

[48] 约翰·H. 杰克逊：《GATT/WTO 法理与实践》，张玉卿等译，新华

出版社，2002。
[49] 约翰·H. 杰克逊：《国家主权与WTO：变化中的国际法基础》，赵龙跃、左海聪、盛建明译，社会科学文献出版社，2009。
[50] E. -U. 彼得斯曼：《国际经济法的宪法功能与宪法问题》，何志鹏、孙璐、王彦志等译，高等教育出版社，2004。
[51] 彼德-托比亚斯·施托克、弗兰克·朔尔科普夫：《世界贸易制度和世界贸易法》，南京大学中德法学研究所译，法律出版社，2004。
[52] 约斯特·鲍威林：《国际公法规则之冲突：WTO法与其他国际法规则如何联系》，周忠海等译，法律出版社，2005。
[53] 法扎尔·伊斯梅尔：《改革世界贸易组织：多哈回合中的发展中成员》，贺平等译，上海人民出版社，2011。
[54] 约翰·罗尔斯：《正义论》，何怀宏等译，中国社会科学出版社，1988。
[55] 约翰·罗尔斯：《万民法：公共理性观念新论》，张晓辉等译，吉林人民出版社，2001。
[56] 康德：《法的形而上学原理——权利的科学》，沈叔平译，商务印书馆，1991。
[57] 科恩：《论民主》，聂崇信、朱秀贤译，商务印书馆，2005。
[58] 边沁：《道德与立法原理导论》，时殷宏译，商务印书馆，2000。
[59] 边沁：《政府片论》，沈叔平等译，商务印书馆，1995。
[60] 简·阿特·斯图尔特：《解析全球化》，王艳丽译，吉林人民出版社，2003。
[61] 萨米尔·阿明：《世界一体化的挑战》，任友谅等译，社会科学文献出版社，2003。
[62] 查尔斯·P. 金德尔伯格：《世界经济霸权：1500~1990》，高祖贵译，商务印书馆，2003。
[63] 罗伯特·基欧汉：《霸权之后：世界政治经济中的合作与纷争》，苏长和等译，上海人民出版社，2006。
[64] 肯尼思·华尔兹：《国际政治理论》，信强译，上海人民出版社，2003。
[65] 罗伯特·吉尔平：《全球政治经济学：解读国际经济秩序》，杨宇光

等译，上海人民出版社，2003。

[66] 罗伯特·吉尔平：《全球资本主义的挑战：21世纪的世界经济》，杨宇光等译，上海人民出版社，2001。

[67] 艾尔·L. 希尔曼：《贸易保护的政治经济学》，彭迪译，北京大学出版社，2005。

[68] 赫德利·布尔：《无政府社会：世界政治秩序研究》（第二版），张晓明译，世界知识出版社，2003。

[69] 篠田英朗：《重新审视主权：从古典理论到全球时代》，戚渊译，商务印书馆，2004。

[70] 科依勒·贝格威尔、罗伯特·W. 思泰格尔：《世界贸易体系经济学》，雷达、詹宏毅等译，中国人民大学出版社，2005。

[71] 安托尼·奥斯特：《现代条约法与实践》，江国青译，中国人民大学出版社，2005。

[72] 米海依尔·戴尔玛斯：《世界法的三个挑战》，罗结珍等译，法律出版社，2001。

[73] 约翰·鲁杰：《多边主义》，苏长和等译，浙江人民出版社，2003。

[74] 卡列维霍尔斯蒂：《和平与战争：1648－1989的武装冲突与国际秩序》，王浦劬等译，北京大学出版社，2005。

[75] 詹宁斯、瓦茨修订：《奥本海国际法》（第一卷第二分册），王铁崖等译，中国大百科全书出版社，1998。

[76] 伊恩·布朗利：《国际公法原理》，曾令良、余敏友译，法律出版社，2003。

[77] 路易斯·亨金：《宪政·民主·对外事务》，邓正来译，生活·读书·新知三联书店，1996。

[78] 路易斯·亨金：《国际法：政治与价值》，张乃根等译，中国政法大学出版社，2005。

[79] 约瑟夫·威勒：《欧洲宪政》，中国社会科学出版社，2004。

（二）论文类

[1] 王秀梅：《国际宪政思潮的兴起与国际法“宪法化”趋势》，《法律科学》2011年第2期。

[2] 陈喜峰：《宪政的国际法：全球治理的宪政转向》，《暨南学报》（哲学社会科学版）2013 年第 1 期。

[3] 易显河：《向共进国际法迈步》，《西安政治学院学报》2007 年第 1 期。

[4] 陈海明：《国际法宪政问题研究》，《太平洋学报》2011 年第 1 期。

[5] 何志鹏：《全球化与国际法的人本主义转向》，《吉林大学社会科学学报》2007 年第 1 期。

[6] 李万强：《论全球化趋势下国际法的新发展》，《法学评论》2006 年第 6 期。

[7] 贾少学：《国际法与国内法关系论争的时代危机——对一元论和二元论进路的反思》，《法制与社会发展》2009 年第 2 期。

[8] 陈建华：《贸易与人权关系初探——兼论 WTO 与人权》，《西南政法大学学报》2004 年第 4 期。

[9] 陈安：《美国 1994 年“主权大辩论”及其后续影响》，《中国社会科学》2001 年第 5 期。

[10] 陈安：《美国单边主义对抗 WTO 多边主义的第三回合——“201 条款”争端之法理探源和展望》，《中国法学》2004 年第 2 期。

[11] 陈安：《南南联合自强五十年的国际经济立法反思——从万隆、多哈、坎昆到香港》，《中国法学》2006 年第 2 期。

[12] 车丕照：《“市场准入”、“市场准出”与贸易权利》，《清华大学学报》（哲学社会科学版）2004 年第 4 期。

[13] 车丕照：《身份与契约——全球化背景下对国家主权的观察》，《法制与社会发展》2002 年第 5 期。

[14] 陈立虎：《反全球化对国际经济法发展的影响》，《苏州大学学报》（哲学社会科学版）2005 年第 4 期。

[15] 陈立虎：《法庭之友陈述在 WTO 争端解决机制中的可接受性》，《法学家》2004 年第 3 期。

[16] 徐崇利：《经济全球化与国际法中“社会立法”的勃兴》，《中国法学》2004 年第 1 期。

[17] 徐崇利：《经济一体化与当代国际经济法的发展》，《法律科学》2002 年第 5 期。

[18] 余敏友：《终止不法行为——世贸组织争端解决机制提供的首要救济》，《法学评论》2006 年第 6 期。

[19] 余敏友、陈卫东：《欧共体围绕 WTO 协定直接效力问题的争论及其对我国的启示》，《法学评论》2001 第 3、4 期。

[20] 曾令良：《现代国际法的人本化发展趋势》，《中国社会科学》2007 年第 1 期。

[21] 曾令良：《中国加入 WTO 及其司法审查制度的完善》，《武汉大学学报》（社会科学版）2001 年第 5 期。

[22] 曾令良：《WTO 协议在我国的适用及我国法制建设的革命》，《中国法学》2000 年第 6 期。

[23] 常凯：《WTO、劳工标准与劳工权益保障》，《中国社会科学》2002 年第 1 期。

[24] 廖益新：《经济全球化与国际经济法学》，《厦门大学学报》（哲学社会科学版）2000 年第 3 期。

[25] 张乃根：《试析 WTO 争端解决的国际拘束力》，《复旦学报》（社会科学版）2003 年第 6 期。

[26] 张乃根：《论我国入世对国内体制的影响及反思》，《世界贸易组织动态与研究》2006 年第 12 期。

[27] 王贵国：《入世对中国法制改革的影响》，《世界贸易组织动态与研究》2003 年第 4 期。

[28] 王贵国：《WTO 与法律体制改革》，《科学与管理》2001 年第 6 期。

[29] 蔡从燕：《国际法语境中的宪政问题研究：WTO 宪政之意蕴》，《法商研究》2006 年第 2 期。

[30] 陈喜峰：《WTO 权利宪法论：经济宪法视角的一种批评》，载陈安主编《国际经济法学刊》（第 15 卷第 2 期），北京大学出版社，2008。

[31] 陈喜峰：《以基本权利为核心的贸易与人权一元论——评彼德斯曼对贸易与人权关系的理论建构》，《现代法学》2009 年第 2 期。

[32] 陈喜峰：《WTO 宪法化的第三条道路：WTO 司法宪法论及其批评》，载刘志云主编《国际关系与国际法学刊》（第 2 卷），厦门大学出版社，2012。

[33] 孙璐：《WTO 规则：国际经济领域的世界性宪法——WTO 法律性质

初探》，《法制与社会发展》2002 年第 6 期。

[34] 孙璐：《国际贸易体制内的人权》，《当代法学》2004 年第 4 期。

[35] 王彦志：《非政府组织的兴起与国际经济法的合法性危机》，《法制与社会发展》2002 年第 2 期。

[36] 王彦志：《国际经济法的宪政进路》，《当代法学》2004 年第 4 期。

[37] 何志鹏：《国际经济法的价值追寻与价值选择》，《河南省政法管理干部学院学报》2004 年第 3 期。

[38] 钟付和：《自由与公平的历史纠葛——世界贸易组织主流价值形态源流论》，《比较法研究》2002 年第 2 期。

[39] 钟付和：《宪政式制衡还是多边化制度下的均衡？——基于结构和功能关系的 WTO 动态分析模型》，《现代法学》2009 年第 4 期。

[40] 李春林：《国际贸易法的宪法化与我国经济法的重新定位》，《华东政法学院学报》2004 年第 4 期。

[41] 沈敏荣：《国际经济法的性质及其发展——论 WTO 对国际经济法的发展及其限度》，《社会科学辑刊》2001 年第 2 期。

[42] 刘笋、李国庚：《关于“与贸易有关的问题”及 WTO 调整范围的若干思考》，《法商研究》2003 年第 6 期。

[43] 沈桥林、沈奇喜：《论 WTO 的宪法精神》，《江西金融职工大学学报》2007 年第 5 期。

[44] 漆多俊：《WTO：市场国际化与国际调节发展新阶段——兼论入世对中国国家调节和经济法的影响》，《中南大学学报》（社会科学版）2003 年第 4 期。

[45] 漆多俊：《WTO 与新的经济调节机制——国际调节》，《华东政法学院学报》2004 年第 2 期。

[46] 石慧：《论投资者与国家之间争端解决方式的演进——从国家本位到投资者本位》，《工业技术经济》2007 年第 7 期。

[47] 张潇剑：《WTO 争端解决机制中的专家决策与公众参与》，《河北法学》2007 年第 3 期。

[48] 王大勇、王火灿：《多哈回合的进展、困境及其原因探析》，《世界经济研究》2008 年第 11 期。

[49] 刘健、蔡高强：《法律全球化进程中国际法与国内法的关系》，《衡阳师范学院学报》（社会科学）2003 年第 4 期。

[50] 孟庆鑫：《论贸易和人权——WTO 陷入的困境》，《法制与社会》2007 年第 5 期。

[51] 韩小明：《经济全球化、WTO 与“国家经济”》，《中国人民大学学报》2002 年第 1 期。

[52] 邓成明、阳建勋：《经济全球化背景下 WTO 规则与市场规制法的协调》，《广州大学学报》（社会科学版）2007 年第 2 期。

[53] 管增军：《试论国际经济法在世界经济一体化中的矛盾及局限》，《莱阳农学院学报》（社会科学版）2005 年第 1 期。

[54] 古祖雪：《国际法发展的轨迹》，载曾令良、余敏友主编《全球化时代的国际法》，武汉大学出版社，2005。

[55] 莫世健：《试论 WTO 和人权的可协调性》，《政法论坛》2004 年第 2 期。

[56] 周忠海：《论国际法在 WTO 体制中的作用》，《政法论坛》2002 年第 4 期。

[57] 于安：《WTO 协定的国内实施问题》，《中国法学》2000 年第 3 期。

[58] 江国青：《WTO 规则的实施机制：国内层面的考察》，《外交学院学报》2002 年第 2 期。

[59] 曹建明：《WTO 与中国的法治建设》,《比较法研究》2002 年第 2 期。

[60] Jeffery L. Dunoff：《宪政的幻象：WTO 的“宪法”和国际法的规训》，陈喜峰译，载陈安主编《国际经济法学刊》（第 14 卷第 2 期），北京大学出版社，2007。

[61] Joel P. Trachtman：《“WTO 的宪法”》，孔庆江译，载陈安主编《国际经济法学刊》（第 14 卷第 2 期），北京大学出版社，2007。

[62] Armin von Bogdandy：《国际法中的立宪主义：评德国的一个建议》，柳磊译，载陈安主编《国际经济法学刊》（第 15 卷第 2 期），北京大学出版社，2008。

[63] M. 希尔夫：《权力，规则和原则——哪一个是 GATT/WTO 的法律导向?》，朱益宇译，《环球法律评论》2001 年夏季号。

（三）学位论文

[1] 蔡从燕：《论私人结构性参与多边贸易体制——对变动着的国际法结构的一种考察》，厦门大学博士学位论文，2005。

[2] 陈喜峰：《WTO 宪法化理论研究》，武汉大学博士学位论文，2006。

二 英文文献

（一）著作类

[1] John, H. Jackson. World Trade and the Law of GATT. New York: The Boobs - Merrill Company, Inc. , 1969.

[2] John, H. Jackson. The World Trading System: Law and Policy of International Economic Relations. 2nd ed. Massachusetts: The MIT Press, 1998.

[3] John, H. Jackson. The Jurisprudence of GATT& the WTO: Insights on Treaty Law and Economic Relations. Cambridge University Press, 2000.

[4] John, H. Jackson. The World Trade Orgnization: Constitution and Jurisprudence. London: Royal Institute of International Affairs, 1998.

[5] John, H. Jackson; William J. Davey & Alan O. Skyes, Jr. (ed.). Legal Problems of International Economic Relations: Cases, Materials and Text on the National and International Regulation of Transnational Economic Relations. 3rd ed. St. Paul, Minn.: West Publishing Co. , 1995.

[6] John, H. Jackson & Alan O. Sykes (ed.). Implementing the Uraguay Round. Oxford: Clarendon Press, 1997.

[7] John, H. Jackson; Jean - Victor Louis & Mitsuo Matsushita (ed.). Implementing the Tokyo Round: National Constitutions and International Economic Rules. University of Michigan Press, 1984.

[8] Ernst - Ulrich Petersmann. Constitutional Functions and Constitutional Problems of International Economic Law. Switzerland: University Press Fribourg Switzerland, 1991.

[9] Ernst – Ulrich Petersmann. The GATT/WTO Dispute Settlement System: International Law, International Ognizations and Dispute Settlement. London: Kluwer Law International Ltd. 1997.

[10] Ernst – Ulrich Petersmann (ed.). Reforming the World Trading System: Legitimacy, Efficiency, and Democratic Governance. New York: Oxford University Press, 2005.

[11] Ernst – Ulrich Petersmann (ed.). Developing Countries in the Doha Round: WTO Dicision – making Procedures and Negotiations on Trade in Agricuture and Services. Florence: Robert Schuman Centre for Advanced Studies, European University Institute, 2005.

[12] Ernst – Ulrich Petersmann (ed.). International Trade Law and the GATT/WTO Dispute Settlement System. London: Kluwer Law International Ltd. 1997.

[13] Federrico Ortino & Ernst – Ulrich Petersmann (ed.). The WTO Dispute Settlement System: 1995 – 2003. Hague: Kluwer Law International, 2004.

[14] Meinhard Hilf & Ernst – Ulrich Petersmann (ed.). National Constitutions and International Economic Law. Deventer: Kluwer Law, 1993.

[15] Ernst – Ulrich Petersmann & Meinhard Hilf (ed.). The New GATT Round of Multilateral Trade Negotiations: Legal and Economic Problems. Deventer: Kluwer Law and Taxation Publishers, 1988.

[16] Detlev Chr. Dicke & Ernst – Ulrich Petersmann (ed.). Foreign Trade in the Present and A New International Economic order. Switzerland: University Press Fribourg Switzerland, 1988.

[17] Meinhard Hilf; Francis G. Jacobs & Ernst – Ulrich Petersmann (ed.). The European Community and GATT. Deventer: Kluwer Law and Taxation Publishers, 1986.

[18] Marco Bronckers & Reinhard Quick (ed.). New Directions in International Economic Law: Essays in Honour of John H. Jackson. Hague: Kluwer Law International, 2000.

[19] Robert E. Hudec. Enforcing International Trade Law: The Evolution of the Modern GATT Legal System. Salem, N. H.: Butterworth Legal Publishers, 1993.

[20] Joost Pauwelyn. Conflict of Norms in Public International Law: How WTO Law Relates to other Rules of International Law. Cambridge University Press, 2003.

[21] Bob Reinalda & Bertjan Verbeek (ed.). Decision Making Within International Organizations. Routledge, Taylor & Francis Group, 2004.

[22] Stefan Griller (ed.). International Economic Governance and Non – Economic Concerns: New Challenges for the International Legal Order. Springer – Verlag WienNew York, 2003.

[23] Jane Ford. A Social Theory of the WTO: Trading Cultures. Palgrave Macmillan Ltd., 2003.

[24] Friedl Weiss; Erik Denters & Paul de Waart (ed.). International Economic Law with a Human Face. Hague: Kluwer Law International, 1998.

[25] Gail E. Evans. Law – Making under the Trade Constitution: A Study in Legislating by the World Trade Organization. Hague: Kluwer Law International, 2000.

[26] Asif H. Qureshi (ed.). Perspectives in International Economic Law. Hague: Kluwer Law International, 2002.

[27] Andreas F. Lowenfeld. International Economic Law. New York: Oxford University Press, 2002.

[28] The WTO Secretariat (ed.). From GATT to the WTO: The Multilateral Trading System in the Millennium. London: Kluwer Law International, 2000.

[29] Jeffrey J. Schott (ed.). The World Trading System: Challenges Ahead. Washington, DC: Institute for International Economics, 1996.

[30] Richard H. Steinberg (ed.). The Greening of Trade Law: International Trade Organizations and Environmental Issues. Rowman & Littlefield Publishers, Inc., 2002.

[31] Lance A. Compa & Stephen F. Diamond (ed.). Human Rights, Labor Rights, and International Trade. University of Pennsylvania Press, 1996.

[32] David Palmeter & Petros C. Mavroidis. Dispute Settlement in the World Trade Oganization: Practice ane Procedure. Hague: Kluwer Law International, 1999.

[33] Kumar Ratnesh. WTO: . Structure, Functions, Tasks and Challenges. New Delhi, India: Deep & Deep Publications PVT. Ltd., 2003.

[34] G. M. Danilenko. Law – Making in the International Community. Kluwer Academic Publishers, 1993.

[35] Thomas. Cottier & C. Petros. Mavroidis (ed.). Intellectual Property: Trade, Competition, and Sustainable Development. Michigan: The University of Michigan Press, 2003.

[36] Matthias Oesch. Standards of Review in WTO Dispute Resolution. New York: Oxford University Press, 2003.

[37] Magdalena M. Martin Martinez. National Sovereighty and International Organizations M]. Hague: Kluwer Law International, 1996.

[38] John Collier & Vaughan Lowe. The Settlement of Disputes in International Law: Institutions and Peocedures. New York: Oxford University Press, 1999.

[39] Henry G. Schermers & Niels M. Blokker. International Institutional Law: Unity within Diversity. 4th ed.. Martinus Nijhoff Publishers, 2003.

[40] Michael Byers. Custom, Power and the Power of Rules: International Relations and Customary International Law. Combridge University Press, 1999.

[41] Michael Byers (ed.). The Role of Law ininternational Politics: Essays in International Relations and International Law. New York: Oxford University Press, 2000.

[42] Thomas M. Franck. The Power of Legitimacy among Nations. New York: Oxford University Press, 1990.

[43] Hans J. Morgenthau. Politics among Nations: The Struggle for Power and Peace. 3rd. ed. New York: Alfred A. Knopf, 1961.

[44] W. Friedmann. The Changing Structure of International Law . Columbia University Press, 1964.

[45] Louis Henkin. How Nations Behave: Law and Policy. New York: Columbia University Press, 1979.

[46] Louis Henkin. Richard Crawford Pugh; Oscar Schachter & Hans Smit. International Law: Cases and Materials. 3rd ed. St. Paul, Minn. : West Publishing Co. , 1993.

(二) 论文类

[1] John H. Jackson. The Varied Policies of International Juridical Bodies - Reflections on Theory and Practice. Michigan Journal of International Law. Summer, 2004 (25) .

[2] John H. Jackson. International Law Status of WTO Dispute Settlement Reports: Obligation to Comply or Option to "Buy Out"? American Journal of International Law. January, 2004 (98) .

[3] John H. Jackson. Sovereignty - Modern: A New Approach to an Outdated Concept. American Journal of International Law. October, 2003 (97) .

[4] John H. Jackson. The Linkage Problem - Comments on Five Texts. American Journal of International Law. January, 2002 (96) .

[5] JohnH. Jackson. The WTO Constitution and Proposed Reforms: Seven "Mantras" Resisted. Journal of International Economic Law, 2001.

[6] John H. Jackson. The Perils of Globalization and the World Trading System. Fordham International Law Journal, November/December, 2000 (24) .

[7] John H. Jackson. Reflections on the MJIL Special Issue. Michigan Journal of International Law. Winter, 1999 (20) .

[8] John H. Jackson. Fragmentation or Unification among International Institutions: the World Trade Oganization. New York University Journal of International Law and Politics, Summer, 1999 (31) .

[9] John H. Jackson. The Great 1994 Sovereignty Debate: United States Acceptance and Implementation of the Uruguay Round Results. Columbia

Journal of Transnational Law, 1997 (36).

[10] John H. Jackson. The WTO Dispute Settlement Understanding - Misunderstandings on the Nature of Legal Obligation. American Journal of International Law. January, 1997 (91).

[11] John H. Jackson. Reflections on International Economic Law. University of Pennsylvania of International Economic Law, Spring, 1996 (17).

[12] John H. Jackson. Reflections on the "Boilerroom" of International relations. The American University Journal of International Law & Policy, Winter, 1995 (10).

[13] John H. Jackson. World Trade Rules and Environmental Policies: Congruence of Conflict? Washington & Lee Law Review, Fall, 1992 (49).

[14] John H. Jackson. Status of Treaties in Domestic Legal Systems: A Policy Analysis. American Journal of International Law. April, 1992 (86).

[15] John H. Jackson. Costs and Benefits of Legal Procedures in the United States. Michigan Law Review, April/May, 1984 (82).

[16] John H. Jackson; Jean - Victor Louis & Mitsuo Matsushita. Implementing theTokyo Round: Legal Aspects of Changing International Economic Rules. Michigan Law Review, December, 1982 (81).

[17] Steven P. Croley & John H. Jackson. WTO Dispute Procedures, Standard of Review, and Deference to National Governments. American Journal of International Law. April, 1996 (90).

[18] Carlos M. Vazquez & John H. Jackson. Some Reflections on Compliance with WTO Dispute Settlement Dicisions. Law and Policy in International Business, Summer, 2002 (33).

[19] Ernst - Ulrich Petersmann. Justice as Conflict Resolution: Proliferation, Fragmentation and Decentralization of Dispute Settlement in International Trade. University of Pennsylvania Journal of International Economic Law, 2006 (27).

[20] Ernst - Ulrich Petersmann. Human Rights, Constitutionalism and the WTO: Challenges for WTO Jurisprudence and Civil Society. Leiden Journal of International Law, 2006 (19).

[21] Ernst - Ulrich Petersmann. Addressing Institutional Challenges to the WTO in the New Millenium: A Longer - Term Perspective. Journal of International Economic Law, September, 2005.

[22] Ernst - Ulrich Petersmann. Challenges to the Legitimacy and Efficiency of the World Trading System: Democratic Governance and Competition Culture in the WTO. Journal of International Economic Law, September, 2004 (7).

[23] Ernst - Ulrich Petersmann. The "Human Rights Approach" Advocated by the UN High Commissioner for Human Rights and by the International Labour Ognization: Is It Relevant for WTO Law and Policy? Journal of International Economic Law, September, 2004 (7).

[24] Ernst - Ulrich Petersmann. WTO Negotiators Meet Academic - The Negotiations on Improvements of the WTO Dispute Settlement System. Journal of International Economic Law, March, 2003 (6).

[25] Ernst - Ulrich Petersmann. From Negative to Positive Integration in the WTO: The TRIPs Agreement and the WTO Constitution. in Cottier, Thomas& Mavroidis, C. Petros (ed.). Intellectual Property: Trade, competition, and Sustainable Development. Michigan: The University of Michigan Press, 2003.

[26] Ernst - Ulrich Petersmann. Time for a United Nations' Global Compact' for Integrating Human Rights into the Law of Worldwide Organizations: Lessons from European Integration. Vol. 13 EJIL, 2002, No. 3.

[27] Ernst - Ulrich Petersmann. Theories of Justice, Human Rights, and the Constitution of International Markets. Loyola ofLos Angeles Law Review. Fall, 2003 (37).

[28] Ernst - Ulrich Petersmann. Human Rights and International Economic Law in the 21st Century - the Need to Clarify their Interrelationships. Journal of International Economic Law, March, 2001 (4).

[29] Ernst - Ulrich Petersmann. From "Negative" to "Positive" Integration in the WTO: Time for 'Mainstreaming Human Rights' into WTO Law? Common Market Law Review, 2000 (37).

[30] Ernst – Ulrich Petersmann. The WTO Constitution and Human Rights. Journal of International Economic Law, March, 2000 (3).

[31] Ernst – Ulrich Petersmann. Prevention and Settlement of International Trade Dispute Between the European Union and theUnited States. Tulane Journal of International and Comparative Law, Spring, 2000.

[32] Ernst – Ulrich Petersmann. On the Constitution of JOHN H. JACKSON. Michigan Journal of International Law. Winter, 1999 (20).

[33] Ernst – Ulrich Petersmann. Constitutionalism and International Adjudication: How to Constitutionalize the U. N. Dispute Settlement System? New York University Journal of International Law and Politics, Summer, 1999 (31).

[34] Ernst – Ulrich Petersmann. Legal, Economic and Political Objectives of National and International Competition Policies: Constitutional Functions of WTO "Linking Priciples" for Trade and Competition. New England Law Review, Fall, 1999 (34).

[35] Ernst – Ulrich Petersmann. Dispute Settlement in International Economic Law – Lessons for Strengthening International Dispute Settlement in Non – Economic Areas. Journal of International Economic Law, June, 1999 (2).

[36] Ernst – Ulrich Petersmann. How to Reform the United Nations: Lessons from the International Economic Law Revolution. UCLA Journal of International Law and Foreign Affairs, Fall, 1997/Winter, 1998 (2).

[37] Ernst – Ulrich Petersmann. How to Promote the International Rule of Law? – Contributions by the World Trade Organization Appellate Review System. Journal of International Economic Law, March, 1998 (1).

[38] Ernst – Ulrich Petersmann. How to Constitutionalize International Law and Foreign Policy for the Benefit of Civil Society? . Michigan Journal of International Law, Fall, 1998 (20).

[39] Ernst – Ulrich Petersmann. From the Hobbesian International Law of Co – Existence to Modern Integration Law: The WTO Dispute Settlement Sys-

tem. Journal of International Economic Law, June, 1998 (1) .

[40] Ernst – Ulrich Petersmann. Institutions for International Economic Integration: Constitutionalism and International Organizations. Northwestern Journal of International Law & Business, Winter, 1996/Spring, 1997 (17) .

[41] Joost Pauwelyn. The Transformation of World Trade . Michigan Law Review, October , 2005.

[42] Joost Pauwelyn. Bridging Fragmentation and Unity: International Law as a Universe of Inter – ConnectedIslands. Michigan Journal of International Law, Summer, 2004 (25) .

[43] Joost Pauwelyn. The Limits of Litigation: "Americanization" and Negotiation in the Settlement of WTO Disputes. Ohio State Journal on Dispute Resolution, 2003 (19) .

[44] Joost Pauwelyn. The Role of Public International Law in the WTO: How Far Can We Go? . American Journal of International Law, July, 2001 (95) .

[45] Joost Pauwelyn. Enforcement and Countermeasures in the WTO: Rules Are Rules – Toward a More Collective Approach. American Journal of International Law, April, 2000 (94) .

[46] Michael J. Trebilcock & Robert Howse. Trade Policy and labor Standards. Minnesota Journal of Groble Trade, Summer, 2005 (14) .

[47] Robert Howse. Open Democratic Participation Scheme for the World Trade Organization: For a Citizen' Task Force on the Future of the World Trade Organization. Rutgers Law Review, Summer, 2004 (56) .

[48] Robert Howse. From Politics to Technocracy – and Back Again: The Fate of the Multinational Trading Regime. American Journal of International Law, January, 2002 (96) .

[49] Robert Howse. Human Rights in the WTO: Whose Rights, What Humanity? Comment on Petersmann . Vol. 13 EJIL (2002), No. 3.

[50] Robert Howse. Democracy, Science and Free Trade: Risk Regulation on

Trail at the World Trade Organization. Michigan Law Review, June, 2000 (98).

[51] Robert Howse. The World Trade Organization and the Protection of Workers' Rights. The Journal of Small and Emerging Business Law, Summer, 1999 (3).

[52] Joshua Meltzer. States Sovereignty and the Legitimacy of the WTO. University of Pennsylvania Journal of International Economic Law, Winter, 2005.

[53] Andrew T. Guzman & Beth A. Simmons. Power Plays and Capacity Constrains: The Selection of Defendants in World Trade Organization Disputes. The Journal of Legal Studies, June, 2005 (34).

[54] Andrew T. Guzman. Global Governance and the WTO. Harvard International Law Journal, Summer, 2004 (45).

[55] John O. McGinnis, Mark L. Movsesian. Against Global Governance in the WTO. Harvard International Law Journal, Summer, 2004 (45).

[56] John O. McGinnis, Mark L. Movsesian. The World Trade Constitution. Havard Law Review. Vol. 114, No. 2, December 2000.

[57] John O. McGinnis. The Appropriate Hierarchy of Global Multilateralism and Customary International Law: The Example of the WTO. Virginia Journal of International Law Association, Fall, 2003 (44).

[58] Bryan Schwartz. Lawyers and the Emerging World Constitution. Asper Review of International Business and Trade Law, 2001 (1).

[59] Steve Charnovitz. Rethinging WTO Trade Sanctions. American Journal of International Law, October, 2001 (95).

[60] Frank J. Garcia. Trade and Inequality: Economic Justice and the Developing World. Michigan Journal of International Law, Summer, 2000 (21).

[61] David Palmeter. The WTO as a Legal System. Fordham International Law Journal, November / December, 2000 (24).

[62] Sarah H. Cleveland. Our International Constitution. The Yale Journal of International Law, Winter, 2006 (31).

[63] Jide Nzelibe. The Credibility Imperative: The Political Dynamics of Retaliation in the World Trade Organization's Dispute Resolution Mecha-

nism. Theoretical Inquiries in Law, January, 2005 (6) .

[64] Bruno Simma, From Bilateralism to Community Interest in International Law, The Hague: Recueil Des Cours, Vol. 250, 1994.

[65] Jeffrey L. Dunoff. The WTO' s Legitimacy Crisis: Reflections on the Law and Politics of WTO Dispute Resolution, 2002 (13) .

[66] Judith Hippler Bello. The WTO Dispute Settlement Understanding: Less Is More. American Journal of International Law. 1996 (90) .

[67] Christian Tomuschat. International Law as the Constitution of Mankind. International Law on the Eve of the Twenty - first Century: Views from the International Law Commission, U. N. , 1997.

[68] Anne Peters, "Compensatory Constitutionalism: The Function and Potential of Fundamental International Norms and Structures", in 19Leiden Journal of International Law, 2006.

[69] Matthew S. DunneⅢ. Redfining Power Orientation: A Reassessment of Jackson' s Paradigm in Light of Asymmetries of Power, Ndgotiation, and Comliance in the GATT/WTO Dispute Settlement System. Law and Policy in International Business, Fall, 2002 (34) .

[70] Steger, A Tribute to Jonh Jackson, 20Mich J. Int' l L, 1999.

[71] B. M. Hoekman, P. C. Mavroidis. Dumping, Antidumping and Antitrust. Journal of World Trade, 1996 (30) .

[72] Deborah Z. Cass. The "Constitutionalization" of International Trade Law: Judicial Norm - Generation as the Engine of Constitutional Development in International Trade. European Journal of International Law, Vol. 12, 2001.

[73] Deborah Z. Cass. The Constitutionalization of the World Trade Organization: Legitimacy, Democracy, and Community in the International Trading System. Oxford University Press, 2005.

[74] Stefan Ohlhoff&Hannes L. Schloemann. Rational Allocation of Disputes and "Constitutionalisation": Forum Choice as an Issue of Competence. James Cameron & Karen Campbell (ed.) . Dispute Resolution in the World Trade Organization. London: Cameron may, 1998.

[75] Hannes L. Schloemann& Stefan Ohlhoff. Constitutionalization and Dispute Settlement in the WTO: National Security as an Issue of Competence. American Journal of International Law, Vol. 93, 1999.

图书在版编目（CIP）数据

世界贸易体制的变革：经济全球化背景下国际法与国内法的联结／陈辉庭著．—北京：社会科学文献出版社，2014.11（2019.6 重印）

（海西求是文库）

ISBN 978－7－5097－6641－5

Ⅰ.①世… Ⅱ.①陈… Ⅲ.①国际法—研究 ②法律—研究—中国 Ⅳ.①D99 ②D920.4

中国版本图书馆 CIP 数据核字（2014）第 237087 号

·海西求是文库·

世界贸易体制的变革

——经济全球化背景下国际法与国内法的联结

著　　者／陈辉庭

出 版 人／谢寿光
项目统筹／王　绯
责任编辑／李娟娟　关晶焱

出　　版／社会科学文献出版社·社会政法分社（010）59367156
　　　　　地址：北京市北三环中路甲 29 号院华龙大厦　邮编：100029
　　　　　网址：www.ssap.com.cn
发　　行／市场营销中心（010）59367081　59367083
印　　装／三河市龙林印务有限公司

规　　格／开 本：787mm×1092mm　1/16
　　　　　印 张：17　字 数：277 千字
版　　次／2014 年 11 月第 1 版　2019 年 6 月第 3 次印刷
书　　号／ISBN 978－7－5097－6641－5
定　　价／68.00 元